AF491524

# EL IMPERIO DEL SILENCIO

## A TRAVÉS DEL LENGUAJE DE LAS TUMBAS

### UN RECORRIDO POR EL CEMENTERIO CRISTÓBAL COLÓN DE LA HABANA

Edición Estándar

Editorial Primigenios

# EL IMPERIO DEL SILENCIO

## A TRAVÉS DEL LENGUAJE DE LAS TUMBAS

### UN RECORRIDO POR EL CEMENTERIO CRISTÓBAL COLÓN DE LA HABANA

# Mario Darias Mérida

1era edición, Miami, 2020


ISBN: 9798564440400

Edita: Editorial Primigenios
Miami, Florida.
Email: editorialprimigenios@yahoo.com
https://editorialprimigenios.com

Edición y maquetación: Eduardo René Casanova Ealo

BIENVENIDOS. FUTUROS CADÁVERES...

# Agradecimientos

Muchos años he transitado junto a este libro y desde sus comienzos, en 1987, he contado con profusa colaboración. Mi madre, María Josefa Mérida, que además de hacer que recordara las horas de las comidas y la ropa lista, fabricaba silencio cuando trabajaba en mi habitación. Mis hijos, Marthica y Mario, mi hermana Baby y mi sobrina Danay, quienes vivieron junto a estas historias. La tertulia El Ágora, lugar de encuentros semanales por más de diez años que fue de infinito provecho para mí, donde tuve la suerte de contar con el apoyo de Xiomara Ineráriti. La ayuda siempre incondicional de Lochy Le Riverend, quien también nos apoyó en los encuentros interminables de fotografía, localizaciones y mediciones del camposanto junto a Eduardo López. Las historias llenas de criollismo antillano de dos amantes de los cementerios: Antonio Medina y Tomás Suárez. Los encuentros invaluables con las opiniones autorizadas de Julio Le Riverend, Luis Suardíaz, Salvador Bueno, Gustavo Placer, Fernando López, Natalia Bolívar, Germán Pinelli, Eduardo Robreño, Rita Longa, Miguelito Ojeda, Jorge R. Bermúdez, Adys Cupull, Froilán González, Uva de Aragón, Rosa María González, Jorge Petinaud, Rosendo Ruiz (hijo), Alberto Menchaca, Hermes Pérez Caso, Julio Batista, Hilda Santana, Ñico Rojas, Carlos Bauta Martín, Nilda Collado, Maité Vera, Josefina Toledo, Enit Monterde, Rogelio Fabio Hurtado, María Antonia Ruiz Guzmán, Benito Germán Peña Gálvez y Jesús Valdés Darias.

A todos los que me ayudaron: Rolando Núñez, Portillo de la Luz, Joaquín Rodríguez, Petra Ballagas, Ángela de Mela, Olga Rodríguez Colón, Zita Mugía Santí, Egly Romero, Silvia Alonso, Pedro Antonio Herrera, Quintín Abreu, Francisco Pérez Navarro, Leo D' Lázaro, Lochy Batista Le Riverend, Ricardo Silvera, Aleida Mora, Manolo Sabín, Pedro Yeras (Pelly), Petra

Deloya, Ana Irma Ruz, Aleida Acosta, Daniel Varona Bautista, Catherine Piedra de la Cruz, Julio Manuel Díaz Riverol, Lázaro Andrés Pérez, Yasmany Águila, Nora Puchulu, Marcelo Vernet y Ana Gervasio.

Del Centro de Información Para la Prensa (CIP), Adela García, María del Carmen Betancourt, Sulexys (Susy) González, Jesús Hernández y sobre todo a la memoria de Orestes González quien se enamoró del proyecto y fue quien lo estrenó en la página web del CIP y hasta sus últimos días estuvo luchando por que se conociera. Del archivo de la revista *Bohemia*, Magaly Miranda y Manolito Martínez. De la revista *Verde Olivo* Delfina Díaz. De la Biblioteca Nacional, Miriam Martínez, Milagros Turcás, Anneris Hernández, Águeda Mc Laughlin, Isora Alacán, Patricio Bosch y Tomás Fernández Robaina. De la Maqueta de La Habana: Tamara Núñez, María Isabel de la Cruz, Melba Colón y Arelys Yañez. De Cubaliteraria a Israel Morales quien trató de realizar esta obra, primero en multimedia, para después convertirla en libro, cosa que hubiera logrado si no se hubiese interpuesto un accidente de tránsito, por cierto, después del mismo, los participantes en el proyecto de la multimedia de Cubaliteraria me comunicaron que el libro estaba embrujado y no quisieron continuar el trabajo.

Muy agradecido estoy de Eduardo René Casanova y su editorial Primigenios por emprender esta aventura tantas veces soñada por mí.

Una mención especial a los que me llenaron de dificultades el camino, a los cultivadores de hipocresías, maldades, egoísmos, y a los que no creyeron en mí.

Y sobre todo, un agradecimiento infinito a La Muerte, pues sin ella hubiera sido imposible realizar este trabajo.

# Prólogo

El descubridor de un raro imperio

Aunque Mario Darias Mérida nos ha venido contando (y a veces consultando un detalle de) este libro, al enfrentarme con su cuerpo vivo no puedo disimular mi asombro. Porque una cosa es contar un libro y otra escribirlo. Y más aún, convertirlo en título que entre sus virtudes esté la de instruir sin que el lector se muera... de aburrimiento. Por su rótulo —El imperio del silencio— parece más bien una novela de misterio o un poemario místico, sin embargo es el que le conviene a este silencio que sin dejar de serlo nos recuerda la fecunda soledad sonora de San Juan de la Cruz; porque ya sin voz, estos huesos, estos monumentos, estas lápidas y aun la humilde tierra pelada, pueden contarnos historias, anécdotas, acontecimientos, si sabemos escuchar. Y como Mario es trovador, quizá aprendió con las cuerdas de la guitarra, que viven en anhelante silencio hasta que una mano propicia las despierta y entonces el silencio se vuelve un armónico abejeo. El tema del fin de la existencia cada día cobra más auge.

La Casa del Caribe y otras instituciones culturales convocaron hace algunos años un Congreso Mundial sobre la Muerte, en Santiago de Cuba. Etnólogos, arqueólogos, médicos, sociólogos, poetas, filósofos y cronistas, así como especialistas en historia local o universal, debatieron sobre un tema que al fin y al cabo es ineludible, no importa que algunos lo consideren banal o escalofriante y prefieran evadirse, soñar que se fugan.

La lectura del enjundioso volumen de Mario Darias nos hace recordar numerosas obras, desde el célebre Libro de los Muertos, esa espléndida suma de páginas que los escribas egipcios nos legaron sobre costumbres funerarias. Letanías, himnos, encantamientos. Pero más allá de la poesía, las artes plásticas y la ciencia de la conservación de los cadáveres, es curioso el hecho de que creían en la reencarnación de una manera muy singular, pues hacían acompañar a los difuntos, sobre todo a los acaudalados, de sus mascotas y objetos más preciados para que todo estuviera en su sitio a la hora del regreso, y si bien no se ocupaban de conservar el cerebro, sí tenían gran cuidado en preservar el corazón, pues sería a través de este que el alma volvería al cuerpo y la vida empezaría nuevamente. De tal modo la incipiente ciencia cedía —con la destrucción del cerebro— su cetro a la fantasía poética —con la preservación del corazón—, que, transfigurada, llegaría a nuestros días.

Un famoso libro del autor inglés Evelyn Waugh (1903-1966), un hombre con nombre de mujer, **Los seres queridos**, que fue llevado con éxito al cine, es quizá la más aguda sátira de los grotescos ritos funerarios, en este caso, en el costoso sueño fílmico de Hollywood, de los tiempos modernos. Todo el proceso de arreglo y maquillaje de los cadáveres, los diálogos entre parientes y especialistas (¿El señor era un anciano alegre? —No; más bien serio. —Entonces le daré a su rostro un aire grave, filosófico...) y el trazado de los personajes está asistido por un sobrio humor negro, tan inglés como su autor.

En Cuba, y en otros países de nuestra América, se puede versar sobre la muerte y hasta surgen guarachas y sones bien sabrosos; todo va bien mientras la gente no se encuentre con una calavera. Algunas instituciones fraternales incluyen un encuentro entre las sombras con una modesta y silente amiga de cuencas vacías, para que el recién iniciado reflexione sobre lo bueno y lo malo, el más allá y el más acá, y esa es para no pocos una prueba suprema.

Los mexicanos, por su parte, asumen el asunto de otro modo. El escritor azteca Eduardo Langagne, nacido en 1952 y ganador de un premio de poesía Casa de las Américas, continúa la línea de sus antecesores y no tiene reparos en meterse con sus versos nuevos en un asunto que está en la médula de la cultura popular de su gran país: *Ay, calavera Catrina, / en tu sombrero adornado / se nota que estoy marcado / y hasta el cuero se me enchina.* No es necesario ser un experto para conocer la honda huella artística que el estupendo Posada dejó en el arte popular y en la llamada alta cultura con la recreación de catrinas que danzan, cabalgan, ríen, con sus perfectas o arruinadas dentaduras y lucen los más bellos sombreros y adornos, convirtiendo en un muy extraño duelo el día de los fieles difuntos.

Muerte, transfiguración, resurrección, son temas bien serios en los debates filosóficos y religiosos que el cristianismo adaptó a sus anchas y en el llamado Nuevo Mundo —al cabo tan viejo como el resto del planeta— cobró diversos significados.

Del luto negro, del medio luto gris, tan distintos de los colores funerales —verdes y azules— de Samarcanda, y del recogimiento durante años, sobre todo en las largas y longevas familias que siempre tenían un deudo en el programa, se ha pasado a diversas formas nuevas de llorar a los difuntos. O de no llorarlos. De la Europa severa no sólo llegaba la tradición sino también, aunque en menor medida, la irreverencia. El famoso escritor inglés H. G. Wells se hallaba en las últimas y un pariente se le acercó para informarle que venía un padre cura a fin de que se confesara; el novelista respondió: —Díganle que ahora no puedo atenderlo porque estoy muy ocupado muriéndome.

La copla y el epigrama tampoco han respetado eso que se convirtió en un extraordinario libro policíaco de Raymond Chandler, **El sueño eterno**. En Argentina un notable intelectual —de cuyo nombre no es elegante acordarse ahora— había traducido con deficiencias al autor de La Divina Comedia y los guasones inventaron este epigrama: En esta tumba pardusca / yace el traductor del Dante. / Apúrate, caminante / no sea que te traduzca.

Son numerosos los cuentos, poemas, canciones, historias que vienen a mi mente mientras releo **El imperio del silencio**, pero no sería posible darles sitio en tan pocas páginas. Lo cierto es que Mario Darias nos invita a un sabroso monólogo, enmascarado como diálogo. Y esto de sabroso monólogo puede parecer irreverente porque se trata de algo tan trascendente como el fin de la vida terrenal —única, por cierto, cuyo tránsito ha sido probado— pero es que este es un libro si no insólito al menos inusual, puesto que no se trata de un manual ni de un texto histórico tradicional —tampoco lo que ahora se llama testimonio—, ni de un reportaje o relato, aunque de todo eso tiene.

Libro, en consecuencia, que contiene y desborda límites y géneros. Este recorrido imaginario y por eso mismo tan real, del Cementerio Cristóbal Colón, no rechaza un pase de cámara a otros cementerios de Cuba y junto a la anécdota local, casi siempre inédita, la bien escogida información que nos lleva hasta los egipcios, los griegos y los romanos, no para aturdir al lector sino para mejor guiarlo por estos sitios solemnes.

Declarado Monumento Nacional, el cementerio ofrece una presencia artística muy diversa e internacional. Lo que ocurre es que la mayoría de las personas que lo visitan lo hacen a regañadientes: para acompañar a un amigo desaparecido en circunstancias dolorosas, para visitar la última morada de un ser querido, o asistir al dramático momento del traslado de sus restos, y en tales trances no ven los ojos altivas estatuas, lápidas artísticas, jardines bien cuidados, curiosidades ornamentales; por eso muchas personas que con cierta frecuencia se han visto obligadas a caminar por sus anchas o estrechas calles se asombraron de la información que en 1987 hablaba de los valores culturales del temido territorio y se asombrarán también si logran ver y leer este caudaloso libro.

He escrito ver y leer porque en este caso cada foto es una revelación y no una mera ilustración. Cuando Darias aísla el vitral de Santa Teresa, el panteón de Juan J. de Musset o el del compositor Eduardo Sánchez de Fuentes, pongamos por caso, muchos lectores se enfrentan a conjuntos o detalles que nunca antes han visto. Más, también están las peripecias y leyendas de personas y etapas de nuestra historia que van surgiendo, por decirlo así, de las tumbas más nombradas o de algunas innominadas.

Escapada de lo que Alejo Carpentier llamaba lo real maravilloso, no faltan narraciones como la del gorrión que cae muerto de un árbol cercano a la sede del Capitán General de la Colonia, y como el pajarito inocente era entonces un símbolo de los peninsulares en la Isla, todavía sometida a la metrópoli española, se le rindieron honores encabezados por el mismísimo Capitán General y fue enterrado como un soldado caído en campaña.

Un pasaje singular de la etapa de la república mediatizada es el que encaró un político de buena posición económica que quiso estar a bien con su conciencia, Manuel Fernández Supervielle, conocido al igual que el poeta montevideano-francés, como Supervielle. Quiso darle agua a los habaneros y sobre tan codiciado líquido hizo su campaña para llegar a la alcaldía capitalina. Ya en la silla del burgomaestre fracasó en su empeño y, abochornado, se suicidó, un caso insólito en la política cubana. Su tumba nos ayuda a conocer su trayectoria.

¿Qué es una bóveda? ¿Cuál fue el primer difunto sepultado en Colón? ¿Cuál fue el más célebre panteón de Roma? Estas preguntas y otras se van respondiendo durante el paseo, o trabajo de campo, se van enlazando monumentos y osarios y con datos útiles, como el hecho de que el primer panteón del camposanto habanero se construyó en abril de 1874 y fue Daniel Triscornia su hacedor. Los judíos y sus sepulcros vulgares y nobles y su costumbre de que un cadáver no puede ocupar el lugar que otro ocupó, son comentados, y no faltan fragmentos de poemas o pensamientos de filósofos.

Y, desde luego, tampoco podía faltar el avivamiento en las llamas de la polémica sobre si están o no los restos del Gran Almirante de la Mar Océana en el severo sitio que lleva su nombre.

Una historia breve y conmovedora de este libro se titula "El angelito triste" y por eso mismo no se las contaré yo antes de tiempo. Un héroe de la ciencia médica, Carlos J. Finlay emerge de su tumba para recordar su lucha contra la fiebre amarilla; Rubén Martínez Villena, ya en la república, aparece con todo su significado literario y social. A Martínez Villena se debe el más notable poema sobre la muerte y las peripecias del velorio. En su muy conocida "Canción del sainete póstumo", cuyos versos cita Mérida, se describe con doliente ironía el desarrollo de un velorio y el funeral con un final romántico. Una de sus estrofas dice: *Aunque la muerte es algo que diariamente pasa / un muerto inspira siempre cierta curiosidad, / así llena de extraños abejeará la casa / y escrutará mi rostro toda la vecindad.*

Al final vendrá siempre al consuelo de seguir la existencia. Poco ha cambiado el mundo desde entonces, aunque ya los velorios no se convocan en las viviendas acogedoras sino en las impersonales funerarias, ni se reparten panecillos y chocolate, lo que propiciaba que hambrientos vagabundos acudieran a velar a desconocidos para engañar el estómago y, como decimos en Cuba, ir tirando.

La tumba del inolvidable estudiante de derecho Rafael Trejo, muerto en una manifestación contra el régimen de Gerardo Machado en 1930, nos conduce a otro momento de la historia republicana, y mucho más vinculado al sitio que recorremos es un episodio que parecería ficción, durante el propio gobierno de Machado, el intento de volar buena parte del cementerio para liquidar al tirano, que se suponía acudiría al sepelio de su íntimo colaborador Vázquez Bello, ultimado el día antes para propiciar dicha voladura. De cómo escapó el cementerio de su parcial destrucción también nos cuenta Darias.

Disfruten la historia de "El crimen de los paquetes". Un personaje que no puede faltar en un título que cuente cosas de la vida o la muerte relacionadas con la capital es El Caballero de París, y aquí está, aunque sus restos reposen en la Basílica de La Habana Vieja. Tampoco olvida el cronista la fosa común y más tarde el panteón de los ocho estudiantes de medicina fusilados por los militares españoles en 1871, siendo ellos inocentes, lo que conmovió a la sociedad cubana, y lejos de amedrentar a los mambises, nuestros soldados por la libertad, aumentó el rechazo y la condena del sistema social.

Ese hecho ha dado pie a cientos de artículos, libros, poemas, incluyendo uno de José Martí, y Darias lo retoma en sus contenidos esenciales. "El muerto fundador", "La galería Tobías", "La Milagrosa", "Un nazi en Cuba", "Un capitán General envenenado", panteones ñáñigos, árabes, son como disparos que dan en la diana. Y hay pases de cámara para cementerios de chinos y bautistas, y si esculturas y panteones son descritos con todas sus galas, no faltan páginas dedicadas al muchas veces olvidado Cementerio General de Espada.

Mario Darias combina la necesaria información con el buen humor y la anécdota reveladora y esas espléndidas fotos que son a un tiempo testimonios de los más respetables sentimientos humanos y... de nuestra vanidad.

Porque estos conjuntos que hoy admiramos, y a los cuales no renunciamos porque forman parte de nuestro patrimonio como nación, con frecuencia surgieron por el deseo de prolongar los símbolos del poder más allá de la muerte; no me refiero únicamente a los panteones construidos en honor de un ser querido, sino también a los que grandes potentados se hicieron construir a lo largo de su existencia y se puede decir que disfrutaron como si se tratara de su personal versión de las pirámides egipcias, o el suntuoso palacio de Mausolo.

Francisco de Quevedo y Villegas, convertido por obra y gracia de la fantasía oral en autor de cuentos picantes que nunca escribió y uno de los más notables escritores que en el mundo han sido, como buen conceptista abordó el asunto ya en la Época de Oro de las letras hispánicas. Me permito citarlo para no adulterarlo:

*Morir santamente importa, estar magníficamente enterrado, no. Cuidar de que el túmulo llegue al cielo y no el alma, es descuido más que cuidado, cualquier tierra es nuestra madre (...) No defraudemos a la agricultura de la muerte. Semilla es nuestro cuerpo para la cosecha del postrero día, mejor cuenta da de la simiente la tierra que las piedras, más descubre nuestra vanidad las columnas y pirámides que cubren nuestros huesos (...) El asunto está en desnudarse bien de este cuerpo, no en cubrirlo con la fanfarria de los jaspes ni la soberbia de las pirámides. A la vida debemos mucho, a la muerte, nada.*

Fiel a su ideario, Quevedo yace enterrado en una humilde iglesia perdida en el mapa de España. Ahora bien, no todos los que habitan, por decirlo así, lujosos panteones deseaban tanto lujo, porque con frecuencia los familiares, los colegas, decidieron por ellos que merecían memoriales de alta figuración. Y a la vez, muchos que yacen en la tierra pelada hubieran deseado una tumba faraónica, solo que carecían de los medios para conseguirla y si no tuvieron fortuna en vida, tampoco tendrán admirables moradas para el sueño eterno.

No quiero, ni puedo, contar ni tan solo una parte de las anécdotas, leyendas, historias reales que este libro atesora, únicamente la recreación de un hecho desgarrador: el desigual combate de Orfila, cuando dos bandas en pugna se enfrentaron y, como en las más truculentas películas de la mafia, fueron baleados a sangre fría no sólo los hombres involucrados en el pleito sino aun una mujer en estado de gestación, a pleno sol, en el centro de La Habana en 1947. Un camarógrafo que estuvo filmando cerca pudo captar las horripilantes escenas y un animador y culto locutor, Germán Pinelli, grabó parte de la acción para la radio nacional.

Los sucesos de Orfila no terminaron aquel día y en el cementerio se grabaron palabras acusadoras por los compañeros de los fallecidos que, medio siglo después, son ya parte del entorno.

Mario Darias Mérida, compositor, trovador, también ha demostrado que su pasión por la fotografía va en serio y que su afición por la grabación, la recopilación de datos sobre músicos y otros maestros del arte y ahora por ese Monumento Nacional que es el Cementerio Cristóbal Colón, ha derivado necesariamente hacia la escritura.

El imperio del silencio es, en definitiva, un libro que ofrece varias lecturas y a la vez reclama lectores de intereses muy distintos. <u>No se quedará durmiendo en las librerías o sepultado en los anaqueles de las bibliotecas</u>; pasará de mano en mano, provocará polémicas, desavenencias, elogios, mas no dejará indiferente al especialista y tampoco al noble lector común que es su más directo destinatario.

LUIS SUARDÍAZ (1936 – 2005)
Poeta, crítico, periodista.
Premio Nacional de Periodismo Cultural (2003)
Premio Nacional de Periodismo "José Martí" (2005)
Vicepresidente de la Unión de Escritores y Artistas de Cuba
(UNEAC)
La Habana, julio de 1998.

# Primera parte

Tengo flores que alimento
para el día que llegue mi muerte

Mario Darias Mérida

*La Portada Norte del cementerio Cristóbal Colón de La Habana.
Foto: Mario Darias.*

# Encuentro

Todos los pasos conducen a la muerte
y el último llega.

Michel de Montaigne (1533-1592)
Escritor francés.

Cuando el teléfono comenzó a dar sus primeros "alaridos", ya estaba en la acera. La mente es un reloj de una exactitud asombrosa, no obstante, a veces la ansiedad nos hace devorar el tiempo y nos convierte en aquellos que nos antecedieron, los que nunca fueron esclavos del reloj, tenían un sentido diferente del tiempo. La mañana está bastante fría y parece que el día se mantendrá sobre lo nublado, esto favorecerá mi empeño de recorrer la ciudad de los muertos, la necrópolis Cristóbal Colón. Lugar que nos muestra el eterno empeño de nosotros, los humanos, de querer llegar más allá de la muerte. Sueño permanente y sin descanso de nuestras mentes. Negación del fin que nos hace desconocer el principio. Qué socorrida idea la nuestra de ponerle a todo un principio, de querer darle un comienzo a la creación del universo porque un día descubrimos que se expande. En nuestras mentes no queremos darle cabida al infinito, no nos cabe en la mente el concepto de infinito, que algo haya existido siempre y que siempre existirá, o que el tiempo es infinito en las dos direcciones, nada de eso, pretendemos darle un comienzo y un final a todo, pero cuando de nosotros se trata, rompen miles de teorías que nos aseguran de que vivimos en etapas pasadas y que seguiremos viviendo en algún momento y lugar del futuro, así que solo le concedemos el carácter infinito a nuestras almas.

Ya, casi frente al cementerio, en la esquina de 23 y 12 del Vedado, espero impaciente al "guía" de mi recorrido, personaje que conocí días atrás, cuando me había decidido a visitar la necrópolis por mi cuenta y supe que, sin algún frecuentador de ese inmenso lugar, era prácticamente imposible descubrirlo.

Así conocí a Pancho, quien, a pesar de sus años, es un señor muy vivo, criollo y pintoresco. Es de esas personas que disfrutan dándote sus experiencias. En aquel momento se ofreció a acompañarme con la condición de que fuera otro día, más temprano.

Me place el hecho de no entrar al cementerio como en otras ocasiones en que mis visitas han sido relacionadas con momentos solemnes, tristes, formales o dolorosos, siempre acompañando las últimas horas de algún familiar, amigo...

Son las siete y cuarenta y cinco. La cita fue para las ocho. Sigo ansioso. Claro, hoy me enfrentaré a una dimensión diferente de la necrópolis ¿Qué hay detrás de las tumbas? Descubriré los sueños velados por la muerte, mitos, leyendas, misterios. Hallaré al ser humano, aquel que logró fama y relevancia social, al desconocido a pesar de sus atrayentes historias. Al ser lleno de riqueza espiritual soterrada, que provoca la emoción y respeto de todos. Encontraré historias de próceres, artistas, personalidades sociales y políticas, pillos y afamados, hombres sencillos y humildes. No hay nada que dialogue más que el silencio de una tumba. Entonces puedo afirmar que hoy le robaré un pedazo de ese silencio a lo único que tenemos seguro: La Muerte, y las tumbas serán la justificación para entrar en ese mundo donde la curiosidad y lo maravilloso se dan la mano. Resucitarán historias perdidas en el tiempo, las cuales se unirán hoy porque los sepulcros de sus protagonistas comparten un lugar común.

—Compadre, te vimos a más de una cuadra —escuché de pronto y cuando atiné a volverme supe que Pancho no andaba solo. Al notar mi sorpresa volvió a tomar la palabra—. Ah, pero qué fallo el mío. No te había hablado de Nono. Lo invité porque mi cabeza no está como para echarse el "muerto" completo, además, éste que ves —me decía mientras indicaba con el dedo índice a su acompañante— le sabe un mundo al cementerio, lo único malo es que es un poco serio.

—Me da mucho gusto conocerlo —le dije mientras le tendía la mano.

—El gusto es mío —respondió cambiando su gruesa carpeta a la mano izquierda para estrecharme con la derecha—. No le crea mucho a Pancho, él resulta siempre un poco exagerado…

—¿Usted también visita mucho la necrópolis? —le pregunté.

—Cómo no. Este cementerio es una de mis pasiones.

—Disculpen que interrumpa esas pasiones, pero tenemos que organizarnos… —Pancho, mientras hablaba, revisó una bolsa que le colgaba del hombro derecho—. Yo traje mis cositas comestibles, porque sé que la caminata es larga…

—Yo también —le dije mostrándole mi mochila.

—¡Ñooo! Estás aprendiendo. Déjame ver qué trajiste. ¡Ay, chico, esto va a ser un paseo! …pues bien, si quieres empezar a preguntar, espera a que salgamos de la cafetería, pues hay que aprovechar para ir al baño y todo lo que quieras hacer antes de entrar al cementerio… el camino es largo.

—Pancho tiene razón —reafirmó Nono—. El camino por recorrer dentro de la necrópolis tiene una extensión considerable, tanto, que no podremos recorrerla en un solo día, creo que podríamos preparar varios encuentros para que puedas tener una idea mejor. Te repito que el camino es largo, aunque, a decir verdad, dentro de ese maravilloso lugar uno no se da cuenta de lo que camina.

A los pocos minutos ya estábamos fuera de la cafetería.

—Pues, ya estoy listo —se adelantó Pancho—, pregunta lo que quieras…

—Tú como siempre, desesperado —dijo Nono.

—Es que yo tengo que estar activo. Deja que me pregunte…

—¿De dónde te viene esa obsesión por la muerte? —inquirí.

—Ah, eso viene de lejos. Desde chiquito fui un muchacho muy ágil, ocurrente y maldito. Yo vivía en el barrio La Timba, al este del Cementerio Colón. Siendo mi papá conductor de tranvía, en una ocasión fue a salir para el trabajo y yo lo agarré, tendría unos cuatro o cinco años, y le dije: "No vayas papá... no vayas". Y llora que te llora... Pues no lo dejé salir... y quién te dice que ese día el tranvía U-4, Playa-Parque Central, tuvo un accidente y el conductor se mató. Aquello me dio una fama tremenda en el barrio que todo el mundo venía a preguntarme cosas... el número que saldría en la lotería, cómo buscar o "amarrar" al marido, etc. Todos decían que el niño no podía mentir, je, pero las "guayabas" que le zumbaba a esa gente eran tremendas...

—Bueno, hay que tener cuidado contigo porque esa costumbre no la has perdido del todo —apuntó Nono mirando a Pancho sonriendo.

—Pariente, déjame concentrarme... —repuso Pancho mientras, ahogando la risa, trató de volver sobre el asunto—. En realidad, me apegué al tema de la muerte desde niño, cuando murió mi abuela. Recuerdo que para el carro fúnebre y el entierro se tuvo que hacer una colecta en la familia... La enterraron en una tumba de tierra en la parte de la ampliación para pobres... Después de bajar la caja, era costumbre que cada familiar dejara caer un puñado de tierra después de besarlo y aquel sonido encima del ataúd me resultó impresionante... aunque no tanto como que me obligaron a besar un puñado de tierra a mí también... imagínate... tierra de cementerio... me metí como dos días restregándome la boca... Ese día, cuando íbamos saliendo, llegaba un entierro con un lujo tremendo; una pila de coronas, el carro con música fúnebre y todo... Me pegué, y vi que entraron al muerto en una tumba blanca, de mármol, un hombre vestido de negro despidió el duelo después de acomodar una montaña de flores... Ese día también supe que los pobres éramos los únicos que besábamos la tierra.

—Ahí fue donde él comenzó a tomar conciencia —interrumpió Nono mientras su vista se cruzaba con la mía— de que en el cementerio existen muchas formas de despedir un cadáver, las cuales están en función de las creencias religiosas, el rango social, el clima, la situación geográfica, etc. Los ritos funerarios existen gracias a la especie humana y permiten a la familia del fallecido mostrar públicamente su pena. Incluso las reglas de la tradición pueden definir los lugares y momentos en que los familiares deben mostrar su dolor, muchas de las situaciones ocurridas en los funerales son determinadas por dichas tradiciones. En nuestro caso, los españoles trajeron sus costumbres, sus ritos y su manera de darle tratamiento a los cadáveres... Al hecho de enterrar dentro de las iglesias le llamaron emparedamiento, que quiere decir entre paredes. Desde la paz de Constantino (cosa de la que te hablaré después), cuando los cristianos dejaron de usar paulatinamente las catacumbas como cementerios, comenzaron a enterrar a sus fieles en las iglesias. Pero con el tiempo fue objeto de protestas... hasta el punto de que el concilio de Vaison, en el año 442, prohibió los emparedamientos, y dispuso como lugar de enterramiento el patio contiguo a las iglesias, pero tal disposición no se obedeció. Lo mismo ocurrió con el concilio de Braga en el 563. Los enterramientos en los templos continuaron.

—Donde quiera que llegaban los españoles construían un parque, a un lado la iglesia, al otro el ayuntamiento, y al otro el cuartel —afirmó Pancho, momento que aproveché para dirigirme a Nono.

—Esa distribución es clásica en Cuba. ¿No?

—Sí, pero cuando el pueblo crecía, el cementerio (en la iglesia) quedaba dentro de él, y llegó el momento en que se creó un problema serio, pues los que visitaban las iglesias para recibir servicios religiosos o simplemente iban a misa se encontraban con un ambiente cargado, de un olor fétido irresistible.

—Figúrate —intervino Pancho—, la primera iglesia en La Habana, si es que se le podía llamar así a aquel bohío de guano, se construyó en 1519, fue la Parroquial Mayor, y desde esa época los católicos más acomodados se hicieron enterrar dentro de ella. Así fue hasta principios del siglo XIX.

—En La Habana —continuó Nono— no había iglesias suficientes para enterrar. Entonces el rey Carlos III dictó una Real Orden para que se crearan los cementerios a cielo abierto, fuera de las poblaciones, pero tampoco se acató.

—La gente se acostumbró a "enterrarse" cerca de las iglesias y sentían miedo de que el Juicio Final les llegara lejos de la Casa de Dios —dijo Pancho.

—Así las cosas, el sucesor, Rey Carlos IV, envió a finales del siglo dieciocho para todas sus posesiones de las Indias, o sea, nosotros, otra Real Orden, esta vez con carácter obligatorio.

—Ahora la cosa era diferente —dijo en tono de burla Pancho— porque el que no hiciera caso se buscaba el lío con el Rey.

—Así fue —Nono quedó pensativo como si recordara algo y continuó—. Aunque el eminente Enrique José Varona dijo que *"Los españoles son tan fecundos en legislar, como constantes en hacer caso omiso de lo que legislan"*. Pero bueno, al fin surgió, en 1806, el primer cementerio a cielo abierto en La Habana. El primero de Cuba fue el San Juan Evangelista de Bayamo, en el oriente, fundado en 1798.

—Hey, atención que ya estamos frente a la entrada del Cementerio... Silencio para cruzar la calle Zapata porque es peligrosa —el tono de Pancho resultaba misterioso—. Pero antes, un chisme: —hizo una pausa para sonreír y dijo— En esta puerta hubo una señal de tránsito que indicaba la circulación en un solo sentido, decía, con letra mayúscula: SOLO ENTRADA.

*Grupo escultórico que corona la Portada Norte realizado por el escultor cubano José de Vilalta y Saavedra. Foto: Mario Darias.*

# La Portada Norte

Es todo cementerio
el camino real del gran misterio.

Ramón de Campoamor (1817-1901)
Poeta español.

Antes de atravesar la Portada Norte del cementerio, Nono me comentó que el día 29 de mayo de 1904, alrededor de las cuatro de la tarde, se inauguró oficialmente el grupo escultórico que corona esta monumental portada. Pancho me miró descubriendo la atención que le estaba brindando a las estatuas que coronan la entrada y, con una expresión entre asombro y gracia que es muy característica en él, me dijo:

—Sé lo que estás pensando porque yo lo pensé también. ¿Cómo se la arreglaron para subir esas estatuas de mármol hasta allá arriba? Imagínate si fue difícil que tuvieron que hacer un plano inclinado de tierra de más de una cuadra, halar las estatuas con poleas y sogas. Hasta yuntas de bueyes usaron. Aunque, a decir verdad, hay quien dice que la subieron de otra manera, yo no lo tengo muy claro, pero bueno, lo importante es que las subieron...

—Esta portada, como todo el cementerio, está llena de historias. —Medió Nono— En su construcción sucedió que uno de los trabajadores del proyecto dio un mal paso y se cayó de una altura de más de 15 metros... su nombre era Antonio Leoncio Arocha y Lescano.

—¿Cómo? —Pregunté, y Pancho exclamó:

—Que se mató compadre... Pero lo increíble no fue eso, sino que el administrador de la Empresa del Ferrocarril Eléctrico le prometió a la viuda que la iba a ayudar con la educación de dos de sus cinco hijos, pero después le soltó el "paquete" a la iglesia, la cual se limpió entregándole una parcelita en tramo de limosna para que enterrara a su querido esposo y chirrín chirrán... la mujer tuvo que encargarse del "racimo" de muchachos. Bueno, al menos le quedó el consuelo de que su esposo fue de los primeros en "pasar" por debajo de esta puerta.

—¡Todo lo tomas en broma! ... —rezongó Nono algo serio y continuó, dirigiéndose a mí—. Como te decía, el 29 de mayo se reunió mucha gente para asistir a la inauguración. A las cinco menos cuarto de la tarde descorrieron el velo de las estatuas y monseñor La Chapelle ofreció su bendición, mientras que los curas asistentes rezaron un responso. Seguidamente el obispo González Estrada pronunció un discurso.

—Y como para no quedarse atrás, La Chapelle "sonó" otra arenga sobre la significación religiosa del acto y después invitó a una comida en su palacio a los obispos, a los superiores de las órdenes religiosas, a los magnates de la Empresa Eléctrica y hasta Rivero, el director del *Diario de la Marina,* "cogió cajita" —dijo Pancho y Nono continuó:

—También hubo sinfonías, marchas fúnebres interpretadas por orquestas y por la Banda Española. Con esto se terminó la construcción de esta Portada Norte, la cual recuerda el estilo románico-bizantino y con ella Calixto de Loira, su creador, prestigió la corriente que se abría paso por entonces, en contraposición al neoclasicismo imperante. Estas tendencias fueron mantenidas por el arquitecto Francisco Marcotegui

*Dos momentos de la Portada Norte, a la izquierda se observa que todavía no estaban las estatuas ni los altorrelieves que se colocaron debajo de ellas. A la derecha ya estaban los altorrelieves, pero las estatuas se encontraban aun en las cajas que se ven debajo. Fotos: Archivos de Bohemia.*

(quien sucedió a Loira como facultativo de la necrópolis) al proyectar la capilla central, terminada en 1886.

»La portada norte está hecha de piedras de cantería y tiene 34,40 metros de longitud y un espesor de 2,50 metros. La altura total, contando las estatuas es de 21,66 metros. La puerta central tiene 5 metros de ancho y las pequeñas 2,70. Es el más bello ejemplar de Arco de Triunfo que se haya construido en Cuba. El grupo escultórico que la corona es de mármol italiano de Carrara y fue realizado por el escultor cubano José de Vilalta y Saavedra.

—Las estatuas —interrumpió Pancho— representan las tres virtudes teológicas: Fe, Esperanza y Caridad, y la inscripción: *JANUA SUM PACIS*. Quiere decir: "Soy la puerta de la paz" —entonces dijo dirigiéndose a Nono: —¿Cómo estoy?

—Bueno —dijo Nono—, te diré que hay muchas personas que afirman eso, pero yo no estoy muy convencido.

—No me vayas a decir que está mal la traducción.

—No, me refiero a las tres virtudes teológicas.

—Ahhh, yo creía...

—La cuestión es que "Janua sum pacis" me parece más bien un juego de palabras que nos da una conexión con el dios Jano pues janua es una forma de decir puerta que no es gratuita (se podía haber dicho simplemente "Porta"), es decir, a mi modo de ver, Vilalta quiso aludir al dios Jano que a veces se representa con dos caras o con tres, y protege las puertas y el "tránsito", "paso hacia otro lugar"; "pasado y futuro". Por eso, más que pensar en la representación de las tres virtudes teologales (Fe, Esperanza y Caridad) tiendo a interpretar las figuras como símbolos del pasado, presente y futuro, pues si te fijas bien las estatuas de los bordes están mirando hacia atrás (pasado) y hacia adelante (futuro) mientras que la del centro está de frente (presente).

—Oye... esa no me la sabía—dijo Pancho visiblemente sorprendido.

—Bueno, —continuó Nono— es mi punto de vista.

—Pero sigamos con José de Vilalta y Saavedra quien tuvo que ver mucho con el cementerio. Era un mulato habanero que fue a estudiar a Italia y allá se quedó —dijo Pancho.

—Vilalta nació en La Habana —continuó Nono— el 27 de enero de 1862 y murió en Roma el 16 de marzo de 1912. Entre sus obras figuran la estatua de Francisco de Albear que se encuentra frente al restaurante Floridita, la estatua de José Martí en el Parque Central, y en relación con el cementerio estas que figuran en la puerta principal, el Monumento a los Estudiantes de Medicina, el Panteón de la Policía y la estatua de La Milagrosa…

»En cuanto a esta colosal entrada, afirma Joaquín E. Weiss en su libro *La arquitectura colonial cubana*, que es la obra más destacada en su género del siglo XIX en Cuba, y como puerta monumental compite con las mejores de su clase en todo el mundo. Cuando Calixto de Loira la diseñó, tenía otra dimensión, pero después de su muerte fue sustituido temporalmente por el arquitecto Eugenio Rayneri y Sorrentino, a quien se deben los planos definitivos.

—Mira, aquí te tengo un par de fotos de la Portada Norte, esta primera es la reproducción de un cuadro que como ves se puede apreciar la diferencia de los entierros de los ricos y los pobres, por la puerta grande está entrando un coche elegante con un montón de caballos negros y por la puerta chiquita unas personas llevan un ataúd en los hombros. Además, te podrás fijar que en esos momentos no estaban ni las estatuas ni los altorrelieves que se colocaron debajo de ellas. En la otra ya estaban los altorrelieves puestos, pero las estatuas no se habían elevado todavía, aunque, si te fijas, las cajas que tenían las estatuas, ya estaban ahí, esperando que las subieran.

—Ahora que Pancho habló de los altorrelieves de mármol de Carrara que hoy se aprecian debajo de las estatuas, te puedo decir que se colocaron antes que estas, durante el mes de marzo de 1899, y también pertenecen a Vilalta. El que vemos por fuera representa la crucifixión de Cristo y el de adentro la resurrección de Lázaro. —Terminó diciendo Nono cuando ya estábamos dentro de la necrópolis.

*Altos relieves colocados bajo el Grupo escultórico de la Portada Norte, realizados por José Vilalta y Saavedra. Afuera (foto de la izquierda) la crucifixión de Cristo y adentro (foto de la derecha) la resurrección de Lázaro. Fotos: Mario Darias.*

# A sangre y fuego saldrán

El día ese,
que temes como el último de tu vida,
es el de tu nacimiento a la eternidad.

Lucio Anneo Séneca (4 a. C.-65 d. C.)
Filósofo hispanolatino.

Siempre me ha impresionado el paisaje que brinda el Cementerio Cristóbal Colón desde cualquier lugar, pero sobre todo al entrar. Es algo triste y maravilloso, lúgubre por un lado e increíblemente bello por otro. Cuando se atraviesa esa enorme portada, dejas detrás el sonido estridente de la ciudad viva para sumergirte en el silencio atractivo y misterioso de esta ciudad inerte.

—Vamos a empezar por aquí, —fue oportuna la intervención de Pancho señalando el primer panteón a la derecha de la avenida principal—, este panteón, es el de Marta Abreu y Luis Estévez.

Enseguida me acerqué husmeándolo todo y la primera sorpresa fue que no encontré el nombre de Marta Abreu ni el de Luis Estévez por ningún lado, Pancho, que se dio cuenta de lo que me sucedía me dijo:

—No busques más que ahí no están sus nombres, pero sus restos sí.

—Y ¿no crees que se pudiera hacer un esfuercito para que el transeúnte común, como yo, sepa que en este panteón están sus restos? porque si no es por ustedes, no me entero.

—Yo creo que sí, pero por creerlo yo no vamos a resolver nada. —Se apresuró Pancho riendo y continuó. —Marta Abreu nació el 13 de noviembre de 1845, en Santa Clara y recibió una cultura esmerada, como era natural de las muchachas de alta sociedad, hasta viajó por Europa y los Estados Unidos.

—Marta de los Ángeles Abreu Arencibia. —Perfeccionó Nono.

*Panteón de la familia Abreu. Foto: Mario Darias.*

—Nació en la calle de Santa Clara que se llamaba Sancti Spíritus, porque hoy se llama Juan Bruno Zayas —se apresuró a decir Pancho un poco molesto por la aparente corrección y continuó hablando con cierta ironía en su rostro— Sus padres se llamaron Pedro Nolasco Abreu y Jiménez, que es el nombre que ves en el panteón y su mamá Rosalía Arencibia, que es el nombre que está un poco más abajo, también tuvo dos hermanas, Rosa y Rosalía, ah y su esposo Luis Estévez y Romero... ¿Cómo estoy? —Preguntó mirándome.

—Pues creo que muy bien. —Le dije.

—Luis Gonzaga Irene Estévez y Romero que nació en Matanzas. —se satisfizo Nono enmendándolo otra vez, pero Pancho no se amilanó y volvió a la carga:

—Un 20 de octubre de 1849 y sus padres se llamaron José Torcuato Estévez y Luisa Romero... ¿Cómo te cae?

—Luis Estévez —continuó Nono risueño e ignorándolo— comenzó la carrera de medicina en La Habana en 1868.

—Oye, para ahí, ¿él no era abogado? —Preguntó Pancho triunfal.

—Así es, lo que sucedió fue que cambió de carrera. El 11 de junio de 1878, ya casado con Marta, le fue otorgado el título de Doctor en Derecho Civil y Canónico con previo consentimiento del Capitán General de Cuba. —Hizo entonces una pausa y me preguntó. —¿No sabías que Luis fue también escritor?

—Pues no, de ellos no se habla mucho y cuando se habla, por lo general, se centran más en Marta que en él. —Nono movía lentamente la cabeza afirmando y me dijo:

—Sí, siempre suele suceder así, pero él fue también un patriota y un eminente intelectual. Como escritor nos dejó varias obras como, por ejemplo: *Separatismo, anexionismo y autonomismo,* escrita en 1898, *Desde el Zanjón hasta Baire* de 1899 y otras...

—Eso debía de conocerse más. —Interrumpí y Pancho aprovechó para advertir:

—Es que no son todos los que están ni están todos los que son... ¡Ese dicho le sirve a mucha gente! —Me contestó sonriendo y Nono volvió al tema.

—Luis Estévez fue proclamado en 1881 Socio de Número de la Sociedad Económica de Amigos del País por sus méritos, su cultura y su labor en beneficio de la nación. De esta sociedad hablaremos después.

—Y en Santa Clara lo nombraron Hijo Adoptivo. —Dijo Pancho.

—¿En qué época? —Volví a preguntar y Pancho casi que gritó.

—¿Época? Nada de eso, lo mío es con exactitud... Eso fue el 15 de septiembre de 1885 y te digo más, unos años después, el día 4 de abril de 1894, el Gobierno Municipal de Santa Clara le cambió el nombre a la Calle San Juan Bautista y le puso Luis Estévez.

—Entonces fue bastante reconocido en la región central de Cuba al igual que Marta, pero fuera de ahí no lo han sido,

—No te creas, que aquí en La Habana, cuando estaban nombrando las calles, no se olvidaron de él porque en Santos Suárez, hay una con su nombre. —Terminó sus palabras Pancho.

—Perdonen que vaya un poco atrás, pero quisiera saber dónde se conocieron ellos. —Nono me contestó.

—Es que, como ya sabes, Luis ya estudiaba en esta ciudad cuando la familia de Marta se mudó para La Habana.

—Eso es pa que veas que lo de venir pa La Habana no es nuevo. —Dijo Pancho con su sonrisa mordaz.

—En este caso lo que hizo al padre de Marta venir definitivamente para la capital, —aclaró Nono— fue evitar la guerra que comenzaba en Las Villas en 1869 por lo que decidió alejar a la familia de la misma. Lo demuestran las tres construcciones que ordenó, una casa de dos plantas en el mismísimo Prado de La Habana, una quinta de recreo en Palatino y este panteón familiar que estás mirando, pero continuemos con tu pregunta, ellos se conocieron allí, en el Prado

—Supongo que cuando Luis se tropezó con los ojos verdes de

Marta, se volvió loco... —Señaló Pancho moviendo las cejas de arriba hacia abajo.

—Lo cierto es que desde que se conocieron se enamoraron y Luis enseguida comenzó a respetar y valorar la filantropía de Marta.

—¿Filan qué? —Preguntó Pancho riendo y Nono se apuró en contestarle.

—Filantropía es generosidad, es desinterés, es amar al género humano.

—Entonces la palabra le queda muy bien. —Afirmó sonriendo.

—Pues, como te decía, se conocieron y muy pronto se enamoraron. —Expresó Nono y Pancho se interpuso al momento:

—Pero no te vayas a imaginar que a Luis le fue fácil casarse con Marta, de eso nada... además de la diferencia de edad, porque Marta le llevaba cuatro años, la familia de ella era acaudalada y la de él no, por lo que pasó lo de siempre, los padres no querían y se le atravesaron, haciendo todo lo posible para quitarlo del medio, tanto que mandaron a Marta para la casa de su tío Eduardo González-Abreu en Santa Clara,

—Y ¿por qué González?

—Si tú supieras que ese apellido era compuesto, o sea, González-Abreu, pero a uno de la familia le dio por quitarlo y desde ahí comenzaron a llamarse Abreu, sin el González, fíjate que ni en el panteón lo pusieron. La bronca de por qué se lo quitaron yo no la sé, pa que ni me preguntes. —Dijo Pancho con su mueca favorita.

—Pusieron a Marta lejos de Luis sin tener en cuenta de que él estaba verdaderamente enamorado y no podía vivir sin su amada, por lo que se trasladó a Santa Clara y tuvo la inmensa suerte de que los tíos de Marta supieron ver sus buenas intenciones y le aceptaron que pidiera su mano.

—Y, aunque no lo creas, —entró Pancho— se casaron en la

Iglesia Parroquial Mayor de Santa Clara un 16 de mayo de 1874. Por supuesto que los padres de Marta no estuvieron en la boda. Además, Luis se llevó a Marta a vivir con él, como diciéndole a la familia que lo que le interesaba era Marta y no su dinero.

—Este matrimonio tuvo dos hijos, el varón se llamó Pedro Nolasco Julio Zenón Estévez Abreu, nació el 12 de abril de 1875 y una niña que llamaron Cecilia, que falleció poco después de nacida y según dicen fue enterrada aquí, en este cementerio.

—¿En este mismo panteón?

—Eso no lo sé, y debe de ser difícil de averiguar —continuó Nono—. En 1876 murió el padre de Marta y en 1882 su madre por lo que ella y sus hermanas asumieron la posesión de sus bienes, entre los que se encontraban grandes dotaciones de esclavos los cuales fueron liberados por las hermanas, aunque Marta y Luis, además de liberarlos, les entregaron parcelas de tierra para que no quedaran desamparados. También las tres hermanas ordenaron construir el colegio para niños pobres San Pedro Nolasco en 1882, porque fue la voluntad del testamento de su padre que había dejado 20 000 pesos para eso. Su madre hizo lo mismo dejó 20 000 pesos para otro colegio para niñas que se inauguró en 1885 y se llamó Santa Rosalía.

—¿Rosalía, la hermana de Marta no es la de la Finca de los Monos? ¿La que está en Palatino y Santa Catalina?

—Efectivamente, —respondió Nono— era la hermana menor de Marta, nació el 15 de enero de 1862 y le pusieron el nombre de la madre. Los restos de ella también están aquí, si te fijas, hay una tarja con su nombre. La finca se llamaba Las Delicias, pero la gente le puso la Finca de los Monos, porque Rosalía llegó a tener, sueltos en la finca, monos de muchos tipos. Por cierto, en esa finca se logró la reproducción de un chimpancé en cautiverio el 27 de abril de 1915, cosa que resultó ser un logro científico para Cuba y el mundo. Pero no fue solo eso por lo que se debe recordar, Rosalía y su esposo también realizaron donaciones tanto al Partido Revolucionario Cubano como también envió, oye bien esto, envió una cuota mensual para comida durante la horrenda reconcentración de Weyler.

—Oiga ¡Rosalía fue un personaje interesantísimo! —Intervino Pancho— A ella la consideraban la oveja negra de la familia porque era más libre y no le daba mucha importancia a los prejuicios de la sociedad.

—La prensa de la época no la dejaba tranquila. Pero bueno, lo real es que si nos ponemos a enumerar todo lo que hicieron las tres hermanas no nos alcanzaría el día. Fue una familia llena de humanidad y solidaridad, enseñadas desde la cuna a amar a su patria. Rosalía murió el 4 de noviembre de 1930.

—Pero volvamos a Marta Abreu, fíjate quién era ella —continuó Pancho— que por el año 1893 el Ayuntamiento de Santa Clara, se puso de acuerdo con la monarquía española para que la hicieran condesa de Villaclara pero ella dijo redondamente que no. También se negó a que le hicieran bustos o estatuas.

—Al comienzo de la guerra de 1895 el matrimonio Estévez-Abreu tuvo que salir para Francia porque sus ideas independentistas los marcaban ante las autoridades españolas, pero ya en París y utilizando el seudónimo de Agramonte, continuaron aportando cuanto podían a la causa del Ejército Libertador. Su hijo Pedro lo hizo con el seudónimo de Jimaguayú, lugar donde cayera Ignacio Agramonte. Ayudó también, a pedido de su amiga puertorriqueña Lola Rodríguez de Tió, de quien hablaremos más adelante, a Ramón Emeterio Betances, patriota puertorriqueño que se encontraba en una situación precaria en Francia.

»Cuando llegó a París la noticia de la muerte de Antonio Maceo, Marta envió un cable que solo decía: "Adelante", y junto con este 10 000 pesos que por cierto, no llegaron a su destino pues fueron interceptados por los españoles, por lo que en septiembre de 1897 firmó con su seudónimo otro cable: "Ante contrariedad del fracaso expedición Pinar del Río cuento 10 ooo pesos más para otra."

—Marta dijo muchas veces —continuó Pancho— que todo su dinero estaba a la disposición de la independencia y también dijo que si se acababa, pedirían limosna, ella y su familia, pero la libertad de Cuba era lo primero y del gobierno español dijo: "A fuego y sangre entraron en América y a sangre y fuego saldrán de ella."

—Fue una patriota digna de admirar.

—Se dice patricia... —Me rectificó Pancho.

—Si supieras —le repuse— que no me gusta decir patricia, me parece como si disminuyeran a la mujer. Por lo tanto, siempre me oirás decir patriota. También me sucede lo mismo con la palabra poetisa.

—Apretaste compay... yo no había pensado en eso. —Me respondió Pancho sonriendo y me dijo:

—El patriotismo de Marta fue siempre a toda prueba, fíjate que una vez en que el Generalísimo Máximo Gómez visitó Santa Clara, dijo: —Mientras hablaba, Pancho sacó un papel que se apresuró en leer— *«No saben ustedes los villaclareños, los cubanos todos, cual es el verdadero valor de esa señora. Si se sometiera a una deliberación en el Ejército Libertador el grado que a dama tan generosa habría de corresponder, yo me atrevo a afirmar que no hubiera sido difícil se le asignara el mismo grado que yo ostento.»*

—Eso fue el 13 de febrero de 1898. —Se complació Nono en decirle y continuó— Marta Abreu ha sido reconocida como la benefactora de Santa Clara. Muchas obras realizó en esa ciudad, una de ellas fue el teatro La Caridad, obra que había dejado por escrito en su testamento, aunque después decidió realizarla en vida.

—Tengo entendido —dije— que ese teatro costó 140 000 pesos.

—Y más también —Respondió Nono.

—Oiga, carito el teatro, en aquel tiempo un peso era ¡un

peso...! —Auxilió Pancho y Nono continuó:

—En 1883 comenzó la construcción y fue inaugurado, con la presencia de Marta y Luis en el palco de honor el 8 de septiembre de 1885 por ser ese el día de La Caridad del Cobre y de ahí el nombre del teatro.

—Ahí cantó hasta Don Caruso, compadre. —Dijo Pancho.

—¿En qué época? —Le pregunté.

—Ahí me la pusiste en China. —Respondió Pancho encogiéndose de hombros.

—¿No me habías dicho que lo tuyo era con exactitud? —Le pregunté riendo en lo que Nono, que andaba buscando entre sus papeles, salió en su auxilio.

—Fue el 17 de junio de 1921 y las obras que presentó fueron la ópera Los Payasos y el aria Elixir de Amor. Por cierto, que Caruso exigió que se abrieran las puertas laterales del teatro para que los que no pudieron entrar escucharan desde afuera.

—Pues, regresando aquí, en este panteón fueron depositados los restos del matrimonio en febrero de 1920 procedentes del cementerio de Montmartre, Francia. Cuando Marta y Luis murieron fueron enterrados en el panteón de su cuñado, el esposo de Rosa Abreu Joseph Grancher, en el cementerio de Montmartre en París. Tiempo después su hijo hizo construir una tumba en ese mismo cementerio para que sus padres tuvieran su descanso eterno, pero en 1920, decidió traer los restos de ambos, hasta que los depositó en este panteón.

—Salieron de Francia el 4 de febrero. —Dijo Pancho y continuó subiendo el énfasis de su conversación— Cuando llegaron los restos, el Ayuntamiento de La Habana le puso el nombre de Marta Abreu a la calle Amargura de la Habana Vieja, aunque la gente la sigue conociendo por el nombre antiguo... Por cierto, hay muchos que piensan que los restos de Marta debían de descansar en Santa Clara y no aquí...

—Creo que tienen sus razones, pero también hay que pensar

*Ángel que corona el panteón de la familia Abreu. Foto: Mario Darias.*

que quienes decidieron vivir en La Habana fueron ellos mismos.

—Y ¿saben en qué lugar del Prado vivía Marta? —Pregunté y Nono me respondió:

—Si, como no, la casa de Marta estaba en Prado y Trocadero. Para que te sitúes mejor, cuando uno va por Prado, del Malecón al Capitolio, por la parte derecha, y llega a Trocadero, en la misma esquina.

—No compadre, esa es la del presidente José Miguel Gómez. —Replicó Pancho y Nono le respondió enseguida:

—Yo dije que estaba. La cuestión es que José Miguel Gómez dispuso la demolición de la casa de Marta para construir la suya en el mismo lugar. —Dijo Nono.

—Sí, ellos murieron en 1909, tuvieron la posibilidad de conocer el destino de Cuba después de la guerra. —Inquirí y Nono me respondió.

—Efectivamente, al final de la guerra, ellos salieron de Francia para Estados Unidos y un año después, en 1899 regresaron a Cuba, en plena intervención norteamericana, momento en que el General norteamericano Leonardo Wood nombró a Luis Estévez Secretario de Justicia, aunque cinco meses después renunció. En el período inaugural de la República, en 1902, aceptó ser postulado junto a Estrada Palma pero el 31 de marzo de 1905 tuvo la inmensa valentía de renunciar al cargo de Vicepresidente de la República y Presidente del Senado alegando razones de enfermedad, aunque en realidad era por el disgusto que había provocado en él la posición adoptada por Estrada Palma que culminó dando paso a la segunda intervención norteamericana en Cuba. Pensó que esa no era la República que había soñado ni por la que se había derramado tanta sangre.

»Esto hizo que regresaran a Francia. ¿Quién le diría a la pareja que era la última vez que verían su patria? A finales de diciembre de 1908 Marta entró al salón de operaciones por una apendicitis, que, aunque peligrosa, no era de tanta gravedad, todos contaban con su pronta recuperación, pero se complicó y el día 2 de enero de 1909 murió a los 63 años.

»A partir de ese día, Luis no pudo resistir la pérdida de su amada y se convirtió en una persona abrumada. Iba todos los días al cementerio a visitar su tumba, llegaba con un gran ramo de flores y lloraba sobre ellas, después se ponía a conversar con Marta. Nadie sabe de qué tema, lo cierto es que, a los 33 días de visitar la tumba, el 4 de febrero de ese mismo año, al regreso del encuentro con su amada, se suicidó. —Se produjo un silencio que Pancho demoró en romper.

—Al regresar del cementerio, se trancó en su habitación y se pegó un tiro.

Por lo que se ve, no supo vivir sin su amada Marta, en su juventud no creyó en la distancia con que intentaron separarlos y fue hasta Santa Clara a buscarla y en este momento, prefirió la muerte para vivir junto con ella en la eternidad. La historia de estos dos seres trasciende la ficción, es de las historias poco contadas. En estos tiempos, querer explicar una historia de amor como esta, es algo difícil, ya la gente piensa que algo así pertenece solamente a las novelas y películas.

# Panteón de Máximo Gómez

Lo reclamo: Si estoy muerto,
enterradme caballeros.

Palabras del Generalísimo
Máximo Gómez en su lecho de muerte.

De sorpresa en sorpresa se convierte este viaje en una experiencia única e inolvidable. Uno se va introduciendo en la historia viva de sus mudos protagonistas. Las tumbas tienen la peculiaridad de acercarnos a los seres que las habitan, tanto, que da la sensación de que respiran.

Transitábamos por la ancha avenida Cristóbal Colón, que es la primera que uno encuentra cuando atraviesa la Portada Norte, y deslumbrado por tanta maravilla, seguía creyendo que ese inmenso y bello lugar no podía estar "habitado" por muertos. En ese instante escuché a Nono que indicándome con el índice me decía:

—Ese panteón, con esa columna de granito rojo oscuro, es el de Máximo Gómez, que, como sabes, es un patriota conocido por el pueblo de Cuba como El Generalísimo.

Nos acercamos y volví a sentir la misma impresión que tuve con el panteón de Marta Abreu. Busqué el nombre de Máximo Gómez por todas partes y no lo encontré. Solo se aprecia un medallón con su imagen de perfil en altorrelieve, entonces Pancho me dijo:

—Este panteón tampoco tiene el nombre, aunque creo que en este caso fue el propio Gómez el que lo pidió.

—Si fue así, hay que respetarlo, aunque creo que, hasta cierto punto, porque no solo Máximo Gómez se merece que su nombre esté, sino que todos los que pasan por aquí también. El que no reconozca su cara en el medallón, no se entera de quien está sepultado ahí. —Le dije y me respondió con un dicho popular, como es su costumbre.

—Eso es verdad, pero ¿quién le pone el cascabel al gato? Oye, eso lleva así más de cien años...

—Al menos está su imagen en el medallón, —intervino Nono— que fue hecho por el escultor cubano Aurelio Melero, en 1906, también lo firma su fundidor, Isidoro Casals. Por cierto, Melero junto al también escultor Fernando Adelantado fueron los que hicieron las mascarillas mortuorias del general minutos después de su fallecimiento. El panteón fue diseñado por E. Astudillo.

*Panteón del Generalísimo Máximo Gómez. Foto: Mario Darias.*

—Realmente está hermoso, solo el detalle del nombre.

—Máximo Gómez fue un incansable y valiente patriota. Esta es una frase de él que a mí me gusta mucho: *"Los hombres deben amarse, no por su saber y talentos sino por sus virtudes"*.

—Y también dijo, con mucha razón —Intervino Pancho sonriente— que los cubanos o no llegamos o nos pasamos…

—Por ese lado tenemos la absoluta certeza de que eres cubano, pero en tu caso eres de los que siempre se pasan. —Rebatió Nono sonriente.

—No te creas, que a veces me quedo corto también. —Respondió Pancho sin borrar su sonrisa y continuó dirigiéndose a mí— Te diré una curiosidad para ir entrando en materia… ¿Sabías que el cadáver de Máximo Gómez está embalsamado?

—Así es. —Se apuró en afirmar Nono mientras yo negaba con la cabeza y continuó para explicarme. —Desde mi punto de vista, hubo que embalsamarlo porque el cadáver iba a estar tres días expuesto, aunque también hay que tener en cuenta que en aquella época no era raro que una personalidad fuera embalsamada, pero de esas costumbres también te hablaremos después. —Entonces Pancho volvió al tema familiar:

—El Generalísimo fue hijo de Clemencia Báez Pérez y Andrés Gómez Guerrero, nació el 18 de noviembre de 1836 en Baní un pueblito de República Dominicana.

—Debo decirte que esa fecha no se toma como oficial, se ha dejado así porque se basa en la celebración de sus cumpleaños. —Rectificó Nono y Pancho, haciendo una mueca de inconformidad replicó:

—Está bien, pero, en definitiva, lo importante es que nació en Dominicana y que fue de los primeros en unirse a Céspedes en Oriente… Oye, ya a uno le parece raro decir ese nombre, porque como esa provincia se dividió en cinco…

—Así es, aunque los muy viejos lo siguen diciendo… —dijo Nono sonriendo burlonamente y continuó— Se levantó en armas en Jiguaní en octubre de 1868 y se unió a las fuerzas de Carlos Manuel de Céspedes con el grado de sargento, aunque debes saber que ya él estaba conspirando en las logias desde antes, como muchos otros.

—Y ojo... fue a quien se le ocurrió dar la primera carga al machete el 14 de noviembre de 1868. —Dijo Pancho y viendo que Nono tomaba aire, replicó al instante— Claro, en las Guerras de Independencia, porque la primera de Cuba, como todo el mundo sabe, fue la de Pepe Antonio cuando la toma de La Habana por los ingleses.

—Así es —intervino Nono— José Antonio Gómez y Bullones, natural de Guanabacoa, quien era más conocido por Pepe Antonio, fue el primero en utilizar esa estrategia de lucha contra los ingleses en La Habana de 1762.

—Los españoles se aterrorizaban cada vez que se oía el grito de ¡¡¡Al machete...!!!

—Sssssssss. —Se escuchó a Nono que con el índice frente a los labios le recordaba a Pancho que estaba en un cementerio.

—Ñooo... Se me fue la mano.

—Más bien fue la voz la que se te fue.

—¡Qué casualidad que los dos eran de apellido Gómez! —Dije.

—La historia está llena de casualidades. Y faltan muchas, ya verás... —Indicó Pancho y aproveché para preguntar:

—Pero ¿de dónde aprendió Máximo Gómez esa estrategia? porque supongo que él no conociera del acto heroico de Pepe Antonio ¿no?

—Claro que no, la cuestión es que Máximo Gómez había llegado a Cuba como oficial de caballería del Ejército Español y ya había participado en algunos combates en Dominicana donde se supone que habían empleado esa táctica. —Respondió Nono.

—Entonces, ¿antes de pertenecer al Ejército Libertador, perteneció al Ejército Español?

—Pues sí, desde los dieciséis años se unió a dicho ejército que luchaba contra las invasiones haitianas dirigidas por Faustine Soulouque, incluso llegó a obtener el grado de alférez. A esta guerra en la que participó Gómez se le llamó Guerra de Restauración Dominicana.

—La cosa se está complicando, compadre. —Aseguró Pancho sonriendo.

—Perdona que me detenga un momento en esta historia, pero es muy importante saber esto para entender cómo llegó Gómez a Cuba. Mira, esto es más complicado de lo que parece, pero vamos a obviar lo que sucedió antes, cuando Haití dominaba la isla completa, o sea, lo que es hoy Haití y Dominicana, para caer en la guerra por la Independencia, la que le dio la emancipación a Haití en 1844 e hizo que naciera la República Dominicana. A partir de este momento los haitianos comenzaron a atacar a Dominicana con intenciones de volver a dominar la isla completa. A este período de 1844 a 1861 se le llamó Primera República, pero, como siempre seguía la amenaza haitiana, el general dominicano y presidente en ese momento, Pablo Santana, pidió a España que retomara el control de Dominicana y el 18 de marzo de 1861 se produjo la anexión a España por lo que Santana se convirtió en el Gobernador General de Dominicana y a este ejército español pertenecía el joven Máximo Gómez.

—Haití siempre pensó que la isla completa era de ellos. —Dijo Pancho.

—Pues volviendo al tema —continuó Nono— Las cosas tampoco fueron bien bajo el gobierno español pues los conflictos e invasiones desde Haití no eran solo de haitianos, sino de dominicanos que no estaban de acuerdo con el gobierno español. Comenzó entonces una guerra de los dominicanos por liberarse de España que se llamó Guerra de Restauración que no se detuvo hasta que el 15 de julio de 1865 las tropas españolas se marchaban para no volver.

—Supongo que eso debió de ser duro para España, porque le demostraba a Cuba y a Puerto Rico que podían derrotarlos. —Le dije.

—Tienes toda la razón —Repuso Nono y continuó— En ese momento fueron evacuadas las fuerzas españolas de Dominicana y las enviaron a Cuba española y así llegó a nuestro país Máximo Gómez, en el vapor Pizarro.

—Y ¿cómo se une a las filas mambisas? —Pregunté.

—Un año después de su llegada se dio baja del Ejército Español y se dedicó a tareas agrícolas, pero a principios de 1867 comenzó a conspirar, según él mismo, por la libertad de los esclavos, hay que tener en cuenta que Gómez nunca había convivido con la esclavitud, porque, ni en Dominicana ni en Haití había esclavos en esa época, por lo que fue una de las situaciones que lo horrorizó al llegar a Cuba. Poco tiempo después su lucha fue también por la independencia de Cuba hasta que se unió a Céspedes en el 68.

—Óigame —tomó la palabra Pancho mirándome— Gómez estuvo en más de doscientos combates y sobrevivió.

—Increíble. —Dije y repuse— ¡Qué emocionante debe haber sido la entrada de Máximo Gómez en La Habana después de la Guerra! ¿Recuerdas qué día fue?

—Cómo no. —Contestó Nono— Eso fue, exactamente, el 24 de febrero de 1899, bajo la intervención norteamericana, y constituyó un acontecimiento inolvidable para esta ciudad. Fue llevado a la Quinta de los Molinos, porque esa era la residencia veraniega que hasta ese momento utilizaban los Capitanes Generales. Pero su sencillez no lo dejó convivir con tanto lujo por lo que no aceptó. Primero estuvo viviendo en la calle Monte y Cárdenas y poco tiempo después el pueblo de Cuba le compró una casa modesta en la calle Galiano entre Virtudes y Concordia. Incluso, Gómez no aceptó la paga que le correspondía como Mayor General del Ejército Libertador.

—Y ¿qué me pueden decir sobre su muerte? —Pregunté.

—La situación fue que Gómez enfermó después de un viaje 
que hizo por toda Cuba apoyando la candidatura presidencial 
del general Emilio Núñez y en contra de la reelección de Tomás 
Estrada Palma. —Me respondió Pancho y Nono continuó:

—Bueno, muchos afirman que el viaje a Santiago de Cuba fue 
para encontrarse con su hijo Urbano que hacía mucho tiempo 
no veía. Porque si hubiera sido un viaje estrictamente político, 
no hubiera ido con sus hijas y esposa. Lo que sucedió fue que 
aprovechó el viaje para también apoyar a Emilio Núñez.

—Y ahora que hablas de sus hijos, ¿no sabes cuantos hijos 
tuvo Máximo Gómez?

—No sé, tú siempre te apareces con cada preguntica.

—Pues tuvo 17 hijos, Con Manana, su mujer, 12. ¿Qué te 
parece?

—Si no es un récord es un buen averaje. Pero bueno, ¿qué hay 
de lo del viaje a Santiago?

—Na. Que se enfermó de tanto darle la mano a la gente. —
Dijo Pancho y yo repuse mirando a Nono.

—¿Eso es verdad?

—Pues sí, murió de septicemia. Estando en Santiago de Cuba 
contrajo una infección de tanto estrechar las manos de quienes 
lo querían conocer. No le dio importancia a una pequeña herida 
que tenía en su mano derecha, que le comenzó a doler y se fue 
empeorando, hasta que la infección se le generalizó por todo el 
cuerpo. Esto hizo que su médico de cabecera le pidiera regresar 
a La Habana. Entonces prepararon un tren especial 
acompañado por sus familiares y los generales Valiente y 
Nodarse del Ejército Libertador. —Me explicó Nono cuando 
Pancho intervino:

—Cuando el tren pasó por Matanzas lo estaba esperando el 
gabinete completo de Estrada Palma, bueno, todos menos él.

Después de la ironía de Pancho supe que en Matanzas 
abordaron el tren los generales Emilio Núñez, Fernando Freyre 
de Andrade y el puertorriqueño Juan Rius Rivera quienes eran

los secretarios de Gobernación y de Hacienda del gobierno de Estrada Palma, Domingo Méndez Capote, presidente del Senado y rector del Partido Moderado. También Rafael Montalvo, secretario de obras públicas, el secretario del presidente, el gobernador de La Habana y supe también que aquí en La Habana, el pueblo estaba esperando el tren en una estación, pero llegó por otra.

—Lo esperaban por la estación ferroviaria de Villa Nueva que se encontraba donde está hoy el Capitolio, —dijo Nono— pero se bajaron en la Quinta de los Molinos donde lo esperaba un coche para llevarlo a una casa que el gobierno había alquilado en 5ta y D en El Vedado.

—Yo tengo entendido que esa casa era de su amigo Manuel Silveira. —Interrumpió Pancho y antes de que Nono hablara dijo— Pero bueno, eso no es lo importante, lo que más me fastidió fue que don Tomás Estrada Palma, se apareció a ver al enfermo quince minutos antes de su muerte. ¿Cómo te cae?

—Hay que tener en cuenta que Máximo Gómez, —aclaró Nono— en el momento de la enfermedad, se encontraba en plena campaña contra Estrada Palma. Por eso el general Alejandro Rodríguez, quien era secretario de gobernación del presidente, fue hasta la casa para preguntar si la familia creía oportuna la visita de Estrada Palma.

—Al presidente se le había olvidado que fue Gómez quien lo propuso para el cargo. —Dijo Pancho visiblemente molesto.

—¿Gómez propuso a Estrada Palma como presidente? —Pregunté a Nono.

—Sí... Pero, como siempre, las cosas no son ni blancas, ni negras. Para entender eso habría que tener en cuenta las contradicciones de Gómez con la Asamblea del Cerro y también saber que ese Estrada Palma que él apoyó, no era el que fue después...

—Tomasito, que es como le decía Gómez a Estrada Palma desde la Guerra de los 10 Años, nunca pudo soportar tener la personalidad de Gómez a su lado porque donde quiera que estaba El Generalísimo, se llevaba toda la atención y los aplausos. Vaya que hasta el 20 de mayo de 1902, en que se bajó la bandera norteamericana, el que izó la cubana fue el mismísimo Máximo Gómez.

—Pero hablemos del resultado de la contradicción de la Asamblea del Cerro con Máximo Gómez que terminó el 12 de marzo de 1899, con su destitución como General en Jefe del Ejército Libertador. Gómez hizo público un manifiesto que en una de sus partes decía: *"Nada se me debe y me retiro contento y satisfecho de haber hecho cuanto he podido en beneficio de mis hermanos..."*

—Muchacho, cuando la gente supo eso —me explicó Pancho— se formó la grande, el pueblo se metió tres días protestando frente a la Quinta de los Molinos, en los periódicos salían protestas y caricaturas criticando a los asambleístas, y la cosa siguió hasta que desapareció la Asamblea del Cerro y se quedó Cuba sin representantes... Esa historia es larga, pero poco a poco te irás enterando de todo... Paciencia compadre. — Me dijo Pancho y yo le respondí:

—Tenía razón José Martí cuando le escribe a Gómez para reiniciar la lucha por la independencia de Cuba: *"Yo ofrezco a usted, sin temor de negativa, este nuevo trabajo hoy que no tengo más remuneración que brindarle que el placer de su sacrificio y la ingratitud probable de los hombres..."*

—Tienes toda la razón del mundo mi amigo. —Afirmó Pancho y aproveché para cambiar el rumbo:

—Supongo que los funerales de Gómez hayan sido impresionantes...

—Supones bien. —me contestó Nono que fue interrumpido inmediatamente.

—Aquí te tengo otra curiosidad... Gómez supo cuándo iba a morir... No me mires así compadre, te lo digo yo. Mira, el mismo día de su muerte, por la mañana, llamó a su esposa y a sus hijos para despedirse y por la tarde fue cuando dijo sus últimas palabras: *Lo reclamo. Si estoy muerto, enterradme, caballeros.*

—Máximo Gómez falleció el 17 de junio de 1905, —continuó su conversación Nono— su muerte fue anunciada a las seis de la tarde por su médico de cabecera, el doctor José Perera. Fue embalsamado en la misma casa donde murió, donde hoy existe una tarja que lo indica. Por cierto, ¿Ustedes saben que el cuarto donde murió Gómez no está en esa casa del Vedado?

—Supongo que no exista porque ha pasado mucho tiempo. —Le dije.

—Yo no he dicho que no exista, lo que dije es que no se encuentra ahí.

—Si no te explicas...

—Sencillo, que se llevaron todo lo que tenía adentro, el cuarto completo, y lo armaron en otro lugar, igualito.

—Como que se lo llevaron. Ahora si es verdad que estás apretando. ¿Tú quieres decir que arrancaron con el cuarto...? —Exclamó Pancho sorprendido.

—Con todo, escaparate, puertas, mamparas, con decirte que se llevaron hasta el techo y el piso...

—Pero ¿se lo robaron? —Volvió a preguntar impaciente.

—No, fue para reconstruirlo en otro lugar, por lo tanto, se convirtió en el primer monumento trasladado en Cuba, que no deja de ser también otra curiosidad. —Aseguró Nono.

—Entonces ¿decidieron rearmar la habitación del mismo modo en que estaba cuando murió? Supongo que lo hicieran en su casa, la de Galiano.

—Pues te vuelves a equivocar, lo trasladaron para Matanzas, más exacto para el antiguo Museo y Biblioteca de Cárdenas.

—Pero eso ¿a quién se le ocurrió? —Preguntó Pancho y sin esperar la respuesta continuó— Cuando yo te lo digo que aquí se le ocurre cada cosa a la gente. Seguro que fue en los noventa, o en los...

—Déjame interrumpirte antes de que sigas tirando piedras.

—Dijo Nono— Realmente, los que hicieron ese traslado salvaron la habitación porque esa casa la iban a modificar y ahí no iba a quedar nada. Se hicieron gestiones de parte de los cardenenses Benito Lagueruela y Vicente Font, hasta que el 28 de octubre de 1908 oficializaron la donación y le dieron la autorización para mudar el cuarto para el museo de Cárdenas.

—1908... Casi gritó Pancho. Y yo echándole la culpa al más acá. —Dijo riendo y preguntó— Ven acá, y ¿cómo se llevaron el cuarto hasta Matanzas?

—En ferrocarril y un año después ya estaba reconstruida la habitación donde murió Máximo Gómez y parece que lo hicieron bien porque el 2 de enero de 1913 fue visitado el museo por Margarita Gómez de Vargas, su hija menor y dijo que estaba igual que como ella la recordaba.

—Y ¿todavía existe? —Pregunté y Nono me respondió.

—Sí, pero, aunque sigue en Cárdenas, lo volvieron a cambiar.

—Óigame, ese cuarto no se puede quedar tranquilo. —Expresó Pancho risueño.

—Lo volvieron a trasladar, porque el lugar donde estaba se encontraba muy deteriorado y se llevaron el cuarto para el Centro de Veteranos.

—Eso cuando fue.

—En 1984 y su reinauguración fue el 30 de julio de 1986 a la que asistió el Comandante Juan Almeida Bosque, también el nieto de Máximo Gómez, Pedro Máximo Vargas Gómez y varios familiares de veteranos de la Guerra de Independencia. Yo me enteré por esta crónica de Andy Jorge Blanco que se titula: El general y su habitación.

—Vaya que si es bien curioso todo ese traslado de la habitación. —Dije y aproveché para volver al día de su muerte, preguntándole a Nono cómo había sido el velatorio de Gómez.

—Su féretro salió de esa casa en los hombros de sus cuatro hijos. Después fue trasladado al Salón Rojo del Palacio Presidencial de aquella época, el que había sido el de los

Capitanes Generales, donde tuvieron lugar sus funerales con el ataúd cubierto por las banderas de Cuba y Dominicana.

—Quien formó tremenda protesta en el velorio fue Clemencia, hija de Gómez. —Acotó Pancho esperando mi obligatoria pregunta.

—¿Y eso por qué?

—Porque se dio cuenta que estaba rodeada del gabinete completo de Estrada Palma y de todos los oficiales del Ejército Libertador, pero al pueblo no lo dejaban entrar. Por eso, dirigiéndose a los presentes preguntó en alta voz y bien alterada: *¿Dónde está el pueblo que liberó mi padre?*

—Supongo que puso a correr a todo el mundo. —Afirmé.

—Muchacho, en menos de lo que canta un gallo fue organizado el desfile de gente de todo tipo que le querían dar el último adiós al Generalísimo. Tres días duró el velorio, el día 20 a las tres de la tarde, se oyeron 21 cañonazos desde La Cabaña, y salió el cadáver desde el Palacio para acá. Incluso en el camino, hubo algunos momentos en que tuvo que meterse la policía porque la gente quería sacar el féretro del carruaje para llevarlo en hombros.

—Impresionante. —Comenté y Nono cerró el comentario.

—El entierro de Máximo Gómez constituyó la más imponente manifestación de duelo verificada hasta esa fecha. Fueron declarados tres días de Luto Nacional y nueve de Duelo Oficial. El gobierno destinó 15 000 pesos para los gastos fúnebres porque se le brindaron las honras correspondientes a un Presidente de la República. Cuando el cortejo fúnebre llegó al cementerio, cuatro generales mambises cargaron el ataúd hasta depositarlo aquí; Javier de la Vega, Bernabé Boza, Emilio Núñez y Pedro Díaz. Las cornetas de órdenes de Gómez, José Cruz y Juan Barrena, tocaron a silencio y se escucharon tres descargas de artillería. No hubo despedida de duelo.

*Entierro de Máximo Gómez. Foto del Diario de la Marina.*

## Según Julio Le Riverend (1912-1998)

Historiador. Escritor.
Premio Nacional de Ciencias Sociales. (1995)
Premio Nacional de Historia. (1998)
(Entrevista realizada por el autor)

Sobre la contradicción de Gómez y la Asamblea del Cerro habría que comenzar diciendo que los distintos poderes que intervinieron en la guerra, es decir, lo que pudiéramos llamar poder militar o función militar, que correspondía a Máximo Gómez, y la función política que correspondía al Consejo de Gobierno electo a través de unos sufragios del Ejército Libertador que nombraba diputados y éstos a la Asamblea, no era la primera vez que tenían discrepancias.

En el caso de Máximo Gómez, existía además una razón para que se abstuviera de manifestar determinadas opiniones o consejos. Esta cuestión radicaba en el hecho de que él se consideraba extranjero en exceso.

Esto es en un sentido general, en el particular, que está en tu pregunta, Máximo Gómez se mostró contrario a la intervención, y lo dice al final de su diario; sin embargo, llegaría a ciertos acuerdos con los Estados Unidos cuando Foster, el mensajero norteamericano, lo visitó acompañado de Gonzalo de Quesada en su campamento de la Reforma por el sur de Las Villas. A pesar de los treinta años que tenía de estar luchando por la independencia de Cuba, no parecía ser un patriota cubano.

Pero al pensar así, Máximo Gómez, aparentemente, no pensaba en que eran hombres que habían peleado durante mucho tiempo... tú sabes que hay un catálogo hecho por Carlos Roloff, pues Gómez dijo que si Cuba hubiese tenido a todos esos hombres en armas, hubiera ganado la guerra en seis meses; es decir, había una serie de cuestiones que enturbiaban el pensamiento de unos y de otros.

Por otra parte, no hay que olvidar que las voces más autorizadas de la Asamblea eran los Méndez Capote, los de la Torriente, toda una serie de gente que constituían capas medias, una especie de lo que diríamos hoy, burguesía nacional en formación, y estos querían la paga total. Es verdad que la paga total suponía el reconocimiento por parte de los Estados Unidos, un reconocimiento muy tardío, de que había sido un ejército formal. Webbs dio la forma de la conquista, por lo tanto, <u>indemnizaron a España</u> cuando se fue de Cuba, pero no a los cubanos, ni tampoco a la masa de gente de menos bienes: campesinos, trabajadores que se habían incorporado a la lucha y muchos de ellos habían perdido lo poco que tenían antes de la guerra, pero los que llevaban la voz cantante eran los ilustrados, las capas medias, etc., que sí querían la indemnización, no ya para que los reconocieran como un poder legalmente constituido, sino también para beneficiarse ellos, hay que decirlo con franqueza.

Aparte, es posible, yo no lo aseguro, no he estudiado detenidamente esto, de que hubiera una cierta oposición al caudillismo, personificado en Máximo Gómez. Un militar con éxito en la América Latina siempre se transformó en caudillo, en el hombre que decidía la suerte del país a su manera, sin darse cuenta de que Gómez, por su propio pensamiento de ser extranjero, no hubiera sido capaz de ser un caudillo decisorio en ningún problema. La prueba está en que cada vez que alguien habló, gente de la calle o algún que otro personaje, de que el presidente podía y debía ser Máximo Gómez, él se negó tajantemente. Pero también, quizás, por parte de Gómez hubo el deseo de no verse metido en líos, consiguió no el préstamo, sino el "regalo" de tres millones para que por lo menos se facilitara la entrega de las armas.

¿Qué hicieron los norteamericanos? y ¿qué fue lo que, a mi entender, por debajo de la mesa aceptó Máximo Gómez? Bueno, cuando ustedes estén constituidos como Estado, si quieren pagar su ejército libertador tendrán empréstito, pero ahí intervendrán ya los intereses bancarios norteamericanos a quienes no les convenía que Cuba intervenida, o sea, conquistada por los Estados Unidos, recibiera diez, quince o treinta millones porque era una deuda interna norteamericana. A Teodoro Roosevelt le convenía más que fuera otro estado, y a la política general económica de los Estados Unidos también, porque ese nuevo estado cubano nacería con una deuda ya de suma importancia para aquella época frente a Estados Unidos, ya tendrían al estado cubano amarrado por ese empréstito, como en efecto sucedió, empréstito que duró como treinta años para pagarse, mas una vez independizada Cuba con la Enmienda Platt, la deuda que había contraído Tomás Estrada Palma con un grupo de agentes bancarios para comprar los votos que decidieron la Resolución Conjunta, —este asunto está muy claro en el libro de Emilio Roig sobre la Enmienda Platt, cuando Cuba contrajo una deuda por un empréstito antes de ser independiente, la estuvo pagando casi hasta el año 1911 o 1912, cosa esta que se había desaparecido de la historia de Cuba.

Todo eso forma parte del cuadro... yo me inclino a pensar que ese gran grupo de gente que interviene tanto en la Asamblea como fuera de ella, estaba dispersa ideológicamente, se había perdido la unidad fundamental sobre el destino de Cuba; aunque el espíritu fuera de independencia, como había sido el proyecto desde el año 1868, tenían sin embargo discrepancias.

Faltaba un líder que tuviera una gran perspicacia política. No era Máximo Gómez, y entre los demás dirigentes de la Revolución no había ninguno que tuviera esa condición, salvo uno que tuvo algunos gestos: Bartolomé Masó, pero que no tenía la capacidad de José Martí para mover al cubano amante de su unidad bajo una adecuada dirección política. Hubo libertadores —yo algunas veces los he llamado exlibertadores y alguna gente se me encabritó por eso— que se aproximaron a la administración norteamericana y abandonaron prácticamente el ideal de independencia, si no lo abandonaron, por lo menos lo dejaron en un segundo plano, pues el primero era aceptar lo que había sucedido para ver qué podía salir de ahí: preferían una república a medias que la amenaza que hizo el gobierno norteamericano a través de Wood de que se constituiría un gobierno civil pero dirigido por un interventor militar norteamericano permanentemente lo cual era la no-independencia en absoluto.

En Máximo Gómez y en la Asamblea del Cerro todo eso estaba funcionando, cada cual iba tomando la posición que le parecía adecuada y tan es así que, en verdad, la Asamblea del Cerro, al destituir como si fuera un apestado a Máximo Gómez, se disolvió a sí misma, que era lo que le convenía a los Estados Unidos pues así mataron dos pájaros de un tiro. Eliminaron a Máximo Gómez que apoyó a Estrada Palma y eliminaron a la Asamblea del Cerro.

Así las cosas, casi lo primero que hizo Estrada Palma fue

pedir el empréstito a los Estados Unidos, porque habiéndose mantenido intactos los negocios de los españoles y viniendo los negocios de los norteamericanos, la mayor parte de la gente pobre, que eran los más numerosos del Ejército Libertador, se habían quedado totalmente desvalidos y eso hay que verlo así. Fue un resultado digamos clasista, que benefició a determinadas jerarquías políticas y militares. Dentro de eso el incidente de Máximo Gómez y la Asamblea del Cerro es uno de tantos que ocurrieron en aquella época.

# Presidencia efímera



Dejando atrás el Panteón de Máximo Gómez, echamos a andar por la acera en dirección sur. Así, pocos metros anduve cuando, al mirar hacia la derecha, observé un panteón que me llamó la atención y dirigiéndome a mis amigos les pregunté: ¿Ese panteón en que está el nombre de Céspedes tiene algo que ver con El Padre de la Patria?

—Pues sí, porque es el de su hijo Carlos Manuel de Céspedes y Quesada... —se apuró Pancho en contestar—, quien fue casi presidente de la República en 1933.

—¿Casi?

—Si, porque, en primera no fue elegido sino nombrado y en segunda, cuando llevaba veintidós días en la presidencia lo tumbaron del caballo, aunque, a decir verdad, ha habido otros que han durado menos.

—¿Menos de un mes?

—Pues sí, mira, por ejemplo, Alberto Herrera, el que estuvo antes que él, duró solo unas horas y los de la Pentarquía, que estuvieron después de él, estuvieron cinco días. —Pancho disfrutaba su conversación cada vez que notaba mi sorpresa, y a decir verdad, yo también la disfrutaba, tanto, que a veces preguntaba cosas que conocía para verlo desarrollarse.

—No, pero faltan, —continuó— Carlos Hevia se mudó para el Palacio Presidencial el 15 de enero de 1934 y el 18 tuvo que recoger sus andariveles y salir por donde mismo entró y Márquez Sterling estuvo pocas horas porque sirvió de transición.

—Pero, —Intervino Nono tratando de volver a la conversación anterior— no vamos a hablar ahora de eso porque hay tiempo. Todo a su momento. Creo que es mejor dedicarnos

*Panteón de Carlos Manuel de Céspedes y Quesada. Foto: Mario Darias.*

a responder sobre la curiosidad que tuviste al ver el nombre de Céspedes en este panteón.

Nos fuimos acercando hasta poder asomarnos a su interior donde observé, escrito sobre su tumba lo siguiente: Carlos Manuel de Céspedes y de Quesada. 12 de agosto de 1871 – 27 de marzo de 1939. Y en la parte inferior de la misma tapa pude leer el nombre de su esposa, de nacionalidad italiana, que descansa junto a él: Laura Bertini de Céspedes 30 de julio de 1880 – 21 de febrero de 1956. Cuando terminaba de leer, Pancho me completó la información diciéndome que Carlos había muerto aquí en La Habana y que tuvo dos hijos, el varón se llamó Carlos Manuel y la hembra Alba.

—Carlos Manuel de Céspedes y Quesada —reafirmó Nono— ha sido más recordado por esa presidencia efímera que, a mi juicio, no es lo más importante de su vida... sin embargo no se habla de otras cosas que hizo, incluso de que realizó estudios en varios países como Estados Unidos, Alemania y en Francia donde se graduó de bachiller. De que cursó estudios de Derecho Diplomático y tuvo una larga carrera en distintos lugares del mundo como en Italia, Argentina, Estados Unidos, Reino Unido y México; de que llegó a Cuba en la expedición del Laureada para unirse al Ejército Libertador en la Guerra de Independencia de 1895 donde alcanzó grados de Coronel, que participó en la Constitución de La Yaya en 1897 y más tarde fue delegado a las asambleas de Representantes de Santa Cruz del Sur y del Cerro, tampoco se habla de que se opuso a la destitución de Máximo Gómez de su cargo de General en Jefe del Ejército, situación que hizo pública a través de una proclama.

—Pues sí que tienes razón en lo que dices —le comenté y continuó:

—Carlos Manuel había sido representante de la Cámara desde 1902 y fue Secretario de Estado en dos oportunidades, incluso trató de evitar la intervención norteamericana de 1906 cuando medió durante el levantamiento liberal.

—Entonces ¿Cómo se explica que nada de eso sea conocido por la mayoría de la gente? —Pregunté.

—Es posible que el hecho de ocupar determinados cargos en el gobierno de Gerardo Machado hiciera que la gente lo viera como una continuación del régimen. El derrocamiento de Machado fue en agosto de 1933 y después de la inútil designación de Alberto Herrera que nadie aceptó, pues era, incluso, un alto oficial del ejército de Machado, se le designó presidente de un gobierno que llamaron de Concentración Nacional en el que estaban, para su desgracia, los que habían participado en la Mediación del embajador norteamericano Sumner Welles.

—¡Qué raro!, un embajador yanqui mediando en un conflicto cubano... —Ironizó Pancho mientras Nono continuaba después de una sonrisa.

—Por otro lado, existía una efervescencia revolucionaria y un caos y confusión tremenda en la población tras la caída del tirano y a pesar de que disolvió el congreso y abolió las reformas hechas por Machado a la constitución de 1901, de lo cual hablaremos más adelante, seguía siendo visto con mala cara.

—Al parecer le tocó un mal momento...

—Sí, pero hay que ir más atrás para entender bien —dijo Nono mientras se sentaba en un banco sombreado por un árbol de los que viven en el cementerio, yo lo imité interesado en su conversación— En Estados Unidos se produjo el Crack de 1929 que, por supuesto, tuvo inmediatamente repercusión aquí.

—Muchacho, eso no fallaba nunca.

—¿Qué es lo que no fallaba nunca? —Pregunté a Pancho.

—Oiga, desde el tiempo de España, cualquier cosa que pasara en la Madre Patria, al momento se sentía aquí.

—Efectivamente, cualquier cambio o decisión que se tomara en España, repercutía aquí y no fue diferente con Estados Unidos. —Dijo Nono y Pancho le respondió con una sonrisa irónica. —Pero volvamos a tomar el hilo. Te hablaba del crack del 29.

—Ese crack es famoso en las películas americanas de esa época, sobre todo en las de gánster. —Dijo Pancho, Nono siguió.

—Esa crisis se le atribuyó a los republicanos y los demócratas tomaron el poder. Franklin Roosevelt llegaba con una nueva política, porque la anterior, que se conoce como la de Las Cañoneras y se caracterizó por la intervención directa de los marines norteamericanos en Haití, México, Nicaragua, Santo Domingo, Cuba y en toda el área del Caribe, no era la más conveniente en esos momentos.

—Se bajaron con la Política del Buen Vecino... —Dijo Pancho riendo.

—Sí, esa fue la política que utilizó Roosevelt para tratar de cambiar la imagen de Estados Unidos, pero coincidió con el momento de mayor crisis del gobierno de Machado, por lo que varios sectores del mismo y de la oposición vieron con buenos ojos una mediación y en la llamada Junta de Nueva York los allí reunidos solicitaron a Estados Unidos que mediara en el conflicto cubano y esta mediación fue aceptada por el propio Machado sin darse cuenta de que, por un lado estaba reconociendo su incapacidad para resolver el problema y por otro lado estaba solicitando otra vez la intervención norteamericana en Cuba que si bien no era militar si era diplomática.

—Lo primero que hicieron los americanos —intervino Pancho— fue cambiar al embajador que ya estaba quemao porque había sido socio y defensor de Machado. Una cara fresquita que venía con la Política del Buen Vecino en una mano y en la otra la Enmienda Platt, que todavía estaba vigente. Tuvieron que actuar en contra de Machado porque la cosa estaba bien caliente.

—Lo que se comentaba en esos momentos era que si Machado seguía en el poder vendría una intervención norteamericana que desarticularía al ejército por lo que el 11 de agosto comenzó la sublevación del único sostén que tenía Machado, que era, por supuesto, el ejército. Es en ese momento que aparece la figura del general Alberto Herrera que es reconocido como sustituto de Machado hasta que fuera remplazado por un civil.

—Esto, por supuesto que no le cuadraba a Welles, porque interrumpía su mediación, por lo que se pasó la noche y madrugada buscando a un sustituto que fuera aceptado por el ejército y se apareció al otro día, el 12 de agosto, con la propuesta de Carlos Manuel de Céspedes y Quesada quien fue aprobado esa misma noche por el congreso.

*Interior del Panteón de Carlos Manuel de Céspedes y Quesada. Foto: Mario Darias.*

En ese momento me levanté y volví a asomarme por la puerta de la capilla. Al volver les dije:

—Entonces el congreso lo aprobó el mismo día de su cumpleaños.

—No se te olvidó la fecha que viste sobre su tumba, tremenda memoria. Estoy seguro que Pancho lo va a apuntar entre sus curiosidades. —Dijo Nono y continuó—. Al día siguiente del nombramiento, Carlos Manuel juró el cargo y se escucharon 21 salvas de cañones desde la fortaleza de La Cabaña. Aquí tienes lo que dijo cuando se dirigió a la nación: *El destino ha querido que el comienzo de este programa se verifique bajo el signo inmortal del Padre de la Patria para que la obra comenzada en la Demajagua el 10 de octubre de 1868 y ratificada el 24 de febrero de 1895 se consolidase en nuestros días para continuarla con firme paso bajo la gloriosa enseña que a todos nos cobija. Con aquel programa luminoso y esta bandera sagrada que es la de Céspedes y Martí, se me ha escogido por el nexo histórico y familiar para conferirme la dirección del hermoso esfuerzo común que va a realizarse.*

—Otro lío que tuvo este gobierno de Céspedes, —apoyó Pancho—, fue la tremenda sumisión a Welles, tanto que él mismo escribió esto: *Se me pide consejo diariamente sobre todas las decisiones que afectan al gobierno. Estas decisiones abarcan desde problemas de política doméstica y los relativos a la disciplina del ejército, hasta nombramiento de personal en todas las ramas del gobierno.*

—Este gobierno sobrevivió hasta el 4 de septiembre, cuando se produjo la sublevación de los sargentos que llegó a convertirse en un golpe militar, pero esto también es para después.

—Supongo que estos acontecimientos hayan sido bien duros para él. —Comenté y Nono me dijo.

—Sí, tanto que a partir de ese momento se retiró de la vida política para siempre y se dedicó por entero a su labor intelectual dejando diversas monografías y ensayos historiográficos, incluso, fue designado Académico de Historia.

—Él nació en Nueva York y su madre se llamó Ana de Quesada. —Me dijo Pancho y le comenté:

—¿Entonces, fue presidente de Cuba sin haber nacido aquí?

—No fue el único, pero eso también es para después. —Contestó— Nunca llegó a conocer a su padre porque, aunque fueron engendrados en la manigua cubana, su madre fue enviada al extranjero en estado.

—¿Fueron?

—Ah, se me había olvidado decirte que era jimagua con su hermana que se llamó Gloria Dolores de Céspedes y Quesada.

—Entonces, ¿Céspedes no quería que nacieran en la manigua?

—Bueno, el por qué envió a Ana para Nueva York yo no lo sé, pero supongo que en esos montes no tuvieran condiciones para un buen parto.

—Carlos Manuel Perfecto del Carmen Céspedes y del Castillo, —intervino Nono haciendo ver que habíamos olvidado sus orígenes— nació un 18 de abril de 1819 en Bayamo dentro de una familia adinerada. Estudió en el Colegio Seminario de San Carlos de La Habana, lugar por donde ya habían pasado Félix Varela y José Antonio Saco. A los 20 años, cuando regresó a Bayamo, se casó con su prima hermana María del Carmen Céspedes y de esa unión le nacieron tres hijos: Carlos Manuel, María del Carmen y Amado Oscar.

—¿Entonces tuvo cinco hijos, estos tres y los jimaguas?

—No, te faltan dos que se consideran extramatrimoniales y los tuvo con Candelaria Acosta Fontaine (Cambula), la primera se llamó Carmita de Céspedes Acosta y el varón Carlos Manuel Acosta.

—Céspedes tuvo una preparación tremenda, desde 1840 estuvo por Europa estudiando en universidades de España y en 1844 regresó a la Isla con una cultura universal y dominando varios idiomas. Se mudó para Manzanillo en 1852 junto con su familia y se entregó por completo a sus ideas independentistas y es así que en 1867 comenzó la conspiración junto a Francisco Vicente Aguilera y a Perucho Figueredo.

En un instante me pasaron por la mente cinco sucesos de la vida de Carlos Manuel de Céspedes.

El primero, por supuesto fue el 10 de octubre de 1868 cuando le dio la libertad a sus esclavos y comenzó la Guerra de los Diez Años por la independencia de Cuba.

El segundo, cuando un día después tiene un enfrentamiento con una columna española que los derrotó, y cuando marchaban, dispersos, para la Sierra Maestra alguien se quejó de que ya estaban vencidos y él se le enfrentó diciéndole la famosa frase: ¡Aún quedamos doce hombres, bastan para hacer la independencia de Cuba!

El tercero que resulta increíble es que pocos días después, el 20 de octubre, fueron capaces de reorganizarse y tomar la ciudad de Bayamo, donde se estableció el primer Gobierno de la República en Armas dirigido por él.

El cuarto es de los más gloriosos que se han producido en Cuba, sucedió meses después, cuando los españoles avanzaron hacia Bayamo con una fuerza muy superior a la de los cubanos, los que decidieron prenderle fuego a la ciudad antes de rendirla. Esto fue el 11 de enero de 1869.

Y el quinto, el conocido suceso por el cual fue llamado El Padre de la Patria, cuando, siendo Céspedes Presidente de Cuba en Armas, el Capitán General de la Isla, Antonio Fernández y Caballero de Rodas le comunicó que tenían preso a su hijo Oscar, que si lo quería salvar, tenía que deponer las armas, sin embargo la respuesta que obtuvo fue: *Oscar no es mi único hijo, soy el padre de todos los cubanos que han muerto por la Revolución.*

Su hijo Oscar fue fusilado el 12 de mayo de 1870 con solo 22 años.

—Pero volvamos a 1869, —interrumpió Nono mis pensamientos—, en el mes de abril se reunieron con Céspedes en Guáimaro, los patriotas de otras regiones de Cuba para formar un Gobierno Nacional y así, el día 11 de abril, quedó constituida la Cámara de Representantes y el 12, Céspedes quedó como el Presidente de la República en Armas y a partir de ese momento no dejó de vivir momentos difíciles en toda la campaña, aunque yo creo que los peores fueron las traiciones de los representantes de la Cámara que terminaron destituyéndolo el 27 de octubre de 1873, y aunque había patriotas a su favor, dispuestos a tomar las armas, él no quiso que se enfrentaran entre cubanos y lo aceptó, saliendo para la finca de San Lorenzo el 27 de diciembre de 1873, sin escoltas. Llegó el 23 de enero de 1874.

*Carlos Manuel de Céspedes y Quesada. Foto: Archivo del CIP.*

—Hasta le negaron salir al extranjero para visitar a su mujer y conocer a sus hijos.

—Así fue. —Afirmó Nono y continuó—. El 27 de febrero de 1874, muchos piensan que fue una delación, lo sorprende una columna española que lo persigue para tratar de capturarlo vivo, cosa que él evitó a toda costa sabiendo lo que eso significaba, por lo que se defendió con su revolver hasta que cae en un barranco abatido por un disparo, tenía 54 años.

—A él no lo mataron los españoles, sino su propia gente. —Sentenció Pancho y Nono continuó:

—Los que trasladaron su cadáver a Santiago de Cuba, llegaron eufóricos con su trofeo de guerra sin dejar de humillarlo en todo el trayecto y su estancia. Después fue inhumado en el cementerio de Santa Ifigenia.

—Y en ese cementerio fue enterrado cuatro veces. —Aportó

Pancho.

—Cómo es eso. —Pregunté y fue Nono quien respondió.

—Sí, primero lo enterraron en una fosa común. Años después, un grupo de patriotas exhumaron su cadáver y lo trasladaron para una tumba secreta donde, por supuesto, ni epitafio le pusieron porque todavía estaban en época de la colonia... Aunque, hoy en día ese lugar secreto tiene una tarja que dice así: *"Cubano: descúbrete. En esta fosa fueron inhumados y salvados para la posteridad los restos gloriosos del héroe de La Demajagua y Mártir de San Lorenzo. Loor a los salvadores: Dr. José Joaquín Navarro – Luis Yero Buduén – Calixto Acosta y Nariño"*

»El 16 de octubre de 1898, después de la guerra, y ya sabiendo el lugar donde se encontraban sus restos y por iniciativa de Emilio Bacardí, se le colocó una lápida de mármol con sólo tres palabras "Ya tienes Patria", hasta que en 1909 se le comenzó a fabricar un hermoso monumento con mármol de Carrara, en una posición privilegiada del cementerio. Habían pasado más de treinta años del segundo entierro cuando el 7 de diciembre de 1910, aniversario de la muerte de Antonio Maceo, fue exhumado para, después de una ceremonia que se realizó en el Palacio de Gobierno Provincial de Santiago de Cuba, ser llevados sus restos para el nuevo monumento que sería su tercer entierro y el cuarto movimiento de su cadáver fue el 10 de octubre de 2017 cuando se decide trasladar su monumento para el área patrimonial central o Sendero de los Próceres.

# Un féretro escoltado sin amigos

No olvides que la muerte es el destino de todos.

Versos Dorados
Recopilación de sentencias de los discípulos de Pitágoras.

—Como te habrás dado cuenta, es un paisaje único, diferente, increíble, —comenzó Nono a decirme— veo que no te alcanzan los ojos para ver todo lo que quisieras, además, estamos rodeados de historia. Claro que el orden cronológico te lo debo...

—¡Esto es un *pa'lante* y *pa'trá*...! —Exclamó Pancho—, pero vamos a cruzar la calle para que veas un panteón que te va a interesar.

Por supuesto que entendí al momento que se estaban refiriendo a que las historias aparecían según la tumba que íbamos encontrando en el camino, situación que altera el orden cronológico de las mismas. Ya estábamos frente al panteón que Pancho me había anunciado y por la tarja que descansa sobre su base de mármol, supe que se trataba del sepulcro del respetado general de las tres guerras de independencia Calixto García.

—Tres días después del alzamiento de Céspedes, —comenzó Nono— se incorporó a las fuerzas de Donato Mármol y rápidamente se convirtió en un jefe audaz y de iniciativa, alumno aventajado, al igual que Maceo, del maestro Máximo Gómez. En julio de 1869 ya era General de Brigada y en mayo del 72 llevaba los grados de Mayor General. —En este momento Pancho lo interrumpió.

—Una vez fue rodeado por los españoles y para no caer prisionero, agarró la pistola y se metió un tiro por aquí —Pancho colocó su dedo índice entre la garganta y la barbilla y mirándome fijamente me dijo: —¡Y la bala le salió por la frente...!

*Dos vistas del panteón donde fue inhumado el General Calixto García Iñiguez. Fotos: Mario Darias.*

—Fue un milagro que sobreviviera. —Dijo Nono.

—¿Milagro? Yo creo que milagro se queda corto. Oiga compadre, la bala le pasó por detrás de la nariz, entre los dos ojos y le rompió el cráneo pa salir por la frente.

—Increíble... —Les dije asombrado y Pancho continuó.

—Pero eso no queda ahí porque cuando le fueron con la noticia a su madre, Lucia Iñiguez, que había sido desterrada de Holguín y vivía aquí en La Habana, que su hijo estaba prisionero de los españoles, dijo que, de eso nada, que ese no era su hijo, pero cuando le dijeron que se había disparado antes de caer prisionero, dijo: ¡Ese si es mi hijo Calixto! —Terminó Pancho animado y después de unos segundos en silencio me dijo— En la frente, por donde le salió la bala, le quedó una cicatriz que parecía una estrella. Por eso le empezaron a decir: ¡El General de la estrella en la frente!

—Cuando Calixto se disparó —comenzó a aclarar Nono—, los españoles lo llevaron al hospital de Manzanillo y después al de Santiago de Cuba y su madre se trasladó a Santiago para acompañarlo en su gravedad. También lo acompañó en su traslado a La Habana como prisionero y lo despidió a su salida para las cárceles españolas. Lucía también lo siguió hasta España y estuvo atendiéndolo hasta que, en mayo de 1878, salió de la cárcel aprovechando el Pacto del Zanjón, Lucía regresó a La Habana y él se dirigió a Nueva York para desembarcar al oeste de Santiago de Cuba el 7 de mayo de 1880 después de intentarlo en marzo y abril, pero el fracaso de la Guerra Chiquita hizo que lo deportaran otra vez a España. En su paso por La Habana, Lucía pudo volverlo a ver.

—Sí, la Guerra Chiquita fue la que trataron de continuar los que no estuvieron de acuerdo con el Pacto del Zanjón, se puede decir que comenzó con la heroica Protesta de Baraguá protagonizada por Antonio Maceo.

—Efectivamente. —Continuó Nono—. Pues bien, estando preso en España, Calixto se enteró de que había comenzado la Guerra del 95 y se escapó de la cárcel dirigiéndose a Francia para después ir a Estados Unidos desde donde trató de salir en expediciones que fracasaron hasta que, por fin, el 24 de marzo de 1896 desembarcó por el norte de la provincia oriental.

—Tengo entendido —les dije— que, al caer el Lugarteniente General del Ejército Libertador Antonio Maceo, Calixto García ocupó su puesto.

—Así mismo, pero también siguió de jefe de la región Oriental —afirmó Pancho y Nono continuo con su tema.

—Al comenzar el cuarto año de la contienda y con una España prácticamente derrotada es cuando ocurre la intervención norteamericana amparada en la explosión del acorazado Maine, suceso que veremos después. Atacaron por Santiago de Cuba y Calixto fue quien concibió el plan de la operación aceptado por ellos. Ya en el curso de la batalla de San Juan y de El Viso-Caney, los oportunos consejos del Lugarteniente General y el apoyo de sus tropas salvaron de un descalabro a las norteamericanas.

—Pero, así y todo—habló Pancho adelantándose un poco a nosotros—, cuando los españoles se rindieron, los norteamericanos le prohibieron a Calixto García entrar en Santiago de Cuba. Pero eso tú debes de saberlo.

—Pero, aunque lo sepa, cuéntenmelo. —Dije sonriendo haciéndoles ver que me gustaba la manera en que ellos lo hacían, entonces Nono me dijo:

—El 16 de julio de 1898 se firmó la rendición de Santiago de Cuba, pero en ese acto no participó el Ejército Libertador cubano. Esta situación causó la indignación y protesta de Calixto García la cual reflejó en una carta que le envió al General William Shafter el 17 de julio en la que le decía que le había prestado su ayuda al ejército norteamericano y que la noticia de la rendición de Santiago de Cuba le había llegado por vías extraoficiales, que los cubanos, ni habían sido invitados a los actos de rendición, ni honrados con una sola palabra y que se habían dejado constituidas en Santiago las mismas autoridades e instituciones españolas contra las que había luchado durante tantos años y termina diciendo que renunciaba a su cargo. En fin, que esa carta es fácil de buscar si la quieres leer completa.

—Te faltó decir que ese mismo día 17 de julio, al medio día, bajaban la bandera española y subían la norteamericana mientras se escuchaba el himno de los Estados Unidos. —Completó Pancho.

—Todo esto se redondeó poco tiempo después, el 10 de diciembre, con el conocido Tratado de Paz de París, —le dije poniendo mi granito de arena— que fue tan importante para la historia porque tuvo un antes y un después. Fue el fin del Imperio Español de ultramar y el nacimiento de otro imperio, el de los Estados Unidos de Norteamérica.

—Diste en el clavo mi socio. —Apuntó Pancho y Nono intervino.

—Los norteamericanos utilizaron ese tratado para vilipendiar a una España vencida a la que obligaron a retirarse de Cuba y Puerto Rico y después, a cederle las Filipinas a cambio de dinero a pesar de que los filipinos ya habían proclamado su independencia el 12 de junio de ese mismo año.

—Oye, se te olvidó Guau. —Replicó Pancho enmendando a Nono.

—Guau es lo que hacen los perros, tú querrás decir Guam,

que es el nombre de la isla del pacífico que también le quitaron a España en este tratado de París. —Respondió Nono mientras reíamos. Bueno, Pancho no. Entonces comenté.

—Pues yo no sabía lo de la compra de Filipinas.

—Si compadre —dijo Pancho ya repuesto de la pena— metieron el dinero por el medio para justificar la traición.

—¿Cómo se entiende eso?

—Oye, allá fue lo mismo que aquí. Los americanos recibieron la ayuda de los filipinos que luchaban contra España diciéndoles que su único interés era que Filipinas se pudiera independizar y después se echaron la isla en el bolsillo.

—McKinley, el presidente de los Estados Unidos, justificó esta intervención diciendo que los filipinos eran incapaces de auto gobernarse y que Dios le había indicado que debían educarlos y cristianizarlos. ¿No te recuerda algo? Todo esto desencadenó una guerra entre los filipinos y los Estados Unidos que terminó con la derrota de los isleños, pero esa es otra historia, así que volvamos a lo nuestro.

*Monumento dedicado a Calixto García Iñiguez en Holguín. Fotos: Periódico Granma Digital.*

—Nos habíamos quedado cuando le prohibieron a Calixto García entrar con sus tropas en Santiago de Cuba —dije y pregunté— ¿Qué habrán sentido aquellos patriotas al saberse ignorados? —Pancho me contestó:

—Eso no hay quién se lo imagine. Aunque te voy a decir algo, y esto no es para justificar la cosa, todavía en aquel momento quedaba el aquello de que Cuba no existía como país... éramos una colonia de España.

—Entonces ¿se aprovecharon de esa situación? —Pregunté.

—Pues si —contestó Nono—, por una parte, España se vengaba de los cubanos entregándole Cuba a los norteamericanos y por la otra los yanquis, al mantener una posición inflexible respecto a la ocupación de Cuba y la cesión de Puerto Rico, evitaban toda interferencia en sus planes.

—Algo parecido sucedió cuando la Crisis de Octubre de 1962...

—Pero, qué tiene que ver una cosa con la otra. —Le comenté.

—Mucho compadre porque Estados Unidos y la Unión Soviética se reunieron a pactar como si nosotros fuéramos cucarachas. Y en ese momento, sí éramos una República independiente —dijo Pancho con tono irónico.

—Es cierto —dije— Kennedy le prometió a Nikita Jrushchov que no iba a invadir a Cuba y Nikita tomó la decisión de retirar los misiles del territorio cubano en el momento en que el Gobierno de Cuba formulaba cinco puntos que fueron ignorados por las dos potencias. ¿Recuerdas cuáles eran los Cinco Puntos? —le pregunté a Nono.

—Como no, el primero era el cese del Bloqueo contra Cuba, el segundo el cese de las actividades subversivas. El tercero fue el cese de los ataques piratas desde bases norteamericanas, el cuarto punto era el cese de las violaciones de nuestro espacio aéreo y naval y el quinto fue la retirada de la Base Naval de Guantánamo.

—Tienes la memoria a millón... —dijo Pancho riendo y Nono sonrió orgulloso mientras yo les recordé:

—Hasta Carlos Puebla le hizo una canción a esos cinco puntos...

—Sí señor. —Dijeron los dos casi al unísono.

En ese momento aproveché para leer la tarja sobre la tumba 
que comienza con un verso del Himno Nacional de Cuba: 
MORIR POR LA PATRIA ES VIVIR. Debajo una estrella 
solitaria y a continuación el grado y nombre: MAYOR 
GENERAL CALIXTO GARCIA IÑIGUEZ. Y más abajo dice: EL 
PUEBLO. A SU VENERADA MEMORIA.

—Calixto García murió a los 59 años, el 11 de diciembre de 
1898 en Estados Unidos... Un día después de que comenzara el 
Tratado de Paris.

—¿Conoció entonces Calixto García de ese tratado?

—Yo creo que no. —Dijo Pancho dejando una larga pausa 
para que Nono continuara.

—Para entender mejor hay que recordar que la Asamblea del 
Cerro nombró una comisión de cinco patriotas encabezada por 
Calixto García que viajaron a Estados Unidos para reunirse con 
el presidente McKinley, pero en realidad no fueron escuchados 
sus reclamos, y "generosamente", como ya sabes, el presidente 
les ofreció, para que depusieran las armas, un "regalo" al 
Ejército Libertador que contaba con más de cuarenta mil 
hombres. A cada uno le correspondería, si lo repartieran a 
partes iguales, que sabemos que no fue así, menos de 75 pesos, 
que prácticamente servirían para comprarles el fusil y las balas 
que portaban.

—A los americanos les convenía un ejército desarmado —
intervino Pancho y continuó Nono.

—Entonces, estando en estos menesteres, murió Calixto 
García de una pulmonía, y, los mismos que lo vejaron en 
Santiago de Cuba, prepararon una ceremonia en el cementerio 
de Arlington y después enviaron su cadáver embalsamado a 
Cuba en el buque de guerra Nashville. Lo inhumaron aquí, el 11 
de febrero de 1899.

—Tengo entendido que el velorio fue en el local de la 
Asamblea del Cerro —dijo Pancho y acto seguido me preguntó 
sabiendo que él mismo respondería— ¿A qué no te imaginas lo 

que se les ocurrió hacer a los americanos? Pues, ordenado por el propio gobernador Brooke, los soldados del norte se colocaron primero y después, los mambises y el pueblo.

—En realidad, fue un deshonor para los cubanos, por lo tanto el general mambí Freyre de Andrade, presidente de la Asamblea del Cerro, ordenó a los cubanos que se retirasen.

—Así vino hasta aquí el cortejo fúnebre de Calixto García, escoltado por yanquis y no por cubanos —dijo Pancho mientras me hacía señas para volver a cruzar la avenida.

—Estos funerales fueron muy seguidos por la prensa de la época convirtiéndose en el primer fotorreportaje de que se tiene noticias en Cuba.

—Y voy con dos curiosidades en una. —Intervino Pancho— ¿Sabías que en Cuba solo existen dos plazas mausoleo? O sea, Plazas donde descansan los restos del patriota. Pues sí, una es la Plaza Calixto García de Holguín y la otra es la Plaza del Che Guevara en Santa Clara y la otra curiosidad es que las dos fueron hechas por el mismo escultor y pintor: José Delarra.

—Pues sí que es bien curioso.

—En pleno funeral de Calixto García —continuó Nono—, su madre, Lucía Iñiguez, pidió el deseo de que algún día los restos de su hijo descansaran en Holguín y que tuviera un entierro acompañado por cubanos. Ella volvió para Holguín en los primeros años de la república después de haberlo perdido todo durante las guerras de independencia, por lo que se encontraba en una situación muy difícil, es entonces que el presidente de Cuba don Tomás Estrada Palma le envió a un emisario para que le ofreciera el nombramiento de un puesto de trabajo, sin trabajar, pero con sueldo.

—Una "botella". —Exclamó Pancho— uno de los inventos que trajeron los del norte en su intervención.

—Pero ella lo rechazó diciendo que nunca cobraría un dinero sin trabajar, que, si ese dinero les sobraba, que se lo dieran a la madre de Martí que estaba muy enferma, pasando más necesidades que ella.

—Por supuesto que eso nunca pasó. —Afirmó Pancho y Nono continuó:

—Lucía Íñiguez murió en su Holguín, el 7 de mayo de 1906 sin poder ver cumplido su deseo de que su hijo tuviera un entierro cubano, pero, aunque demoró, se realizó el día 11 de diciembre de 1980, cuando fueron trasladados los restos de Calixto García para la plaza que lleva su nombre en Holguín y, en esa misma plaza, donde está el Bosque de los Héroes, fueron reubicados los restos de Lucía el 7 de mayo de 1983, para depositarlos en un mausoleo erigido a su nombre y así quedar unidos madre e hijo en un descanso eterno.

*Monumento dedicado a Lucía Íñiguez en Holguín. Fotos: Periódico Granma Digital.*

# Cementerio de Espada

Levantaremos la ciudad dichosa
con los brazos de los que ya no viven
y con manos que no han nacido ahora.

Pablo Neruda (1904-1973).
Poeta chileno.

Al percatarse de que yo andaba ensimismado con todas esas historias, Pancho me dio unos golpecitos por el hombro izquierdo y casi me susurró al oído:

—Ahora, para que te prepares, te seguiremos contando sobre el nacimiento de una nueva forma de enterramientos en Cuba, porque no te vayas a imaginar que fue fácil construir cementerios a cielo abierto. De eso nada… —entonces se detuvo y me dijo sonriente, evitando la mirada de Nono— vas a salir de aquí "licenciado" en muertirología, —y sin dar tiempo a nada se dirigió a su amigo y le dijo— Arriba querubín, es todo tuyo…

—Vamos a tratar de ordenarnos —dijo Nono mientras buscaba en su carpeta—. Como ya sabes, Carlos IV en 1799 confió al Supremo Tribunal del Reino el cumplimiento de la Real Cédula del 3 de abril de 1787, que dictara su padre Carlos III para que cesaran los enterramientos en las iglesias y se fabricaran cementerios fuera de las poblaciones. Durante el gobierno del capitán general de la Isla, Salvador de Muro y Salazar, Marqués de Someruelos, que gobernó desde 1799 a 1812, se fundaron en Cuba los cementerios a cielo abierto en todos los pueblos.

»Durante su mandato, y por indicación de Manuel de Godoy y Álvarez de Farias, ministro del rey Carlos IV, fue nombrado obispo de La Habana Juan Díaz de Espada y Fernández de Landa, que llegó a esta ciudad el 25 de febrero de 1802, y fue consagrado en la catedral por el obispo cubano Luis de Peñalver y Cárdenas.

»Ya antes, siendo gobernador de Cuba Luis de las Casas

quien gobernó desde 1790 hasta 1796, se intentó la construcción del primer cementerio en lugar apartado de la ciudad, lo cual, aunque no se realizó por la oposición del clero, sirvió para engendrar la idea. Entonces el obispo Espada pensó construir un cementerio frente al antiguo arsenal...

—Que estaba donde está hoy la Estación de Ferrocarriles de La Habana Vieja. ¿No? —Le pregunté.

—Óigame, como estamos. —Dijo riendo Pancho en lo que Nono continuaba su relato.

—Pues, las autoridades militares no le aprobaron el proyecto al obispo. Entonces se decidió por los terrenos de la Huerta, cedidos por el doctor Francisco Teneza y Rubiera, que lindaban con el pequeño cementerio del Hospital San Juan de Dios.

»El Cementerio General de La Habana, se comenzó a construir en 1804 y fue diseñado por el arquitecto francés Hallet, quien, a pesar de esto no es muy conocido aquí. Nació en 1760 y murió en New Rochelle en 1825. Llegó a Norteamérica en 1788 y cuatro años después, cuando estaban convocando al concurso para el diseño del Capitolio Nacional de Estados Unidos, el 15 de julio de 1792, el suyo quedó aceptado, a pesar de que le pidieron hacer algunos cambios, pero el Dr. William Thornton presentó con retraso otro que, según Thomas Jefferson, "cautivó la mirada y pensamiento de todos". La decisión de la comisión fue compartir el premio entre los dos, construir el Capitolio según el diseño de Thornton y contratar a Hallet como superintendente de construcción.

—Si —terció Pancho—, pero Hallet le fue dando la vuelta a la cosa poco a poco, hasta que cambió el diseño de Thornton por el de él. Óigame, cuando Washington se enteró lo sacó del baile.

—Pero volvamos a donde estábamos. El Cementerio General de La Habana se encontraba en lo que es hoy la calle San Lázaro, a un lado la calle Aramburu; al otro lado la calle Hospital (más tarde se agrandó hasta la calle Espada), y por detrás, Vapor. Tenía 100 varas de frente y 150 de largo.

*El Cementerio de Espada tal como se encontraba en 1871. Oleo pintado por A. D. Huertas. Foto: Archivo de Revista Bohemia.*

—¿Me dejas interrumpirte? Quisiera saber qué medidas tiene una vara para darme cuenta del tamaño de lo que se está hablando.

—La pusiste buena, porque ni idea... —Respondió Pancho a pesar de que la pregunta no había sido dirigida a él.

—Una vara es una antigua unidad española que equivale a 33 pulgadas. Aunque, para serte franco, existieron distintos tipos de varas, la castellana que estaba dividida en dos codos o cuatro palmos, incluso hasta hay varas de área.

—Ja. Tremendo enredo pariente, ahora cómo nos la arreglamos para entender eso. —Revocó Pancho.

—No es ningún enredo, ya te dije que una vara son 33 pulgadas. —Respondió Nono.

—¿Seguro, seguro?

—Mira, si es una pulgada más o menos, lo importante es que ya se puede hacer la idea... Nosotros no somos ingenieros ni nada que se parezca. —Ripostó Nono que ya estaba impaciente por retomar la conversación, y fue lo que hizo— Para la construcción del cementerio, el obispo siguió lo que estaba estipulado por la Iglesia Católica, la división por cruces, aunque en este caso solo hizo una cruz grande y lo dividió en cuatro zonas. Tanto la de la izquierda como la de la derecha de la entrada eran para no blancos, y de la calle transversal hacia el fondo, para blancos; porque así estarían más cerca de la capilla que estaba al fondo. La parte de los blancos la dividió en tramos; los más cercanos a la capilla costaban 300 pesos oro y según se iban alejando de la misma iban costando menos. Todos los enterramientos en bóvedas de este cementerio se pagaban a perpetuidad y también hay que sumar el derecho parroquial que costaba 10 pesos.

—Había para todos, pero con el "gallo" en la mano, porque si no, las puertas estaban cerradas —aprovechó Pancho para intervenir a su modo. Nono aparentó no escucharlo, pero él continuó—. Yo no sé por qué nos aferramos a que nos "guarden" para siempre cuando la verdad es que, de los nietos para allá, a nadie le interesan los huesos de nadie, bueno, a no ser que el muerto haya sido una personalidad importante. Mucha de esa gente pagó a perpetuidad su caro pedacito de tierra para poder "morir" para siempre en ese lugar, pero su descanso no duró mucho, porque cuando le llegó el fin al Cementerio de Espada, que así le llamaban también, se formó tremendo reguero de huesos... aunque, pensándolo bien, los cadáveres que continúan "muriendo" debajo de los edificios que se construyeron sobre el cementerio, si están enterrados a perpetuidad... Es un aliciente para los que viven en esas manzanas saber que nunca están solos. ¡Por algo aquel barrio se llama Cayo Hueso!

—Oye, ¿de dónde tú sacaste eso? —Preguntó Nono y Pancho le respondió con otra pregunta.

—¿De dónde yo saqué qué cosa?

—Eso de que el barrio de Cayo Hueso de Centro Habana tomó ese nombre por haber estado ahí el Cementerio de Espada, porque yo tengo entendido que ese barrio se llamaba Aramburu y cambió su nombre porque al finalizar la guerra una gran parte de los emigrados que regresaron de Estados Unidos venían de Cayo Hueso de La Florida quienes fueron los responsables de que, poco a poco, se le cambiara el nombre al barrio.

—¡Compadre, tú no dejas que uno se desarrolle!

La respuesta de Pancho estaba matizada de humor e ironía, pero su amigo no le rió la gracia. Yo, que no sabía con cuál de los dos quedar bien y sabiendo que lejos de disgustarme estos altercados los disfrutaba muchísimo, opté por el silencio que rompió Nono para continuar con el tema.

—Los terrenos donde se encontraba el Cementerio de Espada fueron comprados por Laureano Falla Gutiérrez que fue quien urbanizó toda esa zona.

—El padre de Eutimio Falla Bonet. —Afirmó Pancho y Nono lo aprobó:

—Efectivamente.

—Metí la cuchareta adelantado, ya sé que a Falla Bonet hay que dejarlo para después... —Alegó Pancho y dirigiéndose a Nono con una seriedad fingida le indicó que continuara su relato.

—Para los negros existía un campo común donde tenían que pagar también, y a partir del 4 de junio de 1872 se les permitió comprar bóvedas y nichos. Una curiosidad es que en esos tiempos las bóvedas eran a ras del suelo, cosa que, al menos, evitaba la ostentación.

—Aunque yo tengo mi manera de ver las cosas —volvió a la carga Pancho— pues para mí no hubo ostentación en esa época porque La Habana era un lugar de paso; todo el que estaba aquí, de una forma o de otra, pensaba irse cuando hiciera dinero, y otros cuando terminara el tiempo fijado por la metrópoli; además, esta Isla venía siendo el lugar donde se almacenaba todo lo que se saqueaba de América para la "Madre Patria", por lo tanto, ni el lugar de reposo era para siempre, y tan es así que aquí tienes la ostentación en este Cementerio Cristóbal Colón, que nos muestra la existencia de una burguesía criolla que echó raíces.

—Parece tener lógica —le dije a Pancho en el momento en

que Nono me tomó del antebrazo y me indicaba un banco sombreado donde podíamos seguir la conversación más cómodos. Después que tomamos agua y café, siguió hablando.

—El Cementerio General de La Habana tenía capacidad para 4 600 sepulturas. La portada tenía 10 varas de frente y daba, como ya sabes, a la calle San Lázaro. (Ya voy a seguir con las varas porque no estamos ahora para perder tiempo). —Sugirió Nono—. En la parte superior de la puerta se colocó un grupo bronceado que representaba el tiempo y la eternidad, y en el medio de ambas figuras, un vaso de perfume que significaba que el tiempo todo lo destruye y convierte en humo. En el lado derecho de la puerta, mirándola de frente, se simbolizó la medicina, y a su izquierda la religión, ambas con todos sus atributos. Esto fue realizado por el pintor José Perovani, natural de Venecia.

»Las habitaciones del capellán, el sacristán y los sepultureros estaban a ambos lados de la portada, lo que sumado al ancho de esta, hacía un total de 50 varas de frente, donde existía un jardín sembrado por el obispo Espada, más tarde destinado a plantas medicinales. En el centro de este había plantado un almendro.

»La capilla, como ya sabes, se encontraba en el fondo, con un pórtico de cuatro columnas rústicas aisladas y un frontispicio que ostentaba en letras de bronce y en latín una frase que traducida decía: *Por ahora me verás descansar en el polvo, mas el señor me resucitará en el último día.* Sobre la capilla se podía apreciar una cruz trebolada de piedra caliza. La única que existía en ese camposanto...

—Hey, para ahí... —casi gritó Pancho—. Yo sé dónde está esa cruz actualmente... Para que veas que estoy en todas, cuando se hizo la monda del Cementerio de Espada, trajeron esa cruz para acá y en estos momentos está en el panteón de la familia Cabaleiro, en el cuartel sureste por 1ª e I. Pero sigue...

—Antes de que continúen, quisiera saber ¿qué significa monda? —Pancho contestó.

*Cruz en la bóveda de la Familia Cabaleiro en el cementerio Cristóbal Colón. Foto: Mario Darias.*

—Monda es, vaya, pa que me entiendas bien, es como una mudanza de muertos... En el caso del Cementerio de Espada fue la mudanza de los restos y cadáveres para acá, porque aquel cementerio ya se iba a cerrar. ¿Me entendiste? —La explicación estaba bien vernácula, pero explícita, por eso asentí con la cabeza dando paso a Nono que continuó con su descripción del antiguo cementerio:

—La puerta de la capilla era de balaustres cuadrados de hierro con adornos de bronce, y sobre ellos estaban escritas, también en latín, unas palabras que querían decir: *Dichosos los muertos que mueren en el señor, pues van acompañados de sus obras.* El altar de la capilla estaba aislado, era de una sola piedra de San Miguel, hueca, que permitía que en su parte posterior tuviera gavetas donde se guardaban los ornamentos y vasos sagrados; tenía forma de túmulo, con su grada de la misma piedra y encima de esta un crucifijo de marfil con una cruz de ébano. —Seguía cada palabra de Nono que, aunque se hundía en su lectura, me atrapaba con tantos datos interesantes. —En el centro de la capilla, detrás del altar, había un fresco pintado por el italiano Perovani, denominado *El juicio final,* y en la parte superior un ángel, con una trompeta de la cual partía una inscripción: *Levantaos, muertos, y venid a juicio.* Por supuesto, en latín también. De la puerta a la ventana estaban pintadas las tres virtudes: Fe, Esperanza y Caridad, y en el resto de las paredes, matronas con los ojos vendados. Mientras vivió el obispo Espada, en el pórtico hubo de día y de noche una lámpara encendida.

—Nono, antes de que sigas, déjame contarle algunas curiosidades a nuestro amigo... —dijo Pancho mientras hurgaba en su bolsa y antes de que Nono le diera el consentimiento comenzó a hablar—. El lunes 3 de febrero de 1806 se enterraron los primeros cadáveres en el Cementerio de Espada; el del párvulo José Flores y el de la morena Petrona Alvarado. El primer capellán fue el presbítero José Ignacio de Gastañaga, y el 20 de mayo de 1853 fue nombrado administrador del Espada Claudio Unamuno, pero no es por eso que se le recuerda, sino porque fue al que se le ocurrió darle una lechada a la capilla haciendo desaparecer las pinturas de Perovani. Eso me hizo reír, pero Pancho me interrumpió. —No te rías, porque a principios de los noventa, en el Período Especial, tuvimos a otro administrador que tuvo la "brillante idea" de construir dentro de este cementerio un huerto de autoconsumo, muy de moda en esos años, el cual se comenzó a preparar, y si no es por una queja que alguien hizo a Higiene y Epidemiología, posiblemente hubieran convertido esto en uno de los "organopónicos" más grandes de La Habana —Nono miraba serio a Pancho y éste sonriendo le dijo que lo dejaba continuar, por lo que, dirigiéndose a mí, señaló:

—Frente a la capilla del Cementerio de Espada se construyeron ocho bóvedas de ladrillos, con marcos de piedra de San Miguel y tapa del mismo material, con excepción de las principales, que las tenían de mármol. La primera de estas sepulturas, al lado izquierdo del evangelio, se destinó a los señores obispos, y las tres restantes para los sacerdotes, según su categoría. De las otras cuatro del lado opuesto, la primera era destinada a los enterramientos de los Capitanes Generales, y le seguían la de los generales de la Marina, beneméritos de la Patria y magistrados.

»Cuando se inauguró oficialmente el cementerio se hizo una gran ceremonia. En dos ataúdes de terciopelo negro engalanados en oro se colocaron los restos de don Diego Manrique, capitán general, muerto el 13 de julio de 1765 y exhumado de la iglesia de San Francisco, y los del obispo José González, fallecido el 12 de septiembre de 1801, que reposaban en la Catedral de La Habana. Fueron enterrados en las bóvedas más cercanas a la capilla, destinadas a su categoría. El pueblo entero se reunió allí para ver aquello. Por cierto, en el muro del cementerio se tuvieron que poner antorchas, pues la ceremonia duró hasta el anochecer.

—Pero a pesar de contar con un cementerio "nuevo de paquete" —dijo Pancho—, la gente siguió utilizando por un tiempo las iglesias para su último descanso y el Espada se empezó a usar para extranjeros y gente pobre hasta que poco a poco se fueron acostumbrando.

—La Iglesia Católica —continuó Nono— no permitía la inhumación "en sagrado" de los que no pertenecían a esa comunidad religiosa… Con el tiempo comenzaron los grandes problemas del Cementerio de Espada. El primero tuvo que ver con su proximidad al mar.

—Sí señor, a los cinco o diez años de inaugurado, entró un ras de mar y el cementerio se llenó de agua, los huesos flotaban por todas partes; cuando bajó la inundación, obligaron a los presos a cavar tumbas para volver a enterrar los cadáveres; eso fue terrible —terminó de contar Pancho y Nono continuó.

—Mira lo que encontré aquí: el 3 de junio de 1841 falleció en La Habana doña Isabel Herrera y de la Barrara, y su esposo, el primer marqués de Almendares, mandó a embalsamarla al doctor Nicolás J. Gutiérrez, fundador de la Academia de Ciencias Físicas y Naturales de La Habana, quien había obtenido la técnica del médico francés Gannal. El cadáver de la marquesa de Almendares recibió sepultura en una de las bóvedas del Cementerio General de La Habana y en la plancha de mármol que cubría la fosa, su esposo hizo constar que el cadáver había sido embalsamado a perpetuidad. Desde entonces se puso de moda esta práctica, la cual se llegó a considerar como una demostración de opulencia de la familia doliente.

»Ahora retomemos nuestra conversación. El segundo problema del Cementerio de Espada sucedió cuando comenzaron a escasear los lugares de enterramiento. En 1845 era capitán general de la Isla Leopoldo O'Donnell, había comenzado en 1843 y lo fue hasta 1848.

—Oiga, tremendo personaje —afirmó Pancho riendo—, imagínate que su mujer, que estaba metida en todos sus negocios y bandidajes, se buscó un testaferro, Francisco Pérez Delgado, quien tuvo la genialidad de mandar a tumbar el muro interior del cementerio. Porque déjame explicarte, que el Espada tenía doble muro a todo su alrededor, y entre ambos había una franja como de dos metros más o menos, para separar la zona cementerial del exterior. Pues aquel dejó el muro de afuera para ganar terreno. En tres de ellas hizo gran cantidad de nichos con cuatro niveles de sepultura. En la cuarta pared no pudo porque el cementerio colindaba con un asilo de enfermos mentales, el cual con las nuevas construcciones perdía ventilación. Aunque para los locos era un entretenimiento; cada vez que entraban un cadáver para la parte derecha, estos se asomaban a las ventanas y formaban una gritería tremenda. Por eso trasladaron el asilo para un lugar llamado Mazorra.

*Patio de nichos de cuatro niveles de enterramientos del cementerio Espada. Foto: Archivo de Revista Bohemia.*

—Este traslado —continuó Nono— benefició a Pérez Delgado, pues en 1852 pudo rodear de nichos todo el cementerio. Y para que veas dónde estaba el negocio, la iglesia no tuvo que poner un centavo, no tuvo que donar ni un pedazo de tierra del cementerio; al contrario, se agrandó. El derecho a un nicho de estos, durante veinte años, costaba 100 pesos oro, y su constructor y testaferro del capitán general O'Donnell, le daba a la iglesia por cada uno que era utilizado, 30 pesos oro. Si el costo de un nicho terminado era de 17 pesos oro, puedes imaginarte qué clase de ganancia daba a los tres.

—Pero eso no paró ahí, —Intervino Pancho— porque la necesidad de enterramiento siguió creciendo y el negocio también. Compraron los terrenos del lado del cementerio, y a construir se ha dicho... Se llegaron a fabricar más de nueve mil nichos repartidos en cuatro patios. El cementerio se agrandó hasta lo que es hoy la calle Espada.

—En los años en que se estuvieron fabricando los nichos, —continuó Nono— murió Francisco Pérez Delgado y ocupó su puesto en el negocio Ramón Guillot, quien junto a José Ramón Bonilla estableció la primera funeraria en La Habana e introdujo lo más moderno de la época para el rito de los funerales y los enterramientos. En ese tiempo el ataúd era un artículo de lujo.

—Nunca pensé que las funerarias en Cuba se remontaran tan atrás. Pensé que la costumbre de velar a los muertos en sus casas había durado mucho más. La verdad es que me estoy enterando de cada cosa... —les comuniqué sorprendido y casi al instante Pancho replicó:

—¡Y lo que te falta! Sí, la gente seguía velando a sus muertos en sus casas, pero el que quería un servicio de funeraria, ahí la tenía. Oye esto, a Ramón Guillot fue al que se le ocurrió la idea de *alquilar las cajas de muertos*. El cadáver se pasaba la noche en un ataúd, pero cuando llegaba al cementerio se lo quitaban y pa'l hueco, porque había que devolver la caja.

—Parece increíble. La realidad sigue superando a la ficción. —les dije sorprendido—. Además, es difícil imaginarse un cementerio rodeado por muros de nichos. Pienso que en los nichos de arriba sería muy difícil colocar los ataúdes.

—En cada departamento de nichos había escaleras portátiles de hierro y tablas, para poder meter cómodamente a los muertos. Aquello parecía una ferretería...

—Pancho, no hables así de los cementerios... —le reprochó Nono y continuó—. El primero de abril de 1845, el Conde de Villanueva compró el primer nicho. El primer cadáver que ocupó uno fue el de doña Concepción Lanz de Santa Cruz, el sábado 14 de julio de 1845 en el nicho 8 del primer patio a la derecha, y el último el de Don Isidro Suárez y Suárez.

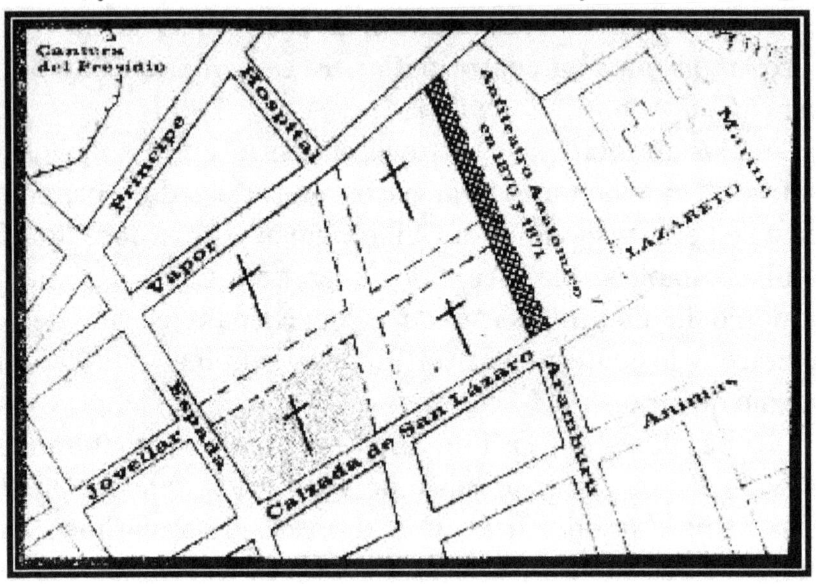


*Mapa del antiguo Cementerio General de La Habana (Espada). Foto: Archivo del CIP.*

—Nono, debías contarle lo que pasó con el caso de Tirso Vázquez.

—Sí, resulta que, en 1869, en la Acera del Louvre, donde se reunía la juventud con ideas separatistas, se produjo un incidente que causó gran conmoción en la sociedad habanera de entonces. El joven Tirso Vázquez, asiduo visitante del lugar, venía caminando y de frente, en sentido contrario, un oficial español. En aquella época se había convertido en un hábito que cuando viniera por la acera un oficial había que cederle el paso, pero el muchacho no se bajó de la acera y la discusión entre ambos fue tanta que el oficial sacó el arma y le disparó. A las pocas horas Tirso moría como consecuencia de la herida.

Aquello provocó una de las primeras manifestaciones de duelo de que se tenga noticias en La Habana; miles de personas se dieron cita en el cementerio.

—Fíjate si fue así —Pancho se notaba entusiasmado—, que cerca de allí, donde se encuentra hoy el Parque Maceo, había una guarnición que se llamaba Batería de La Reina, una construcción militar custodiada por Voluntarios; bueno, la algarabía fue tanta que la gente salió del cementerio gritando: ¡Independencia! y ¡Viva Céspedes!

—Pero no hubo reacción de los Voluntarios porque la gente estaba consternada. ¿Quiénes eran los integrantes del Cuerpo de Voluntarios? —me preguntó Nono para responderme él mismo— Un cuerpo paramilitar que se creó en 1811 por el capitán general Marqués de Someruelos, y después, en 1850, se reconstruyó para proteger al gobierno español de la invasión de Narciso López. En 1868 se volvió a reactivar cuando los cubanos se alzaron en la primera guerra de independencia; porque el ejército español fue a combatirlos y aquellos que se quedaron cuidando la ciudad integraban el Cuerpo de Voluntarios.

—Muchos de ellos eran peninsulares —dijo Pancho— en su mayoría solteros, que cruzaban el océano pensando siempre en volver con fortuna. Hombres de poca educación, borrachos, sinvergüenzas, pero eran los que "cuidaban" la ciudad.

—También en sus filas había gente de clases acomodadas, aunque eran los menos, pero continuemos entonces el relato —propuso Nono y Pancho continuó hablando:

—Como ya sabes, en el Cementerio de Espada no se aceptaba a los no católicos, pero aunque lo fueras, si no tenías el "*guano*", tampoco entrabas porque te faltaba el Derecho Parroquial. Cuando se moría algún arrancao o alguien que no fuera católico, lo montaban en una especie de camilla y le pasaban al Cementerio de Espada por el lado, pero seguían como alma que lleva el diablo. Entonces los negros que llevaban el cadáver se adentraban en El Vedado, que cuando aquello era puro monte, y soltaban al muerto donde les pareciera mejor. A los pocos días el muertecito empezaba con su serenata fétida y las tiñosas con su festín.

—Las tierras de El Vedado pertenecían al conde de Pozos Dulces, quien tenía un hermano, Antonio Frías, que vivía en una hacienda llamada también El Vedado. Este individuo trató de sorprender a los que venían a enterrar cadáveres, pero fue peor, porque, para no ser vistos, eran cada vez menos cuidadosos y muchas veces tiraban al muerto en cualquier rincón de la hacienda.

—Eso parece un cuento de terror, —les dije, Pancho siguió en tono burlón.

—Lo mismo en un sembrado de boniatos, como debajo de una mata de mangos. Los dejaban tan descubiertos que muchas veces los monteros se encontraban a los perros dándose banquetes de carne humana.

—Frías se quejó a Ruiz de Apodaca —siguió Nono—, capitán general de la Isla, pero no fue escuchado. Entonces tuvo la idea de fabricar un cementerio en sus propiedades para que la gente enterrara sus muertos. La medida no fue remedio del mal, los conductores de cadáveres a veces enterraban algún que otro "inglés" cuando iba acompañado de familiares y amigos, pero a los que iban solos y a los negros sin bautizar, los arrojaban por arriba del muro...

—A los negros sin bautizar les decían *bozales* —aclaró Pancho, pero Nono le salió al paso:

—Según Fernando Ortiz los esclavos se dividían en *bozales, ladinos y criollos. Bozal* era el negro africano que aún no había aprendido nuestro idioma, denominación que se le cambiaba por la de *ladino* tan pronto como pudiera expresarse en castellano. *Criollo* era el esclavo nacido en Cuba, y al hijo de este se le decía *rellollo*. Incluso había varias clases de *bozales*, según sus edades: *muleques*, de 6 a 14 años; *mulecones*, de 14 a 18; y *piezas de ébano* o simplemente *piezas*, de 18 a 35. Al *bozal* muy torpe se le solía decir *bozalón*.

—Pues chico, a mí me dijeron que los *bozales* eran los que no se habían bautizado, pero con esa disertación, tendré que hacerte caso... Pero vamos a continuar, no sé si será así, pero me dijeron que al cementerio del que estábamos hablando se le conocía con el nombre de El Pudridero, y que estaba por donde está hoy el terreno de campo y pista del Parque Martí, para que te sitúes mejor, entre G y H, y desde Calzada, que es 7ª, al mar.

—Efectivamente, tenía ese nombre por la situación desagradable de que muchos cadáveres quedaban insepultos. ¡Qué desgracia la de ese señor! —la cara de Nono daba la impresión de que sentía la desdicha de Frías como propia. Entonces Pancho continuó:

—Hasta el punto de que don Antonio se volvió a quejar y esta vez el Ayuntamiento terminó dictando la ley de que se multara con 10 ducados a quien no enterrara a los muertos. Además, a uno de los miembros del Ayuntamiento, don Ciriaco Arango, se le ocurrió la idea de que se bautizaran a los negros moribundos, lo que les daba posibilidad de enterrarlos en el Espada.

—En 1832 la colonia inglesa pidió permiso a las autoridades de la Isla para hacer un cementerio y hablaron con Antonio Frías para que les vendiera El Pudridero —me dijo Nono, a lo que Pancho replicó al instante:

—Y él que estaba loco por salir de eso, no lo pensó dos veces. Lo reconstruyeron y mejoraron un poco, pero nada, el colmo fue que, en el entierro de un oficial de la marina inglesa, acompañado por toda la oficialidad del barco, sucedió algo terrible. Recuerda que estaba muy cerca del mar y el terreno era muy duro, por lo que se enterraba casi a flor de tierra, pues al entrar en el cementerio, lo primero que se encontraron fue a tres o cuatro puercos jíbaros fajados con la pata de un muerto... Viraron con su muerto y formaron una clase de bronca con el Capitán General, que éste ordenó al Obispo que lo enterraran en el Cementerio de Espada.

—En 1841 —aclaró Nono— el cónsul inglés hizo una carta en la que se quejaba de los horrores del Cementerio de los Americanos (así le decían en ese momento, tal vez porque los hijos del vecino norteño comenzaban a ser más numerosos en Cuba que los ingleses), donde los cadáveres quedaban expuestos a la luz del día y las aves de rapiña luchaban con los gusanos por su parte en los humanos despojos.

—Fíjate hasta dónde llegó la bronca, que exigieron que se tuviera en cuenta un tratado anglo-hispano que existía y que Nono te podrá decir lo que era...

—Al retirarse los ingleses, después de la toma de La Habana, dejaron una serie de normas precisas, entre estas, una relacionada con el trato justo a sus difuntos. El gobierno de la Colonia se vio obligado a resolver el problema e ideó fabricar un cementerio nuevo, colindante al Espada, pero cuando empezaron los trámites para la construcción, también comenzaron a surgir dificultades, y como el interés no era mucho, las cosas continuaron parecidas.

—Claro —interrumpió Pancho con su tono picaresco—, los extranjeros ricos que fallecían en la ciudad no tenían problemas... a pesar de las disposiciones eclesiásticas, el "*guano*" lo arreglaba todo, por lo que el Cementerio de los Americanos se quedó prácticamente para pobres y negros sin bautizar a los cuales seguían tirando por arriba del muro.

—En ese momento —me explicó Nono— el doctor Ángel C. Cowley, secretario de la Junta Superior de Sanidad, se quejó al Capitán General, expresando que había visto parte de un cadáver que yacía a la izquierda de la entrada del cementerio en avanzado estado de putrefacción, pasto de las auras y los cerdos de la finca. Esta, al parecer, fue la gota de agua que hizo rebosar el vaso, y se decidió cerrarlo.

»Todo esto originó que en 1864 al Cementerio de Espada se le construyera un apartado para los no católicos, el cual se adicionó, fuera del muro, por la calle ancha del norte o San

Lázaro. Posteriormente, al prolongar el Ayuntamiento dicha calle, de acuerdo con el Obispado, destruyó por completo el apartado. La calle quedó terminada el 7 de julio de 1877.

»El Cementerio de Espada quedó clausurado el 3 de noviembre de 1878 por decreto del 30 de septiembre firmado por el General en Jefe Martínez Campos pues el Capitán General era Joaquín Jovellar y Soler que tuvo su mando desde 1876 al 1878. Desde su fundación hasta su cierre, según el doctor Ambrosio González del Valle, de quien también hablaremos después, reposaron en este cementerio 314 244 cadáveres. En el momento en que se comenzaron los traslados para el cementerio Colón, el Espada fue "aprovechado" por los pobres y negros que tuvieron la "suerte" de morirse en esos momentos, pues eran inhumados en los nichos que hacía pocos años habían costado tanto dinero. Ya en 1908, bajo el gobierno norteamericano, Charles E. Magoon, ordenó su demolición y el traslado de los restos que allí quedaban al Cementerio Cristóbal Colón. Todavía existe un fragmento de sus viejas paredes, sobre la calle Aramburu.

*A la izquierda, tarja dedicada al poeta alemán Georg Weerth y a la derecha, muro de la calle Aramburu de Centro Habana, donde hoy se pueden apreciar las marcas de los nichos del cementerio Espada. Fotos: Mario Darias.*

—Vaya, aquí tienes una foto de como se ve ahora. Fíjate que se ven las marcas de los nichos en las paredes y como una curiosidad te puedes fijar en una tarja que está a la sombra del árbol recordando a un poeta alemán que murió de fiebre amarilla aquí en La Habana y que estuvo enterrado en ese cementerio. Dice lo siguiente: *En memoria de Georg Weerth fallecido en La Habana el 30 de julio de 1856 a la edad de 34 años, fue el primer gran poeta representante del proletariado alemán compañero de lucha y amigo de Carlos Marx y Federico Engels.*

# Morir riendo



—Pues bien, amigo mío, vamos ahora a enseñarte la tumba del poeta triste... Julián del Casal. —Dijo Pancho mientras me invitaba con su mirada cómplice. Nos detuvimos frente a un hermoso panteón con una entrada que muestra una escalera de mármol que se hunde hacia una cripta que le da un cierto aire tenebroso a la tumba.

—Cada vez que paso por aquí me acuerdo que en una época ni se podía hablar de él... ¡Óigame, no nos podíamos ni acercar a la tumba! —Dijo Pancho riendo mientras Nono le interrumpía.

—No exageres Pancho. —Y yo le comenté.

—Bueno, no fue tan así, pero creo que Pancho tiene algo de razón porque recuerdo que en los finales de los setenta yo le había puesto música a algunos de sus poemas y cada vez que los interpretaba en algún taller literario, me caían arriba unos cuantos inquisidores culturales que lo querían desaparecer del mapa. Lo acusaban de evadir la realidad y un montón de cosas más. Hasta lo quisieron contraponer con José Martí.

—Te quedó bien eso de inquisidores culturales. —Dijo Pancho sonriendo y seguí.

—Fue un poeta que, desde mi punto de vista, estaba enamorado de la muerte, siempre quiso estar cerca de ella, recuerdo un fragmento de un poema suyo: *Reservad los laureles de la fama / para aquellos que fueron mis hermanos; / yo, cual fruto caído de la rama, / aguardo los famélicos gusanos.*

—Impresionante... —Comento Nono y continuó— Tengo

entendido que en su época lo catalogaron de poeta maldito ¿no?

—Y también creo que él lo disfrutaba. —Dije.

*Panteón de Doña Águeda Malpica de Rosell donde fue inhumado Julián del Casal. Foto: Mario Darias.*

—También tengo entendido que se pasó la vida inventando viajes que nunca realizó. Sobre todo a París que era su ciudad favorita... —Dijo Nono y yo asentí mientras lo sorprendía con otro fragmento poético de Casal.

—*Libre de abrumadoras ambiciones,/ soporto de la vida el rudo fardo,/ porque me alienta el formidable orgullo/ de vivir, ni envidioso ni envidiado,/ persiguiendo fantásticas visiones,/ mientras se arrastran otros por el fango/ para extraer un átomo de oro/ del fondo pestilente de un pantano.*

—Mira esto... —me dijo Pancho apuntando con su índice de la mano derecha el antebrazo de la izquierda— Me erizaste compadre.

—¿Sabían ustedes que Julián del Casal tuvo un amor platónico con una genial muchacha llamada Juana Borrero? —

Les pregunté.

—Dime, dime, suelta el chisme que a mí me encanta. —Expresó Pancho.

—Bueno, para decirlo mejor, ella fue quien tuvo el amor platónico con él... Primero te diré que Juana Borrero nació en La Habana el 18 de mayo de 1877. A los siete años escribió su primer poema y desde su adolescencia colaboró en varios periódicos y revistas. Dejó un extenso epistolario, sus poemas y dibujos a pluma y lienzos. Su padre, el patriota Esteban Borrero fue poeta y escritor. Su hermana Dulce María Borrero se destacó en la poesía y la prosa, por lo que ella creció en un ambiente artístico donde concurrían poetas y escritores. Incluso su casa en Puentes Grandes, aquí en La Habana, fue lugar de encuentro de muchos de ellos pues Esteban realizaba en ella una tertulia muy seguida y respetada en aquella época.

»Precisamente a las tertulias de Puentes Grandes llegó un día de 1890 Julián del Casal y quedó fascinado al leer los poemas de aquella niña de doce años poseedora de un genio extraordinario, eran los sonetos titulados *Las hijas del Ran y Apolo* que están considerados entre los mejores de nuestra literatura, y no era solamente lo que escribía, sino lo que pintaba. En una ocasión le dijo a su maestro de la Academia San Alejandro que era el prestigioso pintor cubano Armando Menocal: *No me explique teorías, para mí son inútiles. Pinte usted en una tela y así lo entenderé mejor.* Hoy se muestran sus pinturas en la sala de Arte Cubano del Museo Nacional de Bellas Artes.

»Pues bien, ella quedó fuertemente atraída por Julián del Casal, claro, era un joven escritor conocido que había publicado su libro de poemas *Hojas al viento,* que tenía una educación refinada, aunque esa relación nunca llego a existir, incluso Julián le escribió unos versos donde le aclaraba su sentimiento: *¡Ah, yo siempre te adoro como un hermano,/ no sólo porque todo lo juzgas vano/ y la expansión celeste de tu belleza,/ sino* *porque en ti veo ya la tristeza/ de los seres que deben morir temprano!*

»En 1893, el destino le jugó una mala pasada a Juana, en ese año murió Julián del Casal por lo que vertió en su poesía todo el sufrimiento que esta pérdida le causó.

»En 1895, conoció al poeta Carlos Pio Uhrbach, un seguidor de Julián del Casal, y comenzó un noviazgo que no fue bien visto por su padre quien los obligó al secreto de las cartas. Tiempo después, Carlos se despidió de ella para unirse a la Guerra de Independencia.

»En 1896 su padre decide instalarse en Cayo Hueso, Estados Unidos, decisión que lamentaría para toda su vida pues Juana contrajo la fiebre tífica, aunque hay quienes dicen que cuando llegó ya estaba enferma. Lo cierto es que en esos días le escribía a su novio pidiéndole que la fuera a ver y por las tardes salía a visitar el cementerio y se sentaba frente a la tumba donde seria enterrada para, según ella, irse acostumbrando al paisaje del lugar donde descansaría para siempre.

—Oiga, eso está bien fuerte. —Expuso Pancho impresionado y yo continué.

—Sí, es un poco macabro, pero así fue. Por otro lado, Carlos Pio aprovecho una misión que le fue encomendada por Antonio Maceo para encontrarse con Estrada Palma en Estados Unidos y pasó por Cayo Hueso a ver a su amada, pero solo encontró el silencio de su tumba. Juana Borrero había muerto el 9 de marzo de 1896 a los 18 años. Se cumplía así la sentencia que Julián del Casal le escribió en su adolescencia.

»De vuelta a la manigua, Carlos Pio Uhrbach evoca a su amada muerta en una carta: *Ojala sucumba en el primer combate y caiga con su nombre en los labios sobre esta patria que no la guarda.* Y así mismo fue, cayó en el campo de batalla con los grados de teniente coronel el 24 de diciembre de 1897 en Las Villas. Tenía 25 años.

»Ah, se me olvidaba comentarles que Juana Borrero tuvo la

posibilidad de conocer a José Martí en un viaje que hizo con su padre a Nueva York. Fue en una velada en Chickering House donde al Maestro le prepararon un homenaje.

—¡Mi hermano, ahora fuiste tú el que nos dio la muela! Qué bien.

—No le hagas caso a las vulgaridades de Pancho, realmente lo que quiso decir fue que nos gustó mucho que te sintieras en confianza para hablarnos de lo que sabes, así el camino será mucho más agradable, pero volvamos al poeta obsesionado con la muerte, el poeta triste y melancólico.

—Como puedes ver en su tumba están los años de nacimiento y muerte 1863 y 1893 —Pancho me indicaba la tarja en la tumba— Lo que no dice ahí es que nació el 7 de noviembre y murió el 21 de octubre, así que le faltaban unos días para que cumpliera los treinta años.

Al acercarme a la tarja pude leer bajo el nombre de Julián del Casal el siguiente epitafio: *¡Amó solo en el mundo la belleza! ¡Que encuentre ahora la verdad su alma! A. H. S. C. de La Habana.* Entonces fui interrumpido por Nono que, dando muestras de su conocimiento dijo:

—Su padre se llamó Julián del Casal y Ugareda, nacido en Vizcaya, España y su madre María del Carmen de la Lastra y Owens nacida aquí en Cuba, en Artemisa.

—Ya empezó este a apretarme... con lo bien que esto iba. —Protestó Pancho sonriendo y dándole la espalda a Nono me abordó de nuevo:

—Yo tengo entendido que nació en cuna rica y que lo perdió todo— Entonces se escuchó la voz de Nono por detrás.

—Lo primero que perdió fue el tesoro más grande que puede tener un ser humano.

—¿Cuál es ese tesoro, compadre? —Preguntó Pancho volviéndose intrigado.

—Julián fue huérfano desde pequeño pues su madre falleció en 1868.

—Esa no me la sabía, —afirmó Pancho.

—Es bien conocido el soneto *A mi madre,* que, para muchos, es uno de los clásicos de nuestra literatura. —Intervine y Pancho me dijo.

—Pues yo no lo conozco, ¿tú te lo sabes de memoria?

—No, pero te lo voy a conseguir para que lo leas. —Le dije y Nono comentó volviendo al tema:

—Pero eso no es todo pues en 1885 murió su padre.

—Óigame, lo perseguía la mala suerte. —Sentenció Pancho.

—Él estudió en el Real Colegio de Belén en la década de 1870 y se graduó de bachiller. Luego ingresó en la carrera de derecho en la Universidad, pero la dejó para dedicarse por entero a la vida intelectual.

—Otra curiosidad al margen, ¿tú sabías que el segundo apellido de la reconocida artista plástica Amelia Peláez era del Casal...? Pues sí, ella era la sobrina de Julián del Casal, hija de su hermana Carmela.

—Me encantan tus curiosidades —continué yo, que me había quedado con ganas de aportar algo más— Julián del Casal escribió tres libros de poesías, en 1890 *Hojas al viento*, en 1892 *Nieve* y en 1893 se publicó póstumamente *Bustos y rimas*. Este último, el más elaborado de los tres, muestra una renovación en las letras hispanas. Fue de las grandes voces de la poesía cubana de su siglo. Perteneció al modernismo que inició nuestro José Martí junto al nicaragüense Rubén Darío, al mexicano Manuel Gutiérrez Nájera y al colombiano José Asunción Silva.

»Por cierto, yo también tengo mis cositas por aquí, y, aunque no vine tan preparado como ustedes, tengo una carta que le escribió Julián del Casal al poeta Rubén Darío poco antes de morir, a quien había conocido personalmente en 1891, oigan este fragmento: *Si ha caído en tus manos, por casualidad, algún periódico cubano de estos últimos tiempos, te habrás enterado de que me encuentro muy enfermo, tan enfermo que, desde julio a la fecha, he recibido dos veces los santos*

*sacramentos. Ahora estoy mejor, pero sin esperanzas de curación, porque ningún médico conoce mi enfermedad. Todos aseguran (me han visto los mejores de aquí, donde los hay muy buenos) que es un mal oscuro y misterioso, desconocido por ellos... Te escribo estos renglones para demostrarte que, aun al borde de la tumba, a donde pronto me iré a dormir, te quiero y te admiro cada día más. Yo he sabido de ti por Gómez Carrillo, que me anunció tu llegada a París y tu marcha a Buenos Aires. Dentro de poco, quizás antes de que me muera, podré leer el libro que debes estar imprimiendo a estas horas. La Habana Elegante me está editando uno, pero que no tiene ningún valor. Yo te lo mandaré, o te lo mandarán.* —¿Cuántas cosas hubiera hecho Julián del Casal si hubiera vivido más tiempo? —Dijo Pancho y Nono le contestó.

—Hay personas que vienen a este mundo a brindar lo que traen y se van. Mira el caso de Martí que murió a los 42 años.

—Por cierto, —les dije— Martí lamentó el no haberlo conocido personalmente y escribió una crónica en el periódico Patria, que también tengo aquí, esto fue diez días después de su muerte: *"Por toda nuestra América era Julián del Casal muy conocido y amado, y ya se oirán los elogios y las tristezas. Es como una familia en América esta generación literaria, que principió por el rebusco imitado, y está ya en la elegancia suelta y concisa, y en la expresión artística y sincera, breve y tallada, del sentimiento personal y del juicio criollo y directo.*

*El verso, para estos trabajadores, ha de ir sonando y volando. El verso, hijo de la emoción, ha de ser fino y profundo, como una nota de arpa. No se ha de decir lo raro, sino el instante raro de emoción noble y graciosa. Y ese verso, con aplauso y cariño de los americanos, era el que trabajaba Julián del Casal"*

—Y todavía había gente que querían negar ese respeto que tuvo Martí por Julián del Casal. —Señaló Nono y yo continué mi idea.

—Julián del Casal también fue periodista y colaboró en muchos medios de la época. En *La Habana Elegante* publicó una serie de artículos titulados: "La Sociedad de La Habana". El primero de ellos fue sobre Sabás Marín y González, que era el Capitán General que gobernó a Cuba desde 1887 hasta 1889. Este artículo salió publicado en el primer semestre de 1888, y sirvió para que lo enjuiciaran y aunque salió absuelto, le costó el puesto en la Intendencia General de Hacienda.

»El 21 de octubre de 1893 estaba trabajando en un libro de la puertorriqueña Lola Rodríguez de Tió y escribió un suelto titulado *Mi libro de Cuba*, que dejó en la redacción de La Habana Elegante y entonces se dirigió a la calle Prado No 111, pues estaba invitado a cenar en la casa del doctor Lucas de los Santos Lamadrid y estando en la cena, uno de los presentes dijo un chiste que le pareció gracioso y Julián comenzó a reírse y en una de las carcajadas sufrió la rotura de un aneurisma y, según el Conde Kostia, seudónimo del poeta Aniceto Valdivia y Sisay de Andrade, que estaba presente, en el acceso de tos apartó la cara y una ola de sangre salió de sus labios que no le permitió dar un grito ni decir ni una palabra, solo sus nostálgicos ojos verdes se conservaron abiertos. Ni que decir que en aquel comedor se produjo una enorme confusión mientras que el propio Lamadrid sostenía en brazos a Casal que vertía una catarata roja sobre él. Una de las señoras salió a una casa vecina a buscar a un doctor llamado Santos Fernández que cuando llegó solo sirvió para certificar su muerte.

»Entonces Lamadrid decidió que los funerales de Casal se hicieran en su propia casa, en la que murió, y así comenzaron los preparativos. El periódico El País fue el que anunció su muerte mientras varias familias cubanas se disputaban el honor de ofrecerle una bóveda en sus panteones siendo este el escogido, el de Doña Águeda Malpica de Rosell.

»La Habana Elegante de la que Casal era su redactor, también se sumó al duelo junto con todos los trabajadores de El Fígaro y la prestigiosa casa Guillot, la mejor de entonces en asuntos funerarios, llegó a la casa de Lamadrid, costeada por el periódico La Lucha, y transformó en capilla ardiente una de sus habitaciones. Casal fue colocado en un hermoso ataúd envuelto en un sudario y le dejaron solo descubierta la cabeza que tenía ceñido un pañuelo que le cerraba la boca por donde todavía salía sangre. Estaba muy pálido, pero daba la sensación de que estaba dormido.

»Se organizaron guardias de honor entre los que se encontraron Lamadrid, el eminente músico Hubert de Blanck, el Conde Kostia y otros importantes periodistas e intelectuales del momento. Estuvieron llegando coronas toda la noche, ya no cabían en la habitación. También llegó una gran cruz enviada por la casa Alorda que fue colocada encima del ataúd.

»A las cuatro de la tarde ya estaba en la puerta de la casa el coche fúnebre de la casa Guillot con tres parejas de caballos negros con arreos de seda. A las cuatro y media se colocó el féretro en la urna de vidrio de la carroza y el cortejo se puso en marcha seguido de más de veinte coches repletos de poetas, artistas, músicos y mucha gente de la alta sociedad.

—Sí, —interrumpió Nono— el cortejo fúnebre llegó hasta la puerta de este cementerio donde se sacó el ataúd para cantarle un responso en la capilla que existía a la entrada en esos momentos. Después lo trajeron en hombros hasta aquí donde fue colocado ahí abajo, en uno de los nichos de esta cripta.

—Según el Conde Kostia, —resumí. —La eternidad comenzaba definitivamente para el cisne de la Poesía cubana.

—Qué te parece, —dijo Pancho mostrando una media sonrisa. —El poeta triste que murió riéndose.

—Cosas tremendas que tiene la vida. —Contestó Nono y yo les dije:

—Después de su muerte, en la revista La Habana Elegante se publicaron poemas de más de treinta poetas dedicados a Julián del Casal entre los que se encontraban Mercedes Matamoros, Lola Rodríguez de Tió, Conde Kostia, Bonifacio Byrne, Nieves Xenes, Álvaro de la Iglesia, y muchos más. Lola terminó su poema diciéndole: *¡Todos los bardos tu recuerdo adoran, / y todos, como yo, tu ausencia lloran, / divino ruiseñor de la Poesía!*

—Las muertes inesperadas son traumáticas y si a esto le agregas su juventud, pues peor. —Comentó Nono.

—Pero oye esto, —le dije interrumpiéndolo— uno de los grandes amigos de Julián del Casal fue Enrique Hernández Miyares, quien recibió la noticia de su muerte estando fuera de La Habana y arrancó como un loco para el lugar donde había vivido Casal y al llegar, se abalanzó llorando sobre el ataúd de un cadáver que no era el de su amigo...

—¡No me vayas a decir que se equivocó de muerto! —Preguntó Pancho riendo.

—Es que él no sabía que el velorio era en la casa de Lamadrid y tuvo la desgracia de que en el edificio donde vivía Casal se había muerto otra gente. El propio Miyares juzgó este suceso como un cuento fantástico a lo Poe.

—Oiga, esa sí que es dura mi hermano... —Comentó Pancho y sin reponerse me preguntó— ¿No te has dado cuenta de otra curiosidad?

—A decir verdad, no caigo.

—Que a Julián del Casal lo velaron y lo enterraron en una casa y un panteón ajenos. Aunque lo que me molestó fue que hicieran un velorio y entierro de lujo a quien no tenía ni para comer... La vida es del cará...

—Para que veas hasta dónde tienes razón, —intervine de nuevo— el propio Conde Kostia, en un artículo que publicó en esos días decía: *Hay quien espera la primera paletada de tierra sobre el cadáver para entregarle una flor después de haberlo ignorado en vida... ¿qué te parece?*

—Que el Conde tenía y tiene toda la razón del mundo.

*De izquierda a derecha Julián del Casal, Juana Borrero y Carlos Pio Uhrbach. Fotos: Biblioteca Nacional José Martí.*

—Otra anécdota que me impresionó fue publicada por el intelectual Raimundo Cabrera quien estaba compartiendo una vez con unos amigos donde se encontraba Julián del Casal y salió el tema de lo mal que la estaban pasando los estudiantes y poetas y él utilizó una jarana diciendo que era rico porque le quedaba una peseta. Raimundo se tuvo que ir del lugar porque andaba con su hijo pequeño y en el camino le llamó la atención el canto de un niño ciego acompañado por su padre al acordeón. Entonces pasó Casal y también se detuvo a escuchar al niño sin notar la presencia de Raimundo. Al poco rato continuó su camino, pero a los dos o tres pasos se detuvo y regresó para entregarle al niño la solitaria peseta que atesoraba en su bolsillo.

# Quintín Bandera

No hay hombre tan afortunado que no tenga
a su lado cuando está a punto de morir,
alguien que se complace en lo que va a suceder.

Marco Aurelio Antonino (121-180)
Emperador Romano y filósofo.

La muerte es una puerta que atravesamos para seguir viviendo en el recuerdo de los demás. La muerte es algo que nos acompaña constantemente pero que desconocemos. De una forma o de otra, vivimos doble vida, una es la que imaginamos y la otra la que vivimos. Quizás tendremos también dos muertes, la que realmente morimos día a día y la que nos fabrican los demás alterando los recuerdos y sucesos que ya vivimos. Todo es tan sencillo y difícil a la vez, que nos hace andar, muchas veces desconocidos y también desconociendo...

—Vamos a llegarnos al panteón de Quintín Bandera. —Interrumpió Nono mi pensamiento dirigiéndose a Pancho.

—Cómo no, compadre, usted manda... —respondió éste y al momento se dirigió a mí— al socio le faltó una o.

—¿Cómo es eso? —Pregunté.

—Que no es Quintín, sino Quintino Bandera.

—Entonces ¿su nombre era Quintino Bandera?

—Y todavía te faltó delante un José y un Betancourt detrás.

—O sea ¿José Quintino Bandera Betancourt?

—Así mismo.

—A mí me gusta hablar de este panteón, porque siempre he admirado a Quintín Bandera, sin "o", que es como lo conocemos todos. —Expuso Nono irónicamente y continuó dándole seriedad a sus palabras. —Primero que todo fíjate que el panteón termina en una columna trunca que nos muestra que su vida terminó de una manera violenta. Este tipo de alegoría funeraria nos la vamos a encontrar en otros lugares del cementerio.

*Panteón de Quintín Bandera y sus ayudantes en el Cementerio Cristóbal Colón. Foto: Mario Darias.*

—En este panteón también se encuentran los restos de dos de sus ayudantes que murieron con él, Ángel Martínez y Joaquín Garrido. —Intervino Pancho y Nono continuó.

—Fue un General que transitó por las tres guerras de independencia y vino a terminar sus días asesinado, irónicamente dentro de la República que ayudó a fundar, en la Guerrita de Agosto de 1906. Había nacido en Santiago de Cuba un 30 de octubre de 1834.

—Así que tenía más de setenta años al morir. —Razonó Pancho; después de su cuenta y aprovechando que tenía la palabra se apuró en decir: —Sus padres fueron los negros libres José Sabás Bandera y María de la Caridad Betancourt.

—Así es, Quintín nació libre, —continuó Nono— siendo todavía un niño, a sus 11 años, pasó un día vendiendo carbón por el puerto y se quedó maravillado frente a los barcos que estaban atracados en el mismo, tanto, que se subió a uno de ellos, el vapor *Gonzalo* y se echó al mar yendo a parar a

Santander, por donde comenzó a vagar después de escaparse del barco. Aprovechó otra oportunidad en la fragata *Ignacita* y se sumó a una nueva expedición, pero sus padres ya habían descubierto su paradero y habían formulado una queja para que lo hicieran volver.

—Entonces, desde niño tuvo un espíritu aventurero y audaz. —Comenté y Nono siguió su idea asintiendo con la cabeza.

—Ya en Cuba comenzó a involucrarse en actividades conspirativas contra el gobierno español hasta que estalló la Guerra de los Diez Años, a la cual se sumó sirviendo a las órdenes del general Donato Mármol en Palma Soriano. Ya en 1878 había sido ascendido por Antonio Maceo al grado de teniente coronel y junto a él participó en la gloriosa Protesta de Baraguá. Poco después, el 26 de agosto de 1879, fue de los que comenzó la llamada Guerra Chiquita junto a Guillermón Moncada y José Maceo, pero al año siguiente tuvieron que acogerse a las garantías ofrecidas por el Gobierno Español y salieron para Jamaica, aunque, el vapor en que viajaban fue interceptado por un cañonero español que no respetó las garantías ofrecidas y los apresaron. Quintín estuvo en prisión hasta 1886 en que fue indultado. Fue uno de los organizadores de la Guerra del 95 en Santiago de Cuba y se alzó el 24 de febrero de ese año.

—Él era a su manera, fíjate que Maceo tuvo que meterlo preso por indisciplina —exclamó Pancho de forma altiva— fue degradado más de una vez, pero al poco tiempo lo volvían a ascender. En las cargas al machete usaba uno en cada mano, parecía un remolino.

—Su audacia aterrorizaba a sus enemigos, fue famoso cruzando las trochas de los españoles.

—Fíjate si era tremendo —continuó Pancho— que una vez se encontraron dos batallones de españoles y cuando uno de ellos gritó para identificarse: ¡Aquí el batallón de San Quintín...! Se formó el tiroteo. Imagínate, el otro batallón se aterrorizó pensando que tenían delante a Quintín Bandera.

—Era un hombre muy fogoso y así mismo era de indisciplinado, tanto que Máximo Gómez también lo destituyó en julio de 1897, acusándolo de desobediencia, insubordinación, sedición e inmoralidad debido a sus relaciones con mujeres de Trinidad, y aunque fue sancionado a la pérdida de sus derechos militares y políticos indefinidamente, se le permitió mantener una escolta de doce hombres y dos ayudantes y con ellos siguió combatiendo por su cuenta. La historia es larga pero lo importante es saber que al final de la guerra, en 1898, terminó con grados de general de división radicándose aquí en La Habana.

—Pero el hombre estaba entero, —intervino Pancho—, porque un tiempecito después, el 27 de junio de 1901, a sus 68 años, se casó con una jovencita llamada Virginia Zuaznábar con la que tuvo cinco hijos.

—En 1898, no solo terminó el dominio del gobierno español en Cuba. También fue el final de la República de Cuba en Armas, el 9 de noviembre de ese año concluyó el mandato del último presidente mambí, Bartolomé Masó, hombre de honor y respeto, quien, por cierto, está enterrado en el cementerio de Manzanillo, único lugar en que descansan los restos de tres presidentes de Cuba en Armas, ya que se encuentran además los de Manuel de J. Calvar y Francisco J. de Céspedes.

—¿Cuántos presidentes de Cuba en Armas hubo? —Pregunté y al momento Nono dijo mientras buscaba entre sus cosas:

—No los recuerdo de memoria, pero tengo la lista aquí... El primero ya lo sabes, fue Carlos Manuel de Céspedes.

—Que nació el 18 de abril de 1819 en Bayamo y murió el 27 de febrero de 1874 en San Lorenzo, en la Sierra Maestra, así que estaba al cumplir 55 años. Bueno, de eso hablamos hace un rato. —Replicó Pancho complacido de haber encontrado la información justo antes que Nono y me dijo: —Esto es así mi hermano, a cuatro manos y a dos bocas.

—Pues el mandato de Carlos Manuel fue desde el 12 de abril de 1869 al 27 de octubre de 1873, el segundo fue Salvador Cisneros Betancourt, que ejerció desde que terminó Céspedes hasta el 1ro de julio de 1875...

—Y nació en Puerto Príncipe, actual Camagüey el 10 de febrero de 1828 y murió aquí en La Habana el 28 de febrero de 1914. Y a partir de ahora, si quieres saber la edad que tenían al morir, saca la cuenta tú. —Dijo Pancho riendo.

—El tercer presidente de Cuba en armas fue Juan Bautista Spotorno, desde julio de 1875 al 21 de marzo de 1876.

—Spotorno nació y murió en Trinidad, —presumió Pancho— llegó al mundo el 13 de septiembre de 1832 y se fue el 29 de octubre de 1917.

*Primer Presidente de la República de Cuba Tomás Estrada Palma. Foto: Archivo de Bohemia.*

—El cuarto presidente fue Tomás Estrada Palma del 21 de marzo de 1876 al 19 de octubre de 1877.

—¡Aquí lo tengo! —dijo Pancho— nació el 9 de julio de 1835 en Bayamo y murió el 4 de noviembre de 1908 en Santiago de Cuba.

—El quinto fue Francisco J. de Céspedes que ejerció desde el 19 de octubre al 13 de diciembre de 1877.

—Oye, se te olvidó decir que Francisco era hermano de Carlos Manuel —comentó Pancho y sin detenerse continuó: —Nació el 3 de diciembre de 1821 en Bayamo y murió en Niquero el 27 de julio de 1903.

—Y cerrando el período de la Guerra de los 10 Años que

terminó con el Pacto del Zanjón tenemos al sexto presidente que fue Vicente García desde diciembre de 1877 al 15 de marzo de 1878.

—Vicente nació en Las Tunas el 23 de enero de 1833 y murió el 4 de marzo de 1886 en Río Chico, Venezuela. Lo envenenó un español que le echó vidrio molido en la comida.

—¡Cómo que le echó vidrio molido en la comida!

—Así mismo fue. España persiguió y trató de deshacerse de los cubanos que participaron en la guerra, sobre todo los jefes, lo del Pacto del Zanjón fue para detener la guerra no la muerte.

—Ahora bien, —continuó Nono— un día después de la Protesta de Baraguá se formó un gobierno provisional de los que se oponían a la paz sin independencia y se eligió como presidente a Manuel de J. Calvar que ejerció desde el 16 de marzo al 28 de mayo de 1878.

—Calvar nació el 25 de diciembre de 1837 en Manzanillo y murió en Cayo Hueso, La Florida el 20 de diciembre de 1895.

—Después, en la guerra de 1895, el primer presidente fue el ya conocido Salvador Cisneros Betancourt, en esta ocasión fue de 1895 a 1897.

—Cisneros fue el único cubano electo dos veces como presidente de Cuba en Armas.

—Y el último fue Bartolomé Masó, desde el 30 de octubre de 1897 al 9 de noviembre de 1898.

—Nació el 21 de diciembre de 1830 en Yara, Manzanillo y murió el 14 de junio de 1907 en la ciudad de Manzanillo.

—¡Qué bien les ha quedado el dúo! —Comenté satisfecho.

—Muchas gracias. —Dijo Nono inclinando la cabeza.

—¿Tú sabes de qué me acordé ahora? —Exclamó Pancho irónicamente— Nada más y nada menos que del Decreto Spotorno.

—Yo sé por dónde tú vienes —advirtió Nono con una mirada suspicaz.

—Es que no se puede escupir pa'rriba mi hermano —le

respondió este y yo aproveché para preguntar.

—Y ¿ese decreto qué es?

—Fue un decreto que concibió el coronel y tercer presidente de Cuba en Armas Juan Bautista Spotorno, aunque, para que entiendas bien, hay que ir un poquito atrás, como siempre. Realmente él era, desde enero de 1874 el presidente de la Cámara de Representantes por lo que tuvo que ocupar el cargo de presidente interino de la República en Armas después de la renuncia de Salvador Cisneros Betancourt que fue presionado por la Sedición de Lagunas de Varona en 1875.

—Ahora tienes que explicar lo de la Sedición, así que esto se sigue enredando. —Afirmó Pancho.

—Pues sí, tendremos que ir todavía más atrás.

—Si sigues dando pa'trá en cualquier momento tropezamos con Cristóbal Colón...— A Nono no le hizo ninguna gracia el chiste de Pancho por lo que lo ignoró.

—Déjame ver cómo me las arreglo para decirlo en pocas palabras. Mira, desde la destitución de Carlos Manuel de Céspedes y su posterior muerte, de lo que ya hablamos, sus partidarios culparon a Salvador Cisneros Betancourt por lo que formaron una sociedad secreta llamada Hermanos del Silencio, aunque a este complot se sumaron varios patriotas más de diferentes rangos y motivos y resultó ser la figura más importante el mayor general Vicente García. El nombre de Lagunas de Varona se tomó porque se reunieron en Las Tunas, en un ingenio ya en desuso que se llamaba así y desde allí, el 26 de abril de 1875, se pronunciaron en contra del Presidente de la República en Armas. La Cámara de Representantes comenzó a hacer tratos con Vicente García para evitar una guerra civil que significaría el fin de la Revolución del 68.

»El mismísimo Máximo Gómez, que se encontraba en Las Villas preparando la invasión a Occidente, tuvo que dejarlo todo y arrancar para Las Tunas cruzando, incluso a riesgo de su propia vida, la Trocha de Júcaro a Morón. Sólo el Generalísimo pudo resolver el problema pues se presentó en el campamento de Vicente García reprochándole su indisciplina y diciéndole que, de sus demandas, que eran varias, sólo le concederían tres, la renuncia de Cisneros, la presidencia interina de Spotorno y elecciones generales, pero para su sorpresa, Vicente García desechó su programa de reformas y le dijo que se conformaba con la renuncia de Cisneros. En ese momento se supo que ese había sido siempre el verdadero objetivo y no las reformas políticas. Entonces Gómez le dijo a Vicente que él también tenía que renunciar porque su indisciplina no podía quedar como ejemplo y Vicente lo hizo después de que lo había hecho Cisneros, para no tener que presentarle la renuncia a él.

»Así es como Juan Bautista Spotorno asciende a la presidencia de la República en Armas de forma interina aunque hay que decir que este suceso dio lugar a que se cometieran nuevas indisciplinas dentro del Ejército Libertador. También sirvió para demostrar la falta de unidad que había entre los patriotas de diferentes zonas del país.

—Ahí to el mundo tiraba pa su lao. —Indicó Pancho.

—Pero vamos a lo que nos ocupa, resulta que Juan Bautista Spotorno, al día siguiente de ser presidente, firmó ese decreto que decía que cualquier persona que portara proposiciones de paz sin independencia se trataría como espía y sería juzgado y fusilado si se le probaba. Poco después, el 21 de marzo de 1886 terminó su mandato y regresó a la presidencia de la Cámara de Representantes y se mantuvo en ella hasta que quedó disuelta en 1878.

—Pero pasó el tiempo y mira las vueltas que da la vida que el señor Spotorno fue uno de los que integró el llamado Comité Revolucionario del Centro que se encargaba de lograr la paz con los españoles. —Dijo Pancho.

—A partir de ese momento y como miembro del Partido Autonomista, se convirtió en un ferviente opositor de la guerra contra España, hasta el colmo de influir en viejos compañeros de armas para que no se sumaran a la Guerra de Independencia de 1895.

—Pero ahora viene lo bueno. —Intervino otra vez Pancho.

—Él se refiere a que Spotorno se presentó ante el Mayor General Bartolomé Masó como presidente de una comisión autonomista para invitarlo a deponer las armas.

—Y Masó le dijo, espérate un momento y se le apareció con su propio Decreto Spotorno. Imagínate, el socio salió que no se le veían las patas... —La primera carcajada que se escuchó fue la de Pancho. Después de reír todos Nono continuó.

—Volviendo al final de la guerra, debes saber que la constitución de la naciente República de Cuba se comenzó a redactar en noviembre de 1900 por una Asamblea Constituyente creada para eso y el 21 de febrero de 1901 se dio a conocer la Carta Magna. Entonces el gobernador militar norteamericano Leonardo Wood, informó de ciertas condiciones adicionales como la Enmienda Platt que fue "aprobada" como apéndice constitucional el 12 de junio de ese año y el 20 de mayo de 1902 nació en el antiguo Palacio de los Capitanes Generales de La Habana, la República de Cuba presidida por don Tomás Estrada Palma, arrastrando una enmienda que la ataba a los vecinos del norte.

*General de las tres Guerras de Independencia Quintín Bandera. Foto: Archivo de Bohemia.*

»Estrada Palma fue un personaje que tuvo su quehacer patriótico durante la Guerra de los Diez Años; fue apresado por los españoles y conducido prisionero al castillo de Figueras en España en 1877. Posterior al Pacto del Zanjón se trasladó a Nueva York donde vivió por más de veinte años. En ese tiempo ayudó a José Martí en la organización del Partido Revolucionario Cubano, del cual fue primera figura cuando el Maestro se incorporó a la Guerra de Independencia.

—¿Saben ustedes que Martí no venía para la guerra? —La pregunta la hice sabiendo que iba a disfrutar del asombro de ambos. —Gómez nunca estuvo de acuerdo con que Martí lo acompañara a la guerra.

—Yo siempre he pensado —intervino Nono— que fue una negligencia dejar que Martí participara en la guerra, sabiendo, entre otras cosas, que era el único capaz de unirlos a todos y que estaba llamado a ser nuestro primer presidente, por lo tanto, era más importante que continuara su labor en el Partido Revolucionario Cubano.

—Así lo pensó Gómez y, estando en Dominicana preparando el traslado a Cuba, acordaron en una reunión que Martí regresara a Nueva York y aunque el Maestro lo desaprobó, tuvo que aceptarlo por disciplina, pero la estancia en Dominicana se fue dilatando por una causa o por otra y esa demora sirvió entre otras cosas para que Martí redactara su famoso Manifiesto de Montecristi y para que sucediera algo inesperado que cambiaría el curso de la historia. —Provoqué un silencio a propósito que los fue desesperando. El primero en saltar fue Pancho:

—¡Acaba de hablar compadre!

—Pues la cosa fue que cayó en las manos de Martí un periódico llamado Listín Diario que se hizo eco de una noticia publicada por el New York Herald que afirmaba su presencia en suelo cubano por lo que, mostrando la noticia a Gómez, exigió y logró que lo dejaran unirse al desembarco.

—Ahora sí que la pusiste buena. —Exclamó Pancho y les dije:

—Son curiosidades históricas...

Nono asentía con su cabeza en silencio como si estuviera

reorganizando sus ideas. Era visible que le molestaba el haber sido injusto con los patriotas a los cuales había tildado de negligentes, aunque, en pocos segundos retomó el tema de la conversación que había quedado atrás.

—Estrada Palma se hizo ciudadano norteamericano como muchos cubanos que estaban en la emigración.

—Entonces, —le interrumpí— ¿nuestro primer presidente era oficialmente norteamericano?

—Si lo ves desde ese punto de vista... así es —me respondió Nono—. Aunque te explicaré que la ciudadanía norteamericana era solicitada por los emigrantes cubanos, primero para tener más posibilidades de ganarse la vida allí y segundo, para eludir el peligro de ser deportados o extraditados a solicitud de las autoridades españolas. Además, este hecho no significaba renunciar a la ciudadanía cubana, ya que no existía, si acaso estaban renunciando a alguna, sería a la española. Lo que sucedió fue que Estrada Palma se permeó de la mentalidad norteamericana y se convenció de que el destino de Cuba estaba ligado al de Estados Unidos.

—Entonces, él regresó a Cuba después de la Guerra... —le dije.

—Así es.

—Del exilio a presidente —intervino Pancho y Nono continuó.

—El otro candidato a presidente fue Bartolomé Masó, quien era la esperanza de muchos cubanos dignos que deseaban que alguien de honor y nacionalismo probado tomara el mando, pero a los Estados Unidos le convenía que fuera Estrada Palma, pues era la manera de afianzar su poder sobre Cuba, por lo que le brindaron todo el apoyo posible.

—Claro, eso no quedó ahí, porque tuvo mil tropiezos hasta que cuando se acercaban las elecciones de 1906 intentó reelegirse aplicando un montón de fraudes escandalosos que provocó que su oponente que era el general José Miguel Gómez y los políticos del Partido Liberal se levantaran en armas por lo que en agosto de 1906 se produjeron alzamientos en varios lugares de Pinar del Río, Las Villas y La Habana. Al frente de estos hombres aparecieron personajes muy conocidos como los generales Faustino Guerra, Enrique Loynaz del Castillo y nuestro protagonista Quintín Bandera. Entonces, Estrada Palma decidió batir de manera violenta la insurrección y reunió a tres mil hombres entre los que había hasta antiguos Voluntarios del ejército español... Eso se conoció como *La Guerrita de Agosto,* de 1906.

»Quintín Bandera, que actuaba aquí en La Habana, ya estaba desengañado de los acontecimientos, consideraba que había sido un fracaso el levantamiento y decidió pedir a Manuel Silveira, dueño de la finca donde se escondía, que le gestionara un salvoconducto con el gobierno. Ya él tenía noticia de que otros lo habían hecho. Entonces, el 23 de agosto de 1906, el capitán Ignacio Delgado rodeó su campamento, y Quintín, pensando que venían por lo del salvoconducto, se les presentó mansamente y les dijo: ¡Esto se acabó ya, muchachos! ¡Yo sabía que ustedes venían a buscarme!

*Medallones que nos recuerdan a Quintín Bandera y a sus ayudantes Ángel Martínez y Joaquín Garrido. Foto: Mario Darias.*

»Pero todo fue una trampa preparada por Estrada Palma porque en ese mismo momento Delgado, olvidando incluso que, en la Guerra de Independencia, había sido ascendido por el propio Quintín Bandera, sin ningún escrúpulo, ordenó que le dispararan y después le cayó a machetazos. Uno de los guardias rurales dijo: *Ya este no va a cruzar más trochas.* Entonces, cuando Quintín y sus compañeros ya estaban muertos siguieron disparando al aire para simular un combate.

»Después de estos hechos a Estrada Palma no le bastó y se propuso humillarlo hasta después de muerto por lo que su cadáver fue sacado en una caja rústica del Necrocomio Nacional y trasladado en una carreta sucia, de las que se utilizaban para transportar el carbón. Su traslado hacia acá fue acompañado solo por dos dolientes, su viuda y una amiga de ella. Fue enterrado en campo común para pobres, sin bandera, sin tarja, flores ni despedidas de duelo. Por suerte para la viuda, el padre Felipe Augusto Caballero que era el Capellán de este cementerio en ese momento, tuvo la idea de marcar el lugar en que lo enterraron con una cruz y un epitafio falso, puso su mismo nombre para evitar que lo profanaran. Decía así: E.P.D. Aquí yace Felipe Augusto Caballero. Fallecido el 23 de agosto de 1906. Así fue que pudo ser identificado el lugar para traer los restos hacia aquí.

—Fíjate quién era don Tomás Estrada Palma —el tono de Pancho no era nada acogedor—, que, a principio de la República, una vez en que Quintín Bandera lo fue a ver porque estaba sin trabajo, el muy sinvergüenza quiso darle cinco pesos para que matara el hambre... y ya tú sabes cómo se puso el hombre. ¡Qué falta de respeto!

—A Quintín Bandera no le sirvió de nada haber luchado en las tres guerras de independencia ni sus grados que siempre llevaba consigo, ni siquiera se le brindó un empleo para que viviera con decoro. Sólo consiguió una plaza de vendedor ambulante de jabones.

—También trabajó en la recogida de basura. —Aportó Pancho mientras que Nono se volvía hacia mí.

—El 26 de septiembre de 1948 se inauguró una estatua de Quintín Bandera en el parque Trillo de Cayo Hueso, en Centro Habana.

—La hizo el escultor Florencio Gelabert. —Apoyó Pancho que me dijo además— El mismo que hizo la estatua que está a la entrada de la Terminal de Ómnibus y la que está frente al Hotel Riviera... Aquí, en el cementerio, también tiene otras, como la del panteón de Capablanca y en el de Los Veteranos también hay algo de él. Pero, mi hermano, lo que hizo con Quintín Bandera no le gustó ni a él... Por suerte, en el 53 la cambió. Y ahora que recuerdo, ¿tú sabias que en el Parque Trillo hubo una biblioteca fantasma?

—¿Cómo es eso? —Inquirí.

—Na, ocurrencia de uno de nuestros alcaldes de La Habana.

—Su nombre fue Antonio Beruff Mendieta, —intervino Nono— fue alcalde de La Habana desde 1936 hasta 1942. A ese señor se le ocurrió construir una biblioteca en ese parque.

—Con acta del ayuntamiento, presupuesto y to ese cuento... —Interrumpió Pancho y dijo Nono:

—Pues sucedió que después de hecha la obra, aludieron que los vecinos no estuvieron de acuerdo con ella y se volvió a pedir presupuesto, esta vez para demoler el edificio y volver a construir el parque.

—Pero, pa que te caigas pa'tra, resulta que en ese parque nunca se había hecho ningún edificio.... Jaaaa. Por eso la gente le decía la biblioteca fantasma.

—Esa si es dura. —Dije mientras reíamos los tres por algo que debió indignar a muchos.

—Bueno —dijo Nono—, para cerrar lo de Estrada Palma, la inestabilidad creada en el país hizo que en septiembre de 1906 renunciara junto con su gabinete e hiciera la solicitud de la intervención norteamericana, prevista dentro de los marcos de la Enmienda Platt. El 29 de septiembre de 1906, William H. Taft desembarcó en La Habana con 5 000 marines yanquis y se proclamó gobernador de Cuba. La ocupación duró hasta el 28 de enero de 1909, día en que se convirtió en presidente de Cuba el ya enriquecido José Miguel Gómez.

Emprendido el camino, Nono me tomó del brazo y señaló hacia la cima de la columna trunca que remata el panteón de Quintín Bandera, donde pude ver un sinsonte que al parecer estaba esperando que lo descubriéramos para comenzar a entonar una melodía bien conocida por nosotros. La cubanía de aquel sonido se esparcía por el silencio de la necrópolis como si quisiera transportarnos en el tiempo hasta los días en que nuestros patriotas entonaban el canto de Perucho Figueredo que, con el tiempo, se convertiría en nuestro Himno Nacional.

# Dinamita en el cementerio

Deudores de la muerte somos
nosotros y nuestras obras.

Horacio (65 a C-8 a C)
Poeta lírico y satírico romano

—Te voy a sorprender con una pregunta —me aseguró Pancho tentando mi curiosidad—: ¿Sabías que por debajo de estas calles del cementerio se trasladaron kilogramos de dinamita?

—¿Cómo que dinamita? —Le pregunté incrédulo y sin esperar respuesta volví con otra pregunta— ¿Eso es en serio?

—Ah, eso es pa que veas que te seguimos sorprendiendo... Fue por el año 1932, en pleno machadato, pero... mejor te dejo a Nono.

—Efectivamente, eso fue por la época del funestamente célebre Gerardo Machado y Morales, quien nació el 29 de noviembre de 1871 en la antigua provincia de Las Villas, creo que en Camajuaní. Hay quienes aseguran que es muy difícil encontrar méritos que respalden el grado de brigadier que alcanzó en la Guerra del 95 pero eso se lo dejamos a los investigadores. En sus campañas electorales, su principal promesa, entre tantas que hizo, fue la de convertir a Cuba en la Suiza del Caribe, y su lema era: "Agua, caminos y escuelas". El 20 de mayo de 1925 subió al poder, pero cuando se le estaba terminando el período presidencial, el 21 de junio de 1928, firmó una ley que reformó la constitución del país y prorrogaba su período presidencial hasta 1935.

—La gente le decía "El Mocho" —se volvió a escuchar el tono picaresco de Pancho— porque le faltaban dos dedos de la mano izquierda que se los cortó cuando trabajaba de carnicero en su juventud... Oye Nono, vamos a bajar por la calle 2 hasta B, para llegarnos a la tumba de los hermanos Freyre de Andrade quienes tienen que ver con esta historia.

Así hicimos y mientras caminábamos Nono me fue contando que el poder de Gerardo Machado se hizo cada vez más dictatorial y consolidó su situación mediante la persecución y el asesinato de los opositores; esto incrementó su impopularidad iniciándose así una época de terror. Los asesinatos y desapariciones estaban a la orden del día. No obstante, la rebeldía del pueblo era incontrolable y esto que me iban a contar era solo uno de los cientos de sucesos que ocurrieron en esa época.

—La cuestión fue —me dijo— que los jóvenes opositores al régimen, cansados de tanto horror, comenzaron a buscar la manera de salir de Machado y acordaron prepararle un atentado a alguna figura descollante de la tiranía con el objetivo de que Machado asistiera al entierro con toda su camarilla, momento que aprovecharían para hacer detonar la dinamita en el cementerio. El escogido fue el asesor directo de Machado: Clemente Vázquez Bello, presidente del Senado y del Partido Liberal, un abogado, coterráneo de Machado que gozaba de su confianza y simpatía.

—Para que te sitúes bien —dijo Pancho mientras seguíamos andando—, el cementerio tiene como desagüe unas zanjas para que no se inunde en época de lluvia. Es una construcción de mampostería que tiene más o menos medio metro de alto por medio metro de ancho.

—Pues —continuó Nono— a través de esa especie de alcantarilla, los opositores fueron arrastrando la dinamita hasta concentrarla en el lugar escogido que fue el panteón de su suegro Truffín, porque Vázquez Bello estaba casado con la acaudalada Regina Truffín por lo que debía de ser enterrado ahí. Ese panteón está en la avenida Cristóbal Colón, muy cerca del panteón de Catalina Lasa del que también te hablaremos en su momento. Pues, después que todo estuvo listo le hicieron el atentado a Vázquez Bello en pleno mediodía, cerca de la rotonda del cinódromo de Miramar. Le dispararon desde otro

*Panteón de la familia Truffin donde se produciría la explosión. Foto: Mario Darias.*

carro que se le atravesó en el camino. Horas después fallecía en la mesa de operaciones del Hospital Militar de Columbia.

»Cuando Machado se enteró montó en cólera y se reunió con el secretario de Gobernación y el jefe de la policía, el sanguinario Ainciart. Les dijo que por cada funcionario del gobierno que ellos mataran, él iba a matar a cuatro opositores y enseguida dio órdenes de que mataran a Ricardo Dolz, Carlos Manuel de la Cruz, Mendieta y Méndez Peñate. Al momento le dijeron que los dos últimos estaban presos en la Isla de Pinos y él les contestó: *"Pues que los maten en la Isla de Pinos".* Volvieron a aconsejarlo que sería un escándalo muy grande matar a Mendieta y Méndez Peñate en la cárcel y entonces dijo: *"Yo he dicho que cada muerte de un partidario mío le costará cuatro vidas a la oposición. Vayan y maten a los primeros cuatro opositores que encuentren".* Y entonces sumaron a Gonzalo Freyre de Andrade y Miguel Ángel Aguiar.

»Después de la reunión y puestos de acuerdo, Ainciart salió disparado para la calle y Zubizarreta para el teléfono a llamar al periódico *El Heraldo de Cuba* para que dieran la noticia del atentado a Vázquez Bello. En ese momento también salieron los sicarios a cumplir las órdenes del Presidente de la República. Varios de ellos se dirigieron al encuentro del Dr. Gonzalo Freyre de Andrade. Llegaron a su casa en B entre Línea y Calzada en el Vedado y tocaron a la puerta y cuando les salió la criada le dijeron que querían ver al Dr. Gonzalo y ella les preguntó que a quién tenía que anunciar y en ese momento le empujaron la puerta, uno de ellos la sujeta y otros subieron por las escaleras, pues la casa, que todavía existe, tiene dos plantas. Así se encontraron que no solo estaba Gonzalo, sino que estaban los tres hermanos que fueron tomados por sorpresa pues no sospechaban nada de lo que pretendían hacer los asesinos y en su propia casa los acribillaron a balazos.

»Una de las pruebas de la componenda de la policía con los asesinatos es el hecho de que la estación de la Policía de la calle

Línea colindaba por su patio con el de la casa de los hermanos y con todo el tiroteo que se formó ahí, ellos no oyeron nada. Hay quienes dicen que como no sabían cuál de los tres hermanos era Gonzalo, pues decidieron matarlos a los tres. Cuando salieron, uno de ellos dijo: Machado dijo que tenían que ser cuatro, ya tenemos a tres.

—Pero, ¿por qué escogieron a Gonzalo Freyre de Andrade para asesinarlo? —Pregunté y enseguida Nono me respondió.

—Gonzalo, además de ser profesor de la Escuela de Derecho y diputado de la Cámara, era un abogado que les incomodaba, porque siempre estuvo en contra de los crímenes y fraudes de los gobernantes y defendía las causas de los opositores al régimen. En varios momentos lo amenazaron, pero nunca fue intimidado y siguió ayudando a aquella juventud que decidió revelarse ante el terror de aquel gobierno que, incluso, estaba usando en aquellos momentos el Consejo de Guerra para juzgar a los opositores al régimen, cosa que era totalmente ilegal, vaya, que se podía decir que no existían los tribunales civiles. Muchos estudiantes, abogados, ingenieros, médicos, etc. fueron condenados a trabajos forzados por estos tribunales de guerra. Pues Gonzalo estuvo involucrado como abogado defensor en varios de estos consejos, por lo tanto, estaba en la lista negra del gobierno.

—¿Cómo concebir que ciudadanos civiles fueran juzgados en consejos de guerra? —Volví con otra pregunta.

—Pues así fue, por cierto, que en el momento en que Gonzalo fue asesinado estaba defendiendo a tres jóvenes que si mal no recuerdo se llamaban Mendoza, Corrons y Pérez, que estaban acusados de atentar contra Machado y después de la muerte de Gonzalo no le dejaron poner abogados ni testigos. Un hermano de Mendoza que se había titulado recientemente de abogado intentó defenderlos y lo metieron preso. Los tres acusados fueron condenados a muerte, incluso la madre de Mendoza, la señora Mariana de la Torre de Mendoza, quien era una dama de la alta sociedad cubana, fue condenada a catorce años de reclusión y la señora de Corrons a cadena perpetua, ambas por complicidad.

»Pero volviendo a Gonzalo, Machado sentenció a muerte a hombres que se habían distinguido en la oposición, sin tener en cuenta si habían tenido algo que ver con el atentado a Vázquez Bello, eran, sencillamente, personas que le estorbaban, por lo que otros sicarios, en este caso dos de ellos, se dirigieron a la casa del también representante de la Cámara Dr. Miguel Ángel Aguiar, tocaron a su puerta y la criada los atendió y fue a ver al Dr. Aguiar para decirle que le parecían raros los hombres que preguntaban por él, que no saliera porque no parecían buenas personas, pero el doctor era medio sordo y según ella, parece que no la entendió bien y salió a verlos, que comenzaron a decirle en voz muy baja, que venían de parte de un colega y el doctor se les acercó con la mano en el oído en forma de pantalla para poder escuchar y ahí mismo le dispararon en la cabeza y el doctor cayó fulminado. Los dos asesinatos ocurrían de dos y treinta a tres de la tarde.

—Pero la cosa no quedó ahí —dijo perturbado Pancho—, porque también publicaron la noticia de la muerte de...

—Claro, —interrumpió Nono— faltaban dos de los que había enviado a matar Machado, en el caso de Carlos Manuel de la Cruz que era diputado, regresaba de Artemisa y compró un periódico de El Heraldo de Cuba, que hablaba del atentado a Vázquez Bello y cuando se fija en otra noticia que había salido publicada, resulta que su nombre estaba entre los muertos. La noticia decía que varios opositores habían sido muertos por desconocidos: el rector de la Universidad de La Habana Ricardo Dolz, el Representante Miguel Ángel Aguiar, el abogado Carlos Manuel de la Cruz y los hermanos Guillermo, Gonzalo y Leopoldo Freyre de Andrade.

—Aquello fue tremendo, porque el periódico salió a la una del mediodía, o sea, todavía no habían muerto el Dr. Aguiar y los hermanos Freyre de Andrade y ya los daban por muertos. La policía trató de recoger toda la edición del periódico, pero ya era tarde, aunque dos de los redactores del Heraldo de Cuba pagaron por esta situación porque fueron detenidos y molidos a palos. Increíble, la lista de muertos que le dieron al periódico era de gente que todavía estaba viva.

—Sí señor, es como dice Pancho. Dos horas después de que la noticia salía por el periódico eran asesinados en sus propias casas los tres hermanos Freyre y Miguel Ángel Aguiar.

En ese momento Nono detuvo sus pasos y me mostró el panteón donde enterraron a los tres hermanos y Pancho se anticipó en decirme:

—Voy con una curiosidad del cementerio. Yo no sé si fue obligado o nació de la propia familia por la situación de horror que se estaba viviendo en esos años, pero si te fijas, el lugar de la tapa de la bóveda donde decía: *Asesinados*, fue raspada hasta borrar la palabra y sustituirla por: *Fallecieron*.

*Epitafio en el panteón de los hermanos Freyre de Andrade donde se borró la palabra ASESINADOS para poner FALLECIERON. Foto: Mario Darias.*

—Es una historia increíble. —Comenté.

—Lo increíble es que los asesinos fueron a matar a Gonzalo, uno de los hermanos, pero como no sabían cuál de ellos era, pues los asesinaron a los tres para estar seguros. —Respondió Pancho y sentenció— En el caso de Carlos Manuel de la Cruz, se salvó por comprar el periódico y ver que ya estaba muerto.

—Me imagino que salió como un rayo a esconderse.

—Muchacho, entró a su bufete y llamó a Ricardo Dolz para prevenirlo, después habló con su esposa quien le dijo que lo habían estado buscando y ya tú sabes, arrancó como alma que lleva el diablo y se asiló en la embajada de Uruguay, que estaba en la Manzana de Gómez, mientras que Dolz se colaba en la de Brasil que estaba en 17 y A en El Vedado. —Dijo Pancho y Nono continuó con expresión de asombro.

—Pero lo sorprendente de todo es lo que te voy a contar ahora. En el momento en que se realizó el atentado a Vázquez Bello, unos dicen que su esposa se encontraba en Europa y otros que la pareja andaba en problemas, lo cierto es que la familia de él decidió enterrarlo en el cementerio de Santa Clara. ¡No sabían que, sin darse cuenta, estaban echando por tierra los planes de acabar con Machado y mucho menos que estaban salvando sus propias vidas!

—Cuando se descubrieron los kilogramos de dinamita preparados en el lugar donde supuestamente debían enterrar a Vázquez Bello, cayeron en la cuenta del plan.

—¿Te imaginas si llega a explotar esa bomba? —Pregunté y Pancho me dijo:

—Yo creo que nada de esto que estás viendo existiera, además que no solo se hubiera llevado a Machado junto con su gabinete, también se iban hasta los sepultureros.

—Hubiera sido una tremenda catástrofe.

—Sí, porque también hubieran volado todas esas obras de arte. En fin, que casi que es mejor que no haya explotado esa bomba, aunque sabemos que Machado se había convertido en un sanguinario.

—Pero, ¿Cómo se puede explicar que alguien así llegara a la presidencia?

—Bueno, —continuó Nono— si entramos a juzgar el gobierno de Machado nos vamos a encontrar con una situación más compleja que la de los gobiernos anteriores, todo comenzó porque la gente estaba ya cansada del modelo liberal que, hasta ese momento, la década del 20, no había dado resultado, sobre todo por la dominación norteamericana que había impedido su desarrollo. Vieron bien que apareciera un hombre de mano dura que salvara la República por lo que se decidieron por el último de los generales de la Guerra de Independencia que era Gerardo Machado.

—Aquello fue un vacilón —intervino Pancho— para poder postularse para presidente Machado tuvo primero que tumbar del caballo a Mendieta porque el Partido Liberal estaba dividido en dos, por un lado, Machado y por el otro Mendieta.

—Ahí entró en juego su querido amigo Clemente Vázquez Bello, —continuó Nono— que fue el que unió a la gente a favor de Machado y así es que se presenta a las elecciones. Además del Liberal había dos partidos más que eran en realidad casi lo mismo, el Conservador que apoyaba a Menocal y el Popular de Alfredo Zayas. Menocal hizo la campaña recordando las Vacas Gordas de su gobierno y así hizo que los seguidores de Zayas se unieran a él.

—Pero el viejo Zayas recogió sus andariveles y se volvió a convertir en liberal apoyando a Machado, era un chipojo cambiando de color. —Aportó Pancho riendo y yo dije:

—Bueno, si nos damos cuenta, lo que se había formado era una campaña de caudillos.

—Sí, —volvió Nono— pero Machado fue el más inteligente porque hizo dos cosas que hasta ese momento no habían hecho los gobiernos anteriores, primero fue el único que se apareció con un programa de gobierno y segundo que antes de llegar a la presidencia arrancó para Estados Unidos a buscar financiamiento con figuras de la banca y los negocios norteamericanos.

»Menocal y Machado se batieron por llevarse el gato al agua y fueron unas elecciones llenas de fraude y violencia que dieron como ganador a Machado quien venía con la estrategia de salvar el orden de la nación y en cuanto salió de presidente hizo que el Congreso aprobara la ley de obras públicas promulgada el 15 de julio de 1925 y comenzó varios proyectos como la Carretera Central que aunque es verdad que se robó mucho dinero, por primera vez se comunicaba al país completo, la construcción del Capitolio Nacional que fue un alarde de construcción para dar imagen de esplendor, la Ampliación de la Universidad de La Habana y otras.

»Machado gritó a los cuatro vientos que no iba a pedir empréstitos al extranjero pero en realidad fue lo primero que hizo. Contrajo una deuda pública sin precedentes con empresas norteamericanas que se elevó a 145 millones de dólares que en aquella época era mucho, pero mucho dinero. Hay que tener en cuenta que esos empréstitos les habían sido negados a gobiernos anteriores y le dio al gobierno de Machado una imagen de abundancia que realmente no existía y esa era la trampa porque buena parte de las acciones de todo ese proyecto fueron a parar al bolsillo de Machado, a su secretario de obras públicas Carlos Miguel de Céspedes y unos cuantos más.

—Oiga, lo de Machado fue mucho, ¿tú puedes creer que lo hicieron doctor honoris causa de la Escuela de Derecho y el socio era casi analfabeto?

—Por supuesto que Machado se enfrascó en una tarea que para lograrla tenía que implantar muchas medidas impopulares como disminuir el salario de los trabajadores, tomar medidas represivas contra los sindicatos, desarticular las fuerzas de la oposición mediante el asesinato, por lo que se convirtió en el gobierno más represivo de la historia de Cuba hasta 1933 aunque debemos recordar que esta historia de terror y asesinatos no comenzó con el gobierno de Machado pero eso lo vamos a ir viendo en el camino.

—Ni los hermanos Freyre de Andrade ni el Dr. Aguiar tuvieron nada que ver con el atentado a Vázquez Bello ni con la dinamita en el cementerio. —Comentó Pancho.

—Quien en realidad organizó eso fue Pío Álvarez, un joven fundador del Directorio Estudiantil Universitario que llegó a ser el hombre más buscado de Cuba, llegaron a ofrecer 5000 pesos por su captura. Por eso elaboraron un plan para sacarlo del país en avión con un nombre falso, lo que prepararon para el día 3 de enero de 1933, pero al final decidió que exiliarse era una cobardía y se quedó. Al otro día fue delatado por José Soler Lezama y apresado en la casa del Dr. Gustavo Cuervo Rubio.

Después fue salvajemente torturado y asesinado el 4 de enero de 1933, su tumba se encuentra en la calle J y 1ª, junto a la del también joven mártir Mariano González Gutiérrez, que murió el 15 del mismo mes y año.

*Panteones de Mariano González Gutiérrez y Pío Álvarez. Foto: Mario Darias*

—Mira, al fin lo encontré. Me dijo Pancho mientras me extendía una fotocopia de un recorte de periódico donde se podía apreciar la noticia de que me habían hablado, decía así: MUERTOS DOLZ, AGUIAR y FREYRE. El doctor RICARDO

DOLZ y ARANGO, catedrático de la universidad, ex senador; el doctor MIGUEL ANGEL AGUIAR, representante a la Cámara; el doctor GONZALO FREYRE DE ANDRADE, también representante a la Cámara, y dos hermanos de este último, fueron muertos a tiros en la tarde de hoy. El doctor Freyre y sus hermanos murieron en el tiroteo, en la calle B, entre Calzada y Línea, en el Vedado. A la hora en que escribimos estas líneas, no sabemos dónde fueron muertos los doctores DOLZ y AGUIAR.

Yo me quedé pensativo al leer aquello y fue tanto el silencio que Nono me preguntó qué me pasaba, entonces les dije:

—Es que hay algo que no me juega en esto. Si el periódico salió a la una de la tarde y los crímenes se realizaron a las tres, no es posible que los asesinos ejecutaran a los tres hermanos porque no sabían quién era Gonzalo, ya que, antes de su muerte, ya los estaban dando por muertos. Es decir, que parece que Machado los mandó a matar a los tres.

—Óigame, ahora sí que nos la pusiste en China compadre. — Dijo Pancho riendo y Nono continuó.

—Al contrario, creo que tiene toda la razón, los tres hermanos fueron ejecutados por órdenes del Presidente.

# Hoy no estoy para hospitales



> Por un plazo que no puedo señalar
> me llevas la ventaja de tu muerte.
> Lo mismo que en la vida, fue tu suerte
> llegar primero. Yo, en segundo lugar.
>
> Virgilio Piñera. (1912-1979)
> Poeta y dramaturgo cubano.

—Amigo Nono, yo sé que a ti te gusta siempre empezar por la parte noreste del cementerio, pero ya que estamos aquí, en la calle B y 2, podríamos llegarnos a la tumba de Lezama que la tenemos muy cerca. Después enderezamos el rumbo.

—Te felicito, es buena idea. —le dije inmiscuyéndome en la conversación.

—Claro, te encanta porque caemos en lo tuyo.

—Pues vamos allá. —Le dije y Pancho me respondió sonriendo.

—Allá no, es allí mismo, a pocos metros de aquí. Es aquella. —Me señaló para que supiera lo cerca que estábamos de su panteón mientras Nono me dijo.

—José María Andrés Fernando Lezama Lima nació un 19 de diciembre de 1910...

—¡Pero cuantos nombres! —Repliqué.

—Cuatro nombres tenía y nació en el campamento militar de Columbia, donde hoy está Ciudad Libertad. Fue el hijo del medio, lo que quiere decir que eran tres. Sus dos hermanas se llamaron Rosa y Eloísa. —Dijo Pancho y Nono continuó.

—Eso es así, su padre, que era coronel de artillería e ingeniero diplomado, además de ser fundador del Ejército Nacional en 1907, fue fundador, ya siendo comandante, de la primera Escuela de Cadetes que existió en Cuba, se llamó José María Lezama y Rodda, descendiente de vascos que tuvieron y después perdieron negocios de azúcar en Cuba y la madre se llamó Rosa Lima Rosado, perteneciente a una familia que por sus ideas independentistas, debió salir de Cuba a finales del siglo XIX y que conoció y colaboró con José Martí en la emigración revolucionaria.

»También estuvieron viviendo un tiempo en La Cabaña hasta que su padre se ofreció de voluntario en las tropas aliadas en la Primera Guerra Mundial y fueron a vivir para La Florida, decisión que no le fue nada bien porque una epidemia de influenza le provocó la muerte en 1919. Pero lee aquí para que el propio Lezama te cuente: *Tenía mi padre al morir treinta y tres años. Él estaba en el centro de mi vida y su muerte me dio el sentido de lo que yo más tarde llamaría el latido de la ausencia. El sitio que mi padre ocupaba en la mesa quedó vacío, pero como en los mitos pitagóricos, acudía siempre a conversar con nosotros a la hora de la comida [...] Mi madre guardó siempre el culto del coronel Lezama: una tarde, cuando jugábamos con ella a los yaquis, advertimos, en el círculo que iban formando las piezas, una figura que se parecía al rostro de nuestro padre. Lloramos todos, pero aquella imagen patriarcal nos dio una unidad suprema e instaló en Mamá la idea de que mi destino era contar la historia de la familia.*

Panteón de José Lezama Lima en el Cementerio Cristóbal Colón. Foto: Mario Darias.

Esos detalles de la vida de Lezama eran nuevos para mí, por lo que me convertí en todo oído. Supe también que Lezama perdió a su madre el 12 de septiembre de 1964 y que fue un duro golpe para él que lo acompañó el resto de su vida, hasta el punto de decir: *Yo empecé a envejecer el día que murió mi madre.* Supe también que su madre, antes de morir le pidió, según ella para irse tranquila, que se casara con María Luisa Bautista que me dijeron que era prima de él y también su secretaria, por lo que se casaron el 5 de diciembre de 1964. Fue este un matrimonio que sirvió para acompañar sus soledades. Entonces escuché la voz de Nono:

—En 1920 ya estaban viviendo otra vez en Cuba y en 1928 se graduaba Lezama de bachiller, pero la situación económica no les favorecía y la madre decidió trasladarse para una casa más económica situada en la calle Trocadero No 162 en Centro Habana.

—La vida es tremenda porque a Lezama no le pasó por la mente al entrar por la puerta de esa casa que la habitaría hasta su muerte. —Aportó Pancho.

—Lezama, en su vida de universitario, estudiaba derecho y participó en los movimientos estudiantiles contra Machado. Después, en 1935, publicó un ensayo titulado *Tiempo negado*, que se considera su primera publicación.

»En el año 1937 sucedieron dos cosas importantes en su vida, una es que publicó su primer poema que tuvo repercusión con el título *Muerte de Narciso*, y la otra fue que conoció en persona al escritor español Juan Ramón Jiménez y fue tanta la afinidad que un año después, ya graduado de abogado, vio la luz su obra *Coloquio con Juan Ramón Jiménez*.

»Así comenzó una vida dedicada a las letras donde fundó revistas e hizo publicaciones de todo tipo, entabló amistad con poetas de la talla de Gastón Baquero, Eliseo Diego y Cintio Vitier junto a los cuales integró un grupo que marcó pauta en la historia de la cultura cubana, este grupo se llamó Orígenes. También con ese nombre, realizó una publicación dirigida por él y José Rodríguez Feo. Salieron cuarenta números desde 1944 hasta 1956. En esta revista publicaron muchos intelectuales de renombre como los que ya te mencioné y además Fina García Marruz, Virgilio Piñera, Octavio Smith, Mariano Rodríguez y René Portocarrero, incluso figuras extranjeras importantes se sumaron a colaborar con este empeño como Paul Éluard, Juan Ramón Jiménez, Gabriela Mistral, Octavio Paz y muchos más.

*José Lezama Lima. Foto Archivo del Museo Lezama Lima.*

—Pero en 1954 hubo bronca entre Lezama y Rodríguez Feo y poco después la revista se fue a bolina. —Aportó Pancho y Nono continuó.

—Según estudiosos de su vida, aparte de este y otros grupos que Lezama frecuentó en varios períodos, nunca tuvo una gran resonancia pública. Ni antes ni después de la Revolución, aseguran que esto fue a causa de su singularidad y su precaria salud que lo obligaba a su aislamiento.

Ya frente al panteón Nono me dijo:

—Ahí tienes el epitafio de la tumba de Lezama, la tarja es un poco pequeña para mi gusto, pero lo importante es lo que dice. Me enteré después por el periodista Ciro Bianchi que Lezama se refería a la muerte como "la gran enemiga" y había pedido para su epitafio la frase de Flaubert "Todo perdido, nada perdido", pero después cambió de idea y decidió que su epitafio fuera este que asocia la muerte con el nacimiento: *"EL MAR VIOLETA*

*AÑORA / EL NACIMIENTO DE LOS DIOSES / YA QUE NACER ES AQUÍ / UNA FIESTA INNOMBRABLE."*

»Después de 1959 fue nombrado director del Departamento de Literatura y Publicaciones del Instituto Nacional de Cultura, lugar desde donde contribuyó a la cultura cubana con libros clásicos nacionales y universales y en 1965 fue investigador y asesor del Instituto de Literatura y Lingüística de la Academia de Ciencias, momento en que salió a la luz su maravillosa *Antología de la poesía cubana* en tres volúmenes. En esos años fue en varias ocasiones jurado en la categoría de poesía del Premio Casa de las Américas, y en estas convocatorias fue donde conoció personalmente a Julio Cortázar que vino como jurado en la categoría de novela, digo personalmente porque desde 1957 se escribían por correo. La admiración que se tenían ambos autores fue de beneficio para la cultura hispanoamericana, convirtiéndose Cortázar en un difusor y defensor de la obra de Lezama cuando escribió el ensayo: *Para llegar a Lezama Lima*, que incluyó en su libro *La vuelta al día en ochenta mundos*, que fue publicado en 1967, y a su vez Lezama le hizo el prólogo a la edición cubana de *Rayuela*.

Recordé en estos instantes las conversaciones que tuve sobre Lezama con un gran amigo, también poeta y escritor, Jorge R. Bermúdez, que me dijo que había conocido a Lezama en la época en que trabajaba en el Instituto de Literatura y Lingüística, más o menos en el año 1968, me aseguró que la conversación de Lezama siempre era metafórica, que en ese tiempo ya era una persona muy gorda y extremadamente asmático que le daba trabajo trasladarse desde su casa hasta el trabajo por lo que Haydée Santamaría influyó para resolver que se le pagara su salario trabajando desde su casa. Bermúdez entonces, como muchos jóvenes poetas del momento, lo siguió visitando en su casa. Me dijo que cuando llegaba temprano tenía que esperar a que se bañara porque su baño era religiosamente por las mañanas, que siempre llegaba con el aparatico del asma y fumando tabaco.

Lezama, según Bermúdez, era una persona que siempre tenía la puerta de su casa abierta para cualquiera que lo visitara. Ayudaba a todos los jóvenes, aun sin conocerlos, leía sus poemas y terminaba dándole su valoración y consejos. Todos los que lo conocieron quedaron maravillados de su conversación. Siempre se comportaba como una persona correcta, educada. Pero no era gente de visitar a los demás. Si querías verlo tenías que ir a su casa. Que su esposa era también una bella persona, elegante y correcta que mantenía con él una relación que se podía ver como de hermanos. Su casa era pequeña y estaba llena de libros por todas partes. Que en la sala tenía una mesa circular bajita y en la pared, entre muchas otras cosas, tenía el retrato de su madre. Que en todas las visitas que realizó a su casa nunca Lezama habló nada referente a la homosexualidad ni hizo alusión ninguna de eso. Que en esa sala le comentó en una ocasión que lo habían invitado a Europa y él se justificó diciendo que no podía ir porque la salud no se lo permitía, pero que en realidad había sido porque lo consultó con su madre, le dijo mirando el retrato de su mamá que ya había muerto, y ella le aconsejó que no fuera, y no fue.

—Y voy, como siempre con una curiosidad. —me interrumpió Pancho como si hubiese adivinado mis pensamientos— Lezama solo dio dos viajes fuera de Cuba, en 1949 visitó México y en 1950 a Jamaica.

—Sin embargo, fue capaz de describir con lujo de detalles, lugares

*José Lezama Lima. Foto Archivo del Museo Lezama Lima.*

que nunca visitó. Su cultura era inmensa. —Dijo Nono y yo les comenté.

—Lezama siempre fue un escritor complejo, le gustaba mucho decir: *Solo lo difícil es estimulante.* Y yo creo que disfrutaba el vivir dentro de esa complejidad. Vaya, que entrar en su mundo, en la profundidad de su mundo es extremadamente complejo. No tenemos tampoco casi nada en imágenes en movimiento, no fue un escritor muy filmado. Lo conocemos más por fotos lo que nos deja otro de sus misterios.

»Lezama, —seguí poniendo mi granito de arena—, fue jurado del premio Julian del Casal en 1968 cuando le concedieron el de poesía a Heberto Padilla y el de teatro a Antón Arrufat y el comité director de la UNEAC no estuvo de acuerdo con los mismos porque los consideraron contrarrevolucionarios, por lo que llegaron al acuerdo, después de un largo debate con los jurados, de que saliera publicado con un prólogo donde se explicara el desacuerdo de la institución y Lezama no quiso firmarlo.

—Ñoooo, se puso caliente esto. —Casi gritó Pancho ante la mirada de desaprobación de Nono. — Pero dale, que tú sabes que a mí me encanta el chisme.

—Bueno, estas son cosas conocidas que, además, no se pueden obviar si vamos a hablar de Lezama Lima, sabemos que, poco tiempo después de lo que les dije, en 1971, comienza el caso Padilla que muchos piensan que fue el comienzo del llamado Quinquenio Gris en el cual, entre otras cosas, consideraron a los homosexuales una amenaza para la juventud y trataron de evitar con medidas drásticas todo contacto con ellos tildándolos de contrarrevolucionarios.

—Pa serte franco, yo nunca estuve de acuerdo con todo aquel lio de Padilla y lo que pasó después y creo que hay mucha gente que piensa igual que yo. Pero tampoco estoy de acuerdo con lo que le hicieron allá.

—Esa parte no la sé. —Le dije.

—Que cuando llegó a Estados Unidos le abrieron los brazos y cuando se le ocurrió ir al encuentro de Estocolmo por poco lo matan.

—Pancho se refiere al encuentro que se realizó en Estocolmo en mayo de 1994 que fue convocado por el Centro Internacional Olof Palme y que fue muy criticado por el exilio cubano en Miami porque, según ellos, era una manipulación del gobierno cubano y la cosa acabó de explotar cuando el encuentro se pronunció en contra del bloqueo de Estados Unidos contra Cuba.

—Oiga, ese viaje le costó a Padilla, sin ser él el que se había pronunciado ni un cará, el puesto de trabajo y tuvo hasta que mudarse para otra ciudad. Y que quede bien claro, con esto yo no estoy justificando lo que sucedió aquí, porque ya te dije que no estuve de acuerdo tampoco, pero los extremismos me molestan vengan de donde vengan.

—Bueno, hay que darte la razón cuando la tienes. —Le dijo Nono mientras yo asentía y Pancho se calmaba. Entonces aproveché para continuar mi idea.

—Volviendo al Quinquenio Gris, precisamente coincidió en fecha con los últimos años que vivió Lezama, que también cayó en desgracia y fue aislado por lo que no se le publicó nada en esos años. Prácticamente no se hablaba de él y los escritores nóveles ignoraban su existencia. Esos últimos años de su vida fueron muy duros para él y su esposa. Hasta hubo quienes dejaron de visitarlo por temor a represalias.

»Posteriormente, como también es sabido, las autoridades rectificaron esta política y se reeditaron las obras de esos artistas censurados. Ya en 1981 se estaban publicando nuevamente los libros de Lezama y muchos de los que se vieron perjudicados en aquellos tiempos pasaron a ser figuras muy reconocidas en Cuba hasta el día de hoy. —En este momento Pancho me interrumpió.

—No sé si te has dado cuenta, pero no hemos hablado de algo

que es muy importante en la vida de Lezama. Su novela Paradiso.

—¿Tú la leíste? —Le preguntó Nono irónicamente.

—Tú sabes que yo soy tan feo como tan franco. Ni la he tenido en las manos, pero es que todo el mundo habla de ella, así que por qué no lo voy a hacer yo. Además, para qué me preguntas, ¿o es que tú sí la leíste?

—No, pero te pregunté porque fuiste tú quien habló de ella.

—La novela Paradiso de Lezama Lima, —interrumpí el coloquio— fue publicada en 1966 y les confieso dos cosas, una es que la leí y la otra es que no estoy seguro de haberla comprendido en toda su dimensión. Lo que les diré sobre ella lo he escuchado en boca y escritos de entendidos en la materia, así que no se vayan a pensar que soy un erudito ni nada por el estilo.

—Así es como es. —Me apoyó Pancho y seguí.

—Esa fue la obra que lo consagró dentro de las letras hispanoamericanas y por supuesto es muy significativa para la literatura cubana. Realmente él venía escribiendo esa novela desde hacía unos veinte años. Del capítulo uno hasta el siete, Lezama recrea la vida familiar desde su niñez, vaya que se pudiera decir que hasta cierto punto es autobiográfica, incluso en varios pasajes describe su propia casa y los objetos que hay en ella, quizás cumpliendo con aquello que le dijo su madre aquel día que estaban jugando yaquis.

—Me erizo compadre. —Exclamó Pancho y yo continué.

—En el capítulo siete hace que se sepa del gusto que tenía por la comida.

—Yo recuerdo —intervino frunciendo el ceño Nono— haber leído que dijo en una entrevista: *Me gustan los placeres de la buena mesa cuando vienen acompañados de la inteligencia... una buena mesa, una buena conversación y un buen mantel renacentista es una de las cosas que más se pueden apetecer en este mundo.*

—Y cuando le criticaban por comer mucho decía que él podía comer todo lo que quisiera porque siempre desayunaba con una toronja. Bueno, no por gusto pesaba como trescientas libras. —Le apoyó Pancho.

—Y llegamos al polémico capítulo ocho. —Les dije mientras me daba cuenta que comenzaron a prestarme mucha atención. —Ese capítulo contiene una temática que para el año, momento y lugar en que fue publicada la obra, La Habana de 1966, se convirtió en un problema porque tratar en esos tiempos el homosexualismo y el sexo con escenas eróticas que describían los órganos sexuales en acción y el acto de la penetración, se consideró por muchos una escena pornográfica.

»Tremenda sorpresa motivó que ese hombre tan serio, respetable, católico, publicara esa novela escandalizando a muchos lectores que la llegaron a categorizar de hermética y escandalosa. Había gente que iban a pedir la novela preguntando: ¿Tienen el libro del capítulo 8?, aunque pueden estar seguros de que los que solo leyeron ese capítulo no tienen idea de la novela.

José Lezama Lima. Foto Archivo del Museo Lezama Lima.

»El problema fue que a partir de ahí empezaron las críticas, que si todos los personajes, incluso los niños hablaban como hablaba Lezama, que si no se sabía si era poesía o novela, en fin, que se dieron gusto los críticos del momento que querían desaparecerla. Pero en esos mismos instantes sucedió algo que vino al rescate de Paradiso para convertirla en una novela conocida fuera de las fronteras de Cuba, y fue, primero, el ensayo del que ya hablamos, el que escribió Julio Cortázar que se tituló: *Para conocer a Lezama Lima* y después el propio Cortázar gestionó para que se publicara primero en México y de ahí salió para Italia, Francia, Estados Unidos, España.

—Yo no sabía que nos ibas a brindar todos estos datos, —intermedió Nono— pero si quieres, aquí tengo escrito lo que dijo una vez Cortázar sobre esa novela: *"Paradiso es como el mar. Sorprendido en un comienzo, comprendo el gesto de mi mano cuando toma el grueso volumen para hojearlo una vez más; esto no es un libro para leerlo como se leen los libros, es un objeto con anverso y reverso, peso y densidad, olor y gusto, un centro de vibración que no se deja alcanzar en su coto más entrañable si no se va a él con algo que participe del tacto, que busque el ingreso por ósmosis y magia simpática."*

—Oye Nono, mira si es complicado que tampoco entendí a Cortázar. —Replicó Pancho.

—No te vayas a pensar que eres el único. Es, como ya te dije, una obra difícil. Tanto Lezama como Carpentier fueron escritores complejos. —Les dije y Nono me hizo callar diciéndome que no me adelantara porque a Carpentier lo tocaríamos más tarde, cuando pasáramos por su panteón.

—Bueno, para terminar con Paradiso tenemos que recordar que fue reeditada en Cuba y que en la reedición de los 80 tuvo un extraordinario prólogo de Cintio Vitier.

—¿Sabías que el cadáver de Lezama Lima hubo que sacarlo por una ventana de su casa? —intervino Pancho con otra curiosidad y al negarle con la cabeza continuó— Pues sí. Él murió en su casa y como estaba muy grueso los camilleros no pudieron sacarlo por la puerta.

—Siempre se habla de las personalidades y muchas veces las historias se van tergiversando porque eso no fue así —interrumpió Nono.

—Eso es lo que se comenta —dijo Pancho.

—Y como tú repites todo lo que se comenta caes en los mismos errores de los que comentan —sentenció Nono y continuó— la realidad es otra. Lezama murió en la sala Borges del hospital Calixto García. El propio Ciro Bianchi que fue uno de los que lo conoció y contó con su amistad desde finales de la década del sesenta hasta su muerte, en una de sus crónicas lo explica bien.

»Según él, Lezama no quiso ingresar en un hospital estando enfermo porque decía que los Lezamas morían cuando ingresaban, incluso le enviaron una ambulancia a la casa para trasladarlo al hospital porque Alba de Céspedes, nieta del Padre de la Patria, lo había visitado y al verlo mal, lo comunicó y Alfredo Guevara presidente del ICAIC llamó a María Luisa, su esposa, de parte de Osvaldo Dorticós presidente de la República y le enviaron una ambulancia pero Lezama no quiso salir de su casa diciendo: *"Hoy no estoy para hospitales; mi mente no está acondicionada aún para la mudanza"*. Ese mismo día se cayó en su casa y la esposa tuvo que llamar a dos hombres que pasaban por la calle para que la ayudaran a acomodarlo en la cama porque pesaba mucho. Al otro día volvió la ambulancia y lo llevaron para el hospital. El médico diagnosticó una pulmonía y lo sometieron a tratamiento, pero a las ocho de la noche comenzó a divagar y a las dos de la mañana del lunes 9 había muerto. Según el doctor, las 24 horas que había perdido le costaron la vida. Él que siempre decía que una "tonta" pulmonía había matado a su padre no imaginó que a él también le sucedería lo mismo.

»Fue velado en la funeraria de Calzada y K en el Vedado y según dice aquí estaban en el velorio sus amigos de siempre: Cintio Vitier y Eliseo Diego con sus respectivas esposas, las hermanas Fina y Bella García Marruz, Monseñor Ángel Gaztelu, Octavio Smith, René Portocarrero, Alicia Alonso, Raúl Roa y su esposa, la doctora Kourí, y el caricaturista Juan David. El ensayista Ambrosio Fornet, los diseñadores Umberto Peña y Félix Beltrán y el pintor Adigio Benítez. Los poetas Ángel Augier, Naborí, César López, Luis Marré y los jóvenes que entonces se nucleaban en torno al mensuario cultural El

Caimán Barbudo. Los novelistas Reynaldo González y Edmundo Desnoes, el ensayista Prats Sariol y el fotógrafo Chinolope. Estaban, además, Heberto Padilla, Belkis Cuza Malé, Manuel Díaz Martínez, Norberto Fuentes y José Triana y su inseparable Chantal. La periodista y escritora Loló de la Torriente, el poeta peruano Winston Orrillo, el narrador uruguayo Mario Benedetti... y el duelo lo despidió Cintio Vitier al pie de su tumba. Lo llamó "cubano ejemplar", un hombre que con su labor cultural levantó en la República un fortín en medio de las ruinas, e invocó, para concluir, al ángel de la Jiribilla: "Ruega por nosotros. Y sonríe. Obliga a que suceda. Enseña una de tus alas, lee. Realízate, cúmplete. Sé anterior a la muerte".

—Entonces el error en lo que yo dije es que cuando los camilleros lo sacaron por la ventana de la casa, en realidad lo que estaba era enfermo ¿no? —dijo Pancho.

—El problema es que debes pensar lo que dices...

—Yo no tengo la culpa, yo digo lo que se comenta.

—Bueno, —dije yo— quien ha estado allí sabe que al entrar por la puerta que da al edificio se encuentra enseguida la puerta de la casa a la derecha y es prácticamente imposible que pueda doblar una camilla por ahí, por eso deben de haber usado la ventana que da directamente a la calle.

—Tuviste un pequeño error, si te paras frente al edificio, la casa de Lezama no era la que daba para la derecha sino la de la izquierda. Su casa era la mitad de lo que ahora es el museo, lo que sucede fue que unieron las dos casas.

—Esa es otra que no sabía.

—Y vengo con otra curiosidad. —Interrumpió Pancho esquivando la mirada de Nono. —Esta la supe por el escrito de Ciro, así que no se me estresen. Resulta que las Obras Completas de Lezama se habían hecho en México y él estaba esperándolas con tremenda ansiedad, pues le habían enviado ya el primer tomo. Resulta que llegaron el mismo día de su entierro y la otra es que cuando su esposa llegó del cementerio y trató de entrar metiendo la llave en la cerradura, la puerta se vino abajo.

—Lezama es un misterio indescifrable. —Le comenté y Nono cambió para un tema que ya había pensado antes.

—A Lezama lo invitaron varias veces instituciones culturales y editoras extranjeras y él no quiso ir a pesar de que María Luisa lo trató de convencer.

—Bueno, —dijo Pancho— también se dice que no lo dejaban salir.

—Ciro Bianchi no está muy seguro de eso porque dice que en 1969 la UNESCO lo invitó a Paris y cuando ya estaba con toda la documentación en la mano canceló el viaje en el último minuto, porque dijo que solo una delgada lamina de aluminio lo separaba de la eternidad cuando se viaja en avión. Otra prueba es que en 1939 no aceptó la beca que por intermedio de Juan Ramón Jiménez le concedió la universidad de Gainesville, en Florida.

—Desde el año 2000, —les dije cambiando el tema— la Casa de las Américas otorga un premio con el nombre de Lezama

*Tarja con epitafio en el panteón de José Lezama Lima. Foto: Mario Darias.*

Lima y su casa de Trocadero 162 fue convertida, como todos sabemos, en un museo dedicado a su vida y obra. La casa conserva el mobiliario original y parte de la biblioteca de Lezama, porque se dice que tenía como diez mil libros que fueron enviados en su mayoría a la Biblioteca Nacional José Martí. En la celebración de su centenario en 2010 la casa fue declarada Monumento Histórico Nacional. Es un lugar que conserva todavía el ambiente de Lezama junto a sus obras y las obras de sus amigos.

—Y ¿qué me pueden decir de las broncas de Lezama con Virgilio Piñera? —Preguntó Pancho irónicamente.

—Que son antológicas. —Respondí. —Habría mucho para contar. Ellos se conocieron desde los días de la revista Espuela de Plata. Y de ahí en adelante se enfrentaban y se volvían a reconciliar, incluso, en una ocasión en que coincidieron en el teatro Auditórium el que está en Calzada y D, en el Vedado, se fueron para el parque del frente a fajarse y se armó la bronca entre los dos poetas. Por suerte el pintor Mariano Rodríguez tuvo la idea de gritar que venía la policía y los dos salieron corriendo en sentido contrario.

Esos enfrentamientos entre ellos se siguieron sucediendo por muchos años hasta que se publicó la novela Paradiso que fue cuando Virgilio llamó a Lezama por teléfono y le dijo: *Yo no puedo estar peleado con el autor de una novela como esa.* Entonces Lezama, que siempre dejaba la puerta abierta para la reconciliación, le dijo: *Venga a verme cuando usted quiera.* Y según dicen, desde ese día no se interrumpió nunca más la amistad entre ambos, hasta el punto de que cuando muere Lezama, Virgilio se sentó en el vestíbulo de la funeraria sin atreverse a verlo muerto, y, desde allí le escribió un poema. Aquí lo tienes:

EL HECHIZADO.



*A Lezama en su muerte.*

Por un plazo que no puedo señalar
me llevas la ventaja de tu muerte.
Lo mismo que en la vida, fue tu suerte
llegar primero. Yo, en segundo lugar.

Estaba escrito. ¿Dónde? En esa mar
encrespada y terrible que es la vida.
A ti primero te cerró la herida:
mortal combate del ser y del estar.

Es tu inmortalidad haber matado
a ese que te hacía respirar
para que el otro respire eternamente.

Lo hiciste con el arma Paradiso.
—Golpe maestro, jaque mate al hado—
Ahora respira en paz. Viva tu hechizo.

# Panteones de Franchi-Alfaro y José Álvarez

No caemos de súbito en la muerte,
sino que a ella vamos minuto a minuto.

Séneca
(2-65 a.C.) Filósofo latino.

Mi estimado amigo, vamos a llegarnos a la esquina para subir por la calle 4 hasta la calle D, para después enderezar el camino al noreste, el que le gusta a Nono, porque tú sabes cómo son de resabiosos estos viejos. —Me dijo riendo Pancho mientras nos alejábamos del panteón de Lezama Lima en dirección a la esquina. Al llegar nos incorporamos a la calle 4 y emprendimos el camino hacia la calle D.

—Pancho, ¿Aquello que se ve allá es el panteón de una asociación?

—De eso nada compadre, es un panteón familiar. Eso sí, eran de la nobleza española, hasta su escudo tenían, así que te podrás imaginar por qué es tan grande. Es el panteón de la familia Franchi-Alfaro que vivían en La Habana desde el siglo dieciocho. ¿No es así Nono?

—Andas bien en lo que se refiere al siglo, pero ahorita te escuché decir que íbamos a subir por la calle 4.

—Y ¿no vamos por la calle 4?

—Sí, pero a lo que me refiero es a la palabra "subir". O sea, ¿por qué utilizas esa palabra? Creo que es mejor decir que vamos en dirección sur.

—Ah, es que uno se acostumbra a ver el cementerio como lo ponen en los mapas y siempre ponen la Portada Norte debajo. Por eso cuando voy para el sur, digo que voy subiendo.

—Pero en todos los mapas del mundo cuando vas para el norte, estás subiendo y cuando vas para el sur estás bajando, aunque no dejo de reconocer que eso también puede ser relativo.

—O sea, ¿que el único mapa que está al revés es el de este

cementerio?

—Yo creo que sí...

—No deben olvidar que todo es relativo, menos, lo relativo. —Les dije y Pancho, después de un silencio, me respondió.

—Vaya, no me voy a rascar la cabeza porque me da pena, pero me dejaste en la luna.

—Él dice, —le rectificó Nono riendo—, que lo relativo no puede ser relativo porque entonces dejaría de serlo. —Pancho no quedó convencido con la explicación de Nono pero decidió cambiar la conversación:

—Con el sube y baja este me tienen loco. Ahora, ¿cuándo voy *pa'rriba* y cuándo *pa'bajo*?

—Bueno, si vamos a la realidad del asunto, aquí se va subiendo cuando uno va para el este, porque según planos que existen en el expediente del cementerio, la mayor altura del mismo sobre el nivel del mar es de 38,39 metros al noreste del trazado, y la mínima es de 19,55 metros al noroeste.

—Entonces entre el lado este y el oeste hay casi 20 metros de diferencia.

—18.84 metros de diferencia.

—Que es bastante. —Le dije y Pancho aprovechó para sentenciar.

—¿Que si es bastante? ¡Párate en un trampolín de diez metros para que veas lo chiquita que se ve la piscina!

Mientras seguíamos acercándonos, volví a posar la vista en el hermoso panteón de la familia Franchi-Alfaro, pues, al

*Panteón de la familia Franchi-Alfaro en el Cementerio Cristóbal Colón. Foto: Mario Darias*

parecer se construyó con ese objetivo. El de ser uno de los panteones más llamativos del cementerio.

—La presencia de la familia Franchi-Alfaro en Cuba se remonta, como bien dijo Pancho, al siglo XVIII. Uno de ellos Carlos de Franchi Benítez de Lugo fue, entre otras cosas, alcalde ordinario de La Habana en el año 1734 y dos de la misma familia Francisco Tomás de Franchi-Alfaro Ponte y José de Franchi-Alfaro Molina fueron condecorados porque tuvieron una actitud valiente cuando la toma de La Habana por los ingleses.

»Sobre la casa donde vivía la familia Franchi-Alfaro te puedo decir que es bien conocida hoy en día. Está situada en la Plaza Vieja, en la misma esquina de Mercaderes y Muralla, en ese mismo lugar es donde está el Café "El Escorial", donde existen más de sesenta tipos de recetas hechas con café arábico de la Sierra del Escambray en Sancti Spíritus.

—Oye Nono, que no se te olvide decirle que el café allí es carito. No vaya a ser que se mande para allá y se encuentre una sorpresa poco económica. –Dijo Pancho sonriendo.

—Es válida la aclaración —le dije sonriendo y continué con una pregunta. —¿Esa casa la construyeron los Franchi-Alfaro?

—No, antes de ellos, a mediados del siglo XVII, vivía ahí el capitán Martín Sotomayor, después, a principios del siglo XVIII, era del capitán Francisco de la Parra y al final de ese siglo, la adquirió el Segundo Marqués de la Real Proclamación que era nada más y nada menos que don Francisco Franchi-Alfaro y Ponte, dejándola por herencia a su familia en el siglo XIX.

—Entonces ¿fue esa casa de los Franchi-Alfaro en el siglo XX?

—Tampoco, porque la casa fue comprada a finales del siglo XIX por Pedro Manuel Bances y Miranda y cuando entró el siglo XX fue transformada en varias ocasiones y es precisamente a principios de ese siglo que se creó en su planta baja el Café-Restaurante "El Escorial" que se inauguró en 1913 y el dueño se llamó Ramón Gutiérrez.

—Ah, yo pensaba que ese nombre se lo habían puesto hace poco.

—Nada de eso, es viejísimo, lo que pasó fue que en 1919 ese edificio se convirtió en viviendas —aportó Pancho—, y tuvo que esperar un montón de años para que lo restauraran en 1987, aunque siguió siendo vivienda y en su primera planta se hizo una cafetería que se llamó "La Plaza Vieja", hasta que en la última restauración se decidió ponerle el antiguo nombre de "El Escorial".

—Pero vamos a dejar la casa de los Franchi-Alfaro para poder apreciar su hermoso panteón. —Aclaró Nono.

—¿Hermoso nada más...? Esto es un derroche de lujo. —Le dije y continuó:

—Aquello que está arriba, en lo último, es una flor de loto que simboliza el inicio de la vida celestial. Pero toma esto, es una buena descripción de este panteón hecha por la licenciada en historia Zenaida Iglesias Sánchez. Como debes ya saber, me gusta mucho coleccionar descripciones de panteones, porque casi siempre nos revelan lo que uno no ve.

—Esta capilla, —interrumpió Pancho—, tiene un par de cosas que me encantan, una es que la hicieron por encima de las demás y la otra es que está de frente a la esquina, o sea, no pertenece a ninguna de las dos calles y pertenece a las dos al mismo tiempo.

—De eso también habla Zenaida. Aquí lo tienes, vale la pena leerlo.

Tomé el escrito que me brindó Nono y mientras lo iba leyendo me fijaba en el panteón para descubrir las imágenes descritas, así descubrí que efectivamente, la descripción era muy certera y realmente, como dijo Nono, valía la pena leerla.

*Esta capilla se caracteriza por su inusual emplazamiento, pues está situada diagonalmente con respecto a la esquina en que se encuentra. Enclavada sobre un montículo, goza de mayor altura que las construcciones contiguas, y para acceder a ella es necesario ascender por una escalera de dos ramas que se unen en un primer descanso, para continuar como una sola, más estrecha, que prosigue hasta el acceso a la capilla, de planta octogonal y construida en cemento.*

*La capilla se construyó a principios del siglo XX, el proyecto fue ejecutado por el arquitecto Víctor de Llona, según se corrobora en la placa que se conserva. La obra funeraria se caracteriza por el eclecticismo y destaca por la profusión de columnas estriadas pareadas, de capitel compartido, que se hallan adosadas en cada uno de sus ángulos. La portada culmina en un pequeño frontón, y sobre este se eleva una esbelta y decorada linterna que provee iluminación al interior y cuya concepción está inspirada en el mausoleo de Halicarnaso, la monumental tumba de mármol blanco del rey de Caria, considerada una de las Siete Maravillas del Mundo Antiguo.*

*La puerta de acceso, situada bajo un arco de medio punto con la clave resaltada, se encuentra cerrada por una elaborada y hermosa herrería. Un espacioso jardín rodea toda la obra que queda cercada por un pequeño muro de cemento que comparte los mismos motivos ornamentales del resto de la construcción, de procedencia vegetal.*

—Tienes toda la razón al decirme que vale la pena leer esta descripción, y más, delante del panteón. Es impresionante como uno va descubriendo todo lo descrito. —Le dije a Nono.

En ese momento no me pude contener y le hice una pregunta que hacía rato me andaba rondando por la mente, desde que pasamos por el panteón de Quintín Bandera, tuve deseos de averiguar, porque desde allí se ven estos monumentos, el ya descrito y este otro, inmenso, construido también en la calle D.

—¿Y ese panteón de quién es?

—Ese es el de José Álvarez y familia. Hay quienes lo comparan con un templo babilónico y dicen que es la mayor capilla privada de este cementerio, hecha también a principios del siglo XX.

—Sí, ahí dice el año, 1912. —Le dije fijándome en la entrada.

—Esta capilla tiene una especie de misterio. Yo siempre la uno a la de Franchi-Alfaro por tres cosas, porque están muy cerca una de la otra, por el tiempo en que se hicieron y por lo majestuoso de sus construcciones, por eso, si viras la hoja que te di, la misma Zenaida te lo va a explicar:

*Panteones, en primer plano de la familia Álvarez y al fondo Familia Franchi-Alfaro. Foto: Mario Darias.*

*De aspecto colosal, la capilla de apariencia cuadrada se va estrechando hacia la parte superior, remata la cubierta una cúpula frente a la cual se dispuso la escultura de un ángel. Su altura es también notable. Un pórtico delimita la entrada, donde aparece la inscripción que consagra el monumento, al cual se accede a través de un espacio o portal protegido por una baranda de balaustres de hormigón.*

*En su interior, deteriorado y en espera de los trabajos de restauración que se aproximan, se observa un gran sepulcro de mármol, al fondo se conserva una cruz de madera que señala el lugar de la desaparecida capilla, mientras en un extremo una lápida señala: "EPD Da. Carmen Gutiérrez de Álvarez. Falleció el 30 de octubre de 1902. Su esposo. Justo debajo, en el piso se observa otra tumba.*

*El monumento fue construido con sólidos materiales, de piedra, ladrillos y hormigón. En el borde inferior de un costado de la fachada, se conserva una placa que dice:*

*"Fundición de cemento Mario Rotllant".*

—Me he quedado con ganas de saber más sobre José Álvarez, es cierto lo que dices que está envuelto este panteón en un misterio.

—Lo único que nunca me he podido explicar —continuó Pancho—, es ¿por qué fueron construidos en una cruz de segundo orden, pensando en la tremenda posición social que tenían esas familias. Vaya, que, de mirar nada más los panteones te puedes imaginar el carretón de dinero que tenían, podían haberla construido en un lugar de primera.

—Tal vez ya estaban ocupados los sitios en los lugares más caros. Habría que averiguar. —Justificó Nono y yo volví con otra pregunta:

—Y ¿Qué es eso de cruz de segundo orden?

—Hay que cambiar la bola, —intervino Pancho dirigiéndose a Nono— lo tenemos trocao con lo de las cruces, que si de primer orden o de segundo, vaya, lo que se llama niveles de enterramientos. Lo primero que hay que hacer es situarlo pa que entienda mejor el cementerio.

—Yo creo que Pancho tiene razón porque no entendí bien eso de que la cruz es de segundo orden. Algo que también me confunde a veces, y eso lo hablamos hace un rato, es la utilización de los puntos cardinales para las direcciones. Nosotros no estamos acostumbrados a utilizarlos en la ciudad. —Dije y Pancho me secundó entusiasta.

—¡Así mismo! pero no importa, o te lo aprendes o me quito el nombre.

—Tienen razón. —Retomó la palabra Nono—. Vamos a tratar de que Pancho no pierda el nombre...

—Pues vamos a explicarle para que entienda mejor. —Dijo Pancho extrayendo de sus papeles un mapa mientras Nono me decía:

—La Iglesia Católica, por lo menos desde el tiempo de San Gregorio de Tours, consagró los cementerios con rito especial en el que entró la implantación en ellos de cinco cruces alusivas a las heridas de Cristo, una cruz latina central y otras cuatro cruces dentro de los cuadros que se formaban dentro de esta gran cruz.

—Es muy sencillo —intervino Pancho indicándome en el mapa—, aunque este mapa, según Nono, está al revés porque tiene el norte para abajo, te vas a poder dar cuenta rápido del asunto. El cuadrado del Cementerio Cristóbal Colón, sin contar la ampliación, fue dividido en cuatro partes que se llaman cuarteles. Esta división está hecha por medio de la calzada que, desde la Portada Norte, que fue por donde entramos, pasa por la Capilla Central y termina en la puerta sur, y la que atraviesa de este a oeste. O sea, se forma una gran cruz con las dos calzadas que se cruzan en la Capilla Central. Lógicamente, si un cuadrado lo divides en cuatro partes, nos quedan cuatro cuadrados más pequeños y si estos los divides también en cuatro y eres un poquito inteligente, te darás cuenta que ahí están las cinco cruces de que hablamos.

—A la figura que conforman las cinco cruces, se le llamó desde las Cruzadas, Cruz de Tierra Santa o Cruz de Santo Sepulcro. —Aportó Nono y Pancho continuó:

—Entonces, según el lugar donde se iba a construir el panteón o donde se iba a enterrar al muerto, el precio era diferente: Desde la Portada Norte a la Capilla Central, esa avenida se llama Cristóbal Colón y por los bordes de la avenida van dos franjas de panteones que se dividen por zonas de la uno a la ocho y donde costaba mucho dinero construir un panteón porque es zona de primera, incluso, en la parte de afuera de los cuadrados, o sea, el borde, era más cara que el interior. Ahora, la avenida que va de la Capilla Central a la Portada Sur, con sus dos franjas de panteones también a los bordes, se llama Obispo Espada, y la que atraviesa desde la Portada Este a la Portada Oeste, también con sus franjas, se llama Fray Jacinto. Estas avenidas son de segunda y tercera categorías, pero todos los panteones que se construyen dentro de esta gran cruz pertenecen a la Cruz de Primer Orden, por lo que tenían un estatus mayor que las demás. Vaya, que eres un muerto más importante, o por lo menos, con más dinero. ¿Me vas entendiendo?

—Por ahora todo va bien.

—Hasta los sepultureros te cobraban más por levantar la tapa de una bóveda en un lugar de primera que en uno de segunda, aunque las tumbas estuvieran una frente a la otra.

—Siempre me hablas en pasado.

—Sí, porque después de 1959 eso se eliminó, al menos oficialmente, porque, aunque por la ley no hay diferencias entre las tumbas y los fallecidos, en la realidad siguen siendo diferentes el lujo de unas comparado con la pobreza de otras.

Pancho se sentía complacido de que Nono lo hubiese dejado desarrollarse. Ahora era dueño por completo del escenario y lo estaba aprovechando muy bien. Siguió entonces, mapa en mano, tratando de que yo comprendiera lo más rápido posible, todo lo que me iba explicando:

—Mira, sitúate en la puerta principal, como si fueras entrando: El cuartel que te queda a la izquierda se llama noreste y el de la derecha noroeste; cuando pasas la capilla central, el cuartel de la izquierda se llama sureste y el de la derecha suroeste. ¡Hasta topógrafo vas a salir de aquí! Pues bien, cada uno de estos cuatro cuarteles está dividido por una cruz, o sea, si son cuatro cuarteles, pues se forman cuatro cruces más pequeñas que la grande que divide el cementerio, ¿me copias?

—Muy bien.

—Pues ahí mismo tienes a las cruces de segundo orden. Todos los panteones que están en estas cuatro cruces están en un lugar menos importante que los que están en la cruz de primer orden. ¿Qué te parece?

—Ahora si entendí. —Le dije.

—Pero eso no queda ahí. Los cuadrados que quedan dentro

de las cruces de segundo orden también se vuelven a dividir en cuatro y se forman así los Campos Comunes, que vienen siendo manzanas y eran los lugares de enterramientos más baratos. Todas estas cruces y campos comunes están enumerados para poder encontrar las tumbas, bueno, menos en la ampliación que los cuadros tienen letras en vez de números. ¿Ves que no es tan difícil nada?

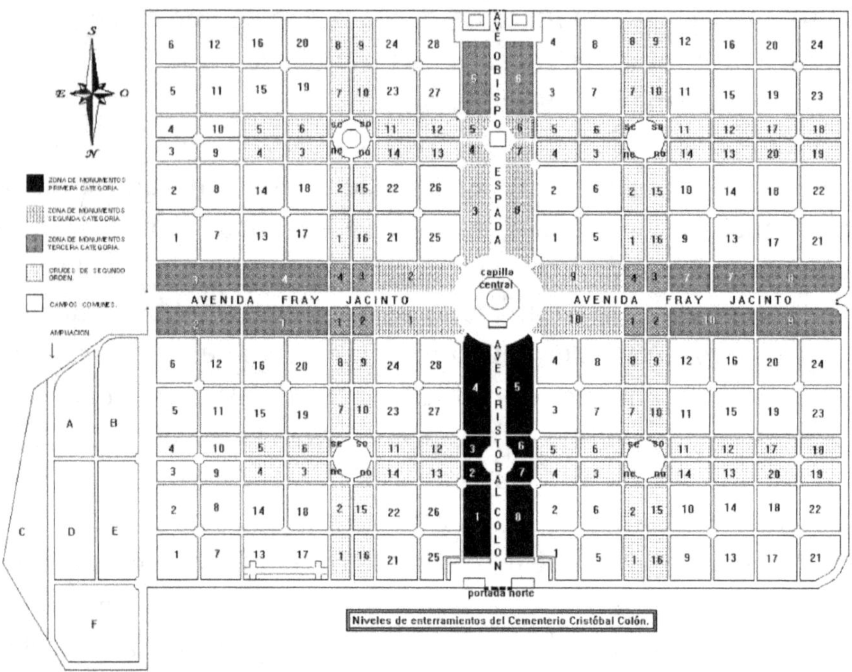


*Mapa del Cementerio Cristóbal Colón que nos muestra los niveles de enterramientos. Realizado por Mario Darias.*

—Bueno, para el que llega nuevo aquí, si tiene su complicación, aunque con el mapa delante se simplifica bastante.

—Pero le vas cogiendo el golpe. Y ya que estamos hablando de la planta cementerial, te voy a decir que tiene otra característica que ya has estado utilizando sin darte cuenta y es que las calles se nombran con números y letras, de forma parecida a El Vedado.

»Vamos a situarnos otra vez en la Portada Norte. Las calles que van atravesando la avenida Cristóbal Colón y Obispo Espada, siguen el orden alfabético desde la A hasta la N; ahora, cuando es a la izquierda y paralelas a la avenida principal, tienen las calles números impares del 1 al 17, y a la derecha, números pares del 2 al 18. Esto quiere decir, como ya sabes, que yo te doy una dirección del cementerio y parece que te estoy dando una del Vedado. Es como si fuera una ciudad, pero de muertos, de ahí el nombre de necrópolis, que quiere decir ciudad de los muertos. No te preocupes que poco a poco le vas pescando la vuelta.

Seguíamos andando por la calle D en dirección a la Avenida Cristóbal Colón y aproveché para darme vuelta y observar de nuevo esos dos bellos y misteriosos monumentos fúnebres que sobresalían por sobre todas las tumbas que los rodeaban. Gigantescas casas hechas para morir eternamente.

# La Piedad

Yo no quisiera morir
cuando ya de mi vivir
la mochila esté vacía.
De aquí no me quiero ir
por dentro deshabitado.

Félix Pita (1909-1990)
Poeta y escritor cubano

Dentro de un cementerio las cosas nos resultan diferentes. Uno se auto confiesa. Registramos hasta lo más hondo de nuestros recuerdos y a la vez nos planteamos el futuro, sabiendo que la vida pasa más pronto de lo que uno cree o espera. A veces la confundimos con el infinito y solemos perder el tiempo que nos faltará después. La conciencia nos traiciona y nos hace creernos inmortales cuando en realidad nuestra existencia es un rayo de luz en el vacío. Tenemos, por encima de los demás seres vivos de la tierra el don de saber que estamos vivos y que vamos a morir, aunque no sabemos cómo ni cuándo.

—Vamos a seguir por la calle D, —intervino Nono—, para llegarnos al panteón de la familia Mendoza, lugar que llama la atención a los que visitan el cementerio, porque tiene sobre el mismo una hermosa réplica de La Piedad de Miguel Ángel Buonarroti.

—Que no es la única —replicó Pancho mientras nos acercábamos a la explanada que nos muestra la plazoleta vacía llamada Cristóbal Colón—, nada de eso, este cementerio está lleno de esculturas de La Piedad. Por ejemplo, una que a mí me impresiona, vaya que me mete miedo cuando la veo, es la que está por esta misma calle D, llegando a 16, en el panteón de la familia Cinca Díaz.

—Manuel Francisco Cinca quien se casó con Aracelly Diaz Gancedo que, por cierto, vivía en la calle 19 entre 42 y 44 en el municipio Playa y tuvieron una hija llamada Miriam Cinca Díaz.

*Varias esculturas de La Piedad en el Cementerio Cristóbal Colón. Foto: Mario Darias.*

—Estás que cortas. —Le dijo Pancho riendo y Nono continuó.

—La Piedad es la representación en pintura o escultura del dolor de la Virgen Santísima cuando sostiene el cadáver de su Hijo descendido de la cruz. La Piedad de Miguel Ángel Buonarroti es la más célebre que existe y ha dado su nombre a una de las capillas de San Pedro de Roma en el Vaticano. En esta obra el autor expresó de modo general la piedad de todas las madres ante sus hijos muertos.

—Y voy con una curiosidad, —interrumpió Pancho—, fíjate que la virgen es muy joven, vaya que tiene casi la misma edad del hijo.

—Según se dice, Miguel Ángel lo hizo a propósito para darle más inocencia a la imagen de la virgen, dijo que era para que se notara su castidad y su santidad, por lo que no se trataba de un retrato realista, sino la idealización de la figura de la virgen con su pureza y su juventud.

—Tengo entendido —intervine— que Miguel Ángel dijo que la naturaleza de la escultura está en el interior de la piedra.

—Claro —medió Pancho riendo— uno coge la piedra y le quita lo que le sobra y aparece la escultura. Qué fácil. Pero aguanta ahí que vengo con otra. ¿Sabías que Miguel Ángel hizo La Piedad seis o siete años después de que Colón llegara a estas tierras, así que mira si ha llovido...

—Así es, fue un encargo del cardenal francés Jean Bilheres de Lagraulas, la comenzó a realizar en 1498 y la terminó un año después sin darse cuenta que se convertiría en una de las obras más importantes del arte occidental de todos los tiempos.

—Hay quien asegura —le dije— que Miguel Ángel hizo esa obra a los ochenta y cuatro años, ¿qué hay de cierto en eso?

—No, esa obra la realizó en su juventud —contestó Nono—, y según dicen los que saben, en ella se expresan sus aspiraciones más íntimas, sus deseos de hacer arte, y se reconoce también cuánto contribuyó a su aprendizaje y a su formación... Te darás cuenta, aunque sea una réplica, que la fisonomía de la Madre de Cristo nos da a entender que ella sabía lo necesario de la muerte de su hijo, y en nada se altera su hermosura sobrenatural. La equivocación de algunos radica en que Miguel Ángel, antes de su muerte, comenzó a esculpir otra Piedad, que fue terminada por el florentino Tiberio Calcagni, pero esa es muy diferente, pues su conjunto consta de cuatro figuras, tres de ellas: la Virgen, Cristo y José de Arimatea, fueron hechas por Miguel Ángel, quien se retrató en la figura de este último sosteniendo el cuerpo de su Salvador. La cuarta pieza: La Magdalena, la terminó Calcagni. Esta Piedad se conserva en la Catedral de Florencia.

*Panteón de la familia Mendoza donde se encuentra una réplica de La Piedad de Miguel Ángel Buonarroti. Foto: Mario Darias.*

—Y aquí viene el hombre de las curiosidades otra vez —intervino Pancho—, La Piedad fue la única obra que Miguel Ángel firmó. ¿Cómo te cae? Porque como era muy joven, alguna gente empezó con el chisme de que la había hecho otro, ya tú sabes, agarró el cincel y el martillo y le puso su nombre, por si las moscas.

—Así se convirtió La Piedad en la única obra firmada por él.

—Pero ahora soy yo quien trae una curiosidad —dijo Nono mirando a Pancho con ironía—, esta escena de La Piedad, la del dolor de la Virgen María sosteniendo a su hijo después de muerto, no está narrada en ninguno de los evangelios canónicos, sino que surgió en la Edad Media y todavía no se tiene muy claro cuándo ni cómo.

—Pues sí que es bien curioso. —Le dije y Pancho saltó:

—Ah, ¿y las curiosidades mías no son bien curiosas?

—Claro que sí.

—No, porque te veo alabando a Nono, y yo qué.

—En este cementerio —continuó Nono como si no hubiese escuchado a Pancho—, existen muchas esculturas de La Piedad que iremos viendo en el camino, porque ya llegamos al panteón de la familia Mendoza, donde, como ves, existe una hermosa réplica de La Piedad.

—¿Una réplica? —Pregunté y volví a preguntar—. ¿Quién la hizo?

—Eso te lo debo, tengo entendido que Miguel González de Mendoza y Pedroso, que así es como se llamaba el propietario de este panteón, la compró en Italia y que se desconoce el autor.

—Creo —le dije— que no sería nada raro que quien hace una réplica, ni la firme, ni de su nombre porque al fin y al cabo va a ser siempre una réplica. Aunque hay cada uno por ahí y ojo, este no es el caso, que se dedican a falsificar obras de arte que son tan buenos como los propios artistas.

—Falsificar bien no es nada fácil. —Indicó Pancho y Nono le preguntó.

—¿Tú tienes experiencia en eso?

—Oye, que tú siempre estás aprovechando cualquier cosa pa tirarme.

—Mira, —rompí el coloquio— conozco un pintor que me dijo que en una ocasión le llevaron un cuadro de él, que habían falsificado. Él lo estuvo mirando por unos minutos y dijo: Yo quisiera conocer al que falsificó esto porque pinta mejor que yo.

—Oye —me dijo Pancho riendo— la puso buena... Pero mira, ahí tienes la réplica.

—Es impresionante esta escultura, aun sabiendo que es una réplica.

—Déjame decirte que construir cualquier cosa en este lugar del cementerio valía un montón de pesos.

—No hay duda de que Mendoza tenía ese montón de pesos de que hablas, primero que todo era hijo de Antonio González de Mendoza y Bonilla quien fue el primer presidente del

Tribunal Supremo de Justicia de Cuba y alcalde de La Habana, así que fue de una familia pudiente. —Nono se tomó un pequeño descanso y continuó—. Mi amigo Benito Germán Peña, que ha investigado las residencias de todos estos personajes y me mantiene actualizado, como te diste cuenta ahorita cuando te sorprendí con la familia Cinca Díaz.

—Pero eso es una trampa tuya, vaya que es un golpe bajo. —Le dijo Pancho riendo mientras Nono se hizo el que se estaba arreglando el cuello de la camisa, pero en realidad lo que estaba era presumiendo.

—Pues Benito me contó que los González de Mendoza Pedroso, entre ellos Miguel fueron importantes personalidades de nuestra aristocracia criolla y que, después de enviudar, decidió mudarse con su hija Margarita para la mansión de los Marqueses de Avilés, mansión que se construyó en 1915 y que conocemos bien porque es donde está hoy el Instituto Cubano de Amistad con los Pueblos ICAP, en 17 e I en El Vedado. Margarita González de Mendoza de Montalvo fue la II Marquesa de Avilés, porque estaba casada desde 1906 con Manuel González Carvajal quien heredó ese título de su padre Leopoldo en 1910. Manuel González murió en 1919 por lo que disfrutó poco su mansión y por otro lado, él y Margarita no tuvieron descendientes.

»Pues Mendoza vivió en esa mansión con sus tres hijos, Margarita, Antonio y Micaela, estos dos, cuando se casaron, se independizaron por lo que fueron a vivir para Miramar mientras Mendoza siguió viviendo con Margarita hasta su muerte que fue en 1937. Después, esa mansión la compró Isabel Falla Bonet y su esposo David Suero en los años 40 y vivieron ahí hasta el 59.

En este momento se escuchó la voz de Pancho que nos dijo:

—Vamos a llegarnos al panteón de la familia Aguilera para que veas una Piedad diferente —y dirigiéndose a mí me indicó con el índice mientras siguió diciendo: —Ese que está allí, casi diagonal a nosotros

*Panteón de la familia Aguilera donde se encuentra La Piedad de Rita Longa. Foto: Mario Darias.*

Comenzamos a andar y ya Nono me fue adelantando que ese lugar había sido propiedad de la familia Márquez y que en 1957 el acaudalado Guillermo Aguilera la había comprado. Guillermo había sido sobrino nieto del patriota y Mayor General del Ejército Libertador Francisco Vicente Aguilera y fue uno de los hombres más ricos de Cuba, dueño, entre otras cosas, de miles de caballerías de tierra que se dedicaban al cultivo del arroz y dueño también de molinos para procesarlo.

Ya frente al panteón, Nono me dijo:

—Aguilera se introdujo con más fuerza en la política a partir del golpe de estado del 10 de marzo y fue senador por el Partido Demócrata aliado de Fulgencio Batista en la provincia de Camagüey desde 1954 hasta 1959, disfrutando de la amistad y favoritismo de Batista hasta tal punto que éste le situó un destacamento militar en sus fincas cercanas a la Sierra Maestra durante los últimos años de la etapa guerrillera para que las custodiaran. Su esposa, Elena Pollack Casuso, era hija del inglés Mark A. Pollack, primer tesorero de la Asociación de

Almacenistas y Cosecheros de Tabaco y de Carmen Casuso Olloa.

—Qué va. Me estoy quedando atrás... —Susurró Pancho.

—Este panteón de Aguilera —me dijo Nono— es, a mi juicio, uno de los más bellos del cementerio, sobre todo por su diseño moderno y su buen gusto combinado con la sobriedad.

—Algo que me encanta —entró Pancho— es que desde afuera no se ven ni las bóvedas ni los osarios, está hecho de una forma que tienes que entrar para verlo.

—Mira, —siguió Nono— fíjate que, en el interior de este panteón, se encuentra, adosada a la pared del fondo, una bellísima y moderna escultura de La Piedad en altorrelieve hecha por la escultora cubana Rita Longa.

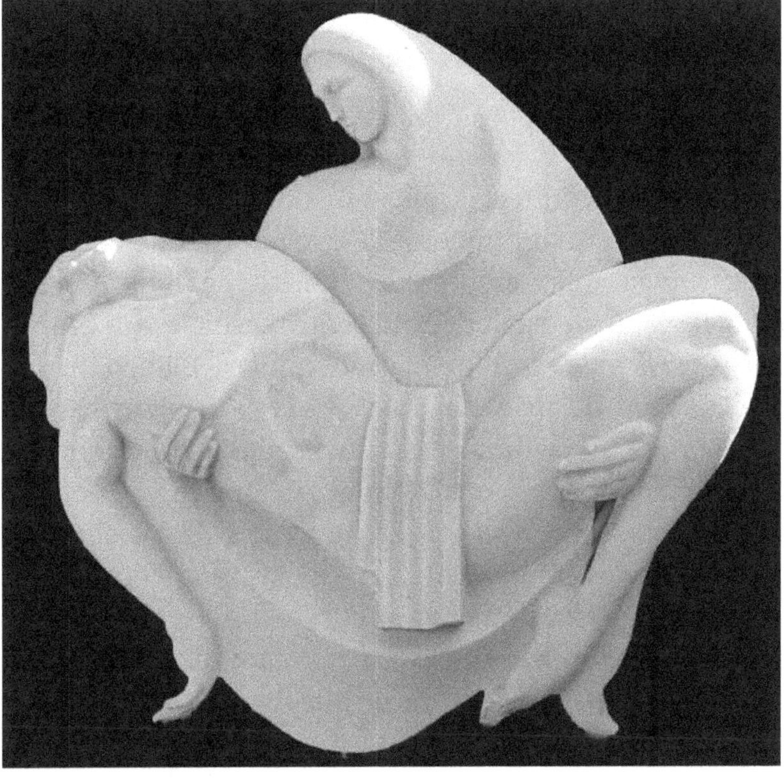

*Detalle del panteón de la familia Aguilera La Piedad de Rita Longa. Foto: Mario Darias.*

—Rita fue una artista muy conocida, igual que sus estatuas que están por toda Cuba. —Dijo Pancho y yo le seguí la idea.

—Como las Musas del cine Payret, los Venados del Zoológico, la Virgen del Camino, la Ballerina de Tropicana, la Aldea Taína de Guamá en la Ciénaga de Zapata, la Fuente de las Antillas en Las Tunas...

—Y esta hermosa Piedad que tenemos frente. —Completó Nono y Pancho expresó.

—Hay algo que tiene esta Piedad diferente. Digo, según creo yo. La expresión de la madre en esta Piedad es triste, como debe de ser la expresión de una madre que ha perdido a su hijo.

Según Rita Longa (1912 – 2000)

Escultora.
Premio Nacional de Artes Plásticas (1995)
(Entrevista realizada por el autor)

Ese panteón fue diseñado por las hermanas Elena y Alicia Pujals Mederos, arquitectas que eran a su vez las apoderadas de Guillermo Aguilera, un millonario arrocero casado con Elenita Pollack, amiga mía, empezamos juntas en San Alejandro. Cuando lo estaban haciendo me encargaron ese trabajo. Yo entonces tenía un pedazo de mármol italiano Blanco Pi, que es mármol blanco de primera clase y se me ocurrió hacer esa Piedad porque ya la tumba estaba diseñada, tenía que hacer algo que encajara en el panel donde está, que es, me parece, de granito negro sueco, y entonces hice esa composición de La Piedad. Fue de las últimas cosas que hice antes del triunfo de la Revolución, digo, me parece recordar.

Creo que esa tumba nunca se ocupó, porque los Aguilera se fueron después del triunfo de la Revolución y poco después Elenita murió en el extranjero, que hubiera sido la primera en ser inhumada en esa tumba y nunca la estrenó. Yo creo que está vacía, yo tuve la intención de comprarla porque es muy lindo el diseño de la tumba, pero después no recuerdo si fue que los papeles no aparecieron, o no sé por qué razón no pude comprarla.

¿La Virgen del Camino? Fue la tercera de una trilogía que yo hice para el Ministerio de Obras Públicas. La primera, que fue también mi primera obra pública, está en Prado y Cárcel, es la Fuente de los Mártires. Esa obra me la encargaron cuando se estaba haciendo el parque con el tema de los mártires porque ahí está la capilla donde estuvo Martí. Esa obra yo la hice, pero cambió el gobierno y como pasaba siempre antes, la obra se quedó sin terminar, y entonces pasaron siete años y se vino a reanudar en el gobierno de Grau siendo Pepe San Martín ministro de obras públicas. No fue fácil, pero me dediqué a hacerle posta a San Martín y lo rendí por aburrimiento y entonces se reanudaron las tres fuentes que estaban paralizadas.

Por ese motivo él iba mucho al Zoológico de 26, en el Vedado, que todavía no era Zoológico, sino que en ese lugar existían unas naves donde se guardaban materiales de obras públicas. Él me veía trabajar allí y entonces, como ya se estaba empezando a construir el Zoológico, me encargó los venados y después de los venados vino la Virgen del Camino. Por eso yo siempre digo que es una trilogía porque una fue llevando a la otra.

La Virgen del Camino surge porque la ruta de guagüeros que era la última de la salida de La Habana, tenía puesta en la terminal, en la acera, una urna con una Virgencita de La Caridad que por estar frente a una bodega que se llamaba la Virgen del Camino las personas comenzaron a llamarla así.

Entonces al venir la construcción de la Vía Blanca esa urnita se fue abajo y los choferes de esa ruta fueron a ver al ministro, a San Martin para pedirle que les restituyera la virgencita.

Ya existía el parque y la pérgola. Entonces San Martín me llamó y me pidió que le hiciera una Virgen del Camino que no se pareciera a otra que hubiera por ahí, porque había un cromo en la bodega que era una Piedad a la que erróneamente le estaban llamando La Virgen del Camino. Entonces yo hice la virgen pensando en los caminos de Cuba, le puse arriba en el penacho una palma, le puse la rosa de los vientos en una mano, la hice con los velos batidos por el aire y la pusimos, pero cuando pasó el ministro por ahí dijo que había quedado muy bajita y había que sacarla. Entonces se mandó a buscar una grúa y, antes de que el cemento fraguara la arrancó como quien arranca una muela y parece que, en esa operación, la moneda que yo había echado, la que echo siempre cuando fijo, parece que saltó. La Virgen del Camino tiene en el bronce una moneda fundida en el crisol, pero también en el cemento del cimiento tenía otra. Yo creo que esa moneda salió al hacer esto y quedó ahí. La estatua se levantó, pero la moneda se quedó ahí a la vista y yo pienso que ese sea el origen de la costumbre de tirarle las monedas a la Virgen que llegó a tener una cuenta bancaria a su nombre con más de cien mil pesos, además, se sacó la lotería varias veces porque la gente se compraba billetes y le ponía un billetico a ella y eso iba todo a la cuenta. Ese dinero se utilizó en aquel momento para comprarle prótesis a los niños de la beneficencia, recuerdo que había un muchacho que le faltaba un brazo y una muchachita que nació sin piernas y que se le fueron haciendo las piernas a la medida, según fue creciendo.

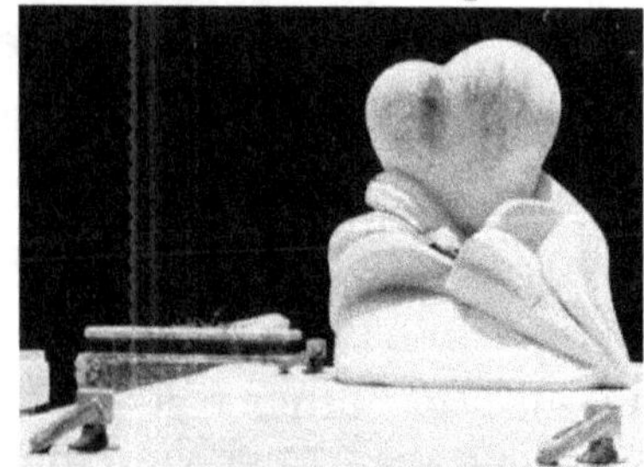

*Corazón que hiciera por encargo Rita Longa en el Cementerio Cristóbal Colón. Foto: Mario Darias.*

Todas las obras que yo he hecho tienen una moneda fundida dentro, eso lo inicié con los Venados del Zoológico precisamente. Lo hacía para darle suerte a la escultura. En Guamá hay una moneda que se ve en una de las esculturas que él que lo sabe la busca y la encuentra.

¿Otra obra en el cementerio?

Si, en el año 57 o 58 cuando yo estaba pasando bastantes problemas económicos, una señora me llamó y me dijo que acababa de enviudar y quería que le hiciera algo para la tumba del esposo y me describió lo que quería, un corazón con un libro que dijera cómo ella lo extrañaba y que nunca había sabido lo que tenía hasta que lo perdió. Yo, a pesar de que no me seducía nada la idea, acepté el trabajo y cuando le presenté el proyecto y el presupuesto me dijo que por ahora, no, que quizás más adelante, que no sé qué. Pocos meses después me volvió a llamar muy apurada para decirme que quería el proyecto inmediatamente, que tenía que estar antes de tal fecha y se lo hice y cuando lo terminé y lo puse, abrí el periódico El Diario de la Marina y allí estaba el retrato de la señora que se casaba ese día y supongo que el apuro de tener listo el corazón para el marido anterior era porque tenía ya el sustituto. Yo no recuerdo dónde está ese corazón, aunque me gustaría encontrarlo para ver si es efectivamente como lo recuerdo.

*Cementerio Cristóbal Colón. Entierro de Rita Longa. Foto: Mario Darias.*

# Un asesinato jurídico

Cadáveres amados, los que un día
Ensueños fuisteis de la patria mía,
¡Arrojad, arrojad sobre mi frente
Polvo de vuestros huesos carcomidos!

José Martí (1853-1895)
Patriota cubano. Poeta, escritor

Entramos por la calle C hasta detenernos frente a un monumento de gran tamaño, realizado en mármol blanco veteado de Carrara, el cual tiene en el centro una pirámide trunca cubierta por un paño sujetado por una corona. Al frente, saliendo de una ventana abierta, un ángel con alas de mariposa y una estrella en la frente que sostiene en sus manos una banda donde está escrito en latín un epitafio que dice: *Innocentia Immunis.*

—De ese modo se simboliza la verdad saliendo de las tinieblas a la luz. —me dijo Nono y continuó—. Esa verdad que demoró tanto en salir...

Pronto me explicaron que nos encontrábamos frente al monumento realizado por José Vilalta y Saavedra, dedicado a los Estudiantes de Medicina fusilados el 27 de noviembre de 1871. En la base del mismo se pueden apreciar ocho medallones de bronce con la efigie de las víctimas, los que se develaron, según me contó Nono, el 27 de noviembre de 1924. De la base de la pirámide salen dos estatuas: la de la derecha representa la Conciencia Pública, simbolizada por una mujer con un libro como fuente del saber; la de la izquierda, que representa la justicia, es una figura femenina con los ojos descubiertos y con la balanza inclinada hacia un lado, o sea, todo lo contrario a la verdadera imagen de la justicia que siempre aparece vendada y con la balanza en fiel. Delante de esas dos estatuas y encima del ángel de la inocencia hay una urna muy bella que Vilalta diseñó para depositar los restos de los ocho estudiantes: un cofre de mármol, bellísimo, con una escultura detrás que nos recuerda al mitológico dios Saturno y simboliza la eternidad; consiste en un reloj de arena con una cruz y alas. En los laterales de la base hay unos relieves que muestran de un lado la Ciencia Médica Teórica y del otro la Práctica.

Panteón de los Estudiantes de Medicina fusilados el 27 de noviembre de 1871. Foto: Mario Darias.

—Este lugar yo lo venero —dijo Nono mientras limpiaba los espejuelos con su pañuelo—. Tuve la suerte de conocer la obra de Luis Felipe Le Roy y Gálvez: *A cien años del fusilamiento de los Estudiantes*. Para mí, la más completa que existe sobre estos sucesos. Pero vamos a hacer un recuento de los hechos:

»Lo primero que tienes que hacer es situarte en la década del setenta del siglo XIX, cuando los estudiantes de Medicina iban a practicar anatomía, disección, lo hacían en un lugar llamado Anfiteatro Anatómico San Dionisio, que estaba adjunto al Cementerio de Espada. El día 23 de noviembre de 1871, los muchachos fueron a clases, pero se pusieron tan fatales que el profesor no asistió porque estaba realizando un examen en la Universidad, situada entonces en el Convento de Santo Domingo, en O'Reilly y San Ignacio. En espera de que llegara la hora de la próxima clase, cuatro de ellos tomaron un carretón que se usaba para trasladar los cadáveres y se pusieron a dar vueltas por la plazoleta que estaba frente al cementerio, y al poco rato entraron.

Nono fue despacio a sentarse en un banco que está junto a una tumba y continuó su relato afirmándome que está demostrado que aquellos estudiantes no eran ajenos al fermento de repulsa hacia el gobierno español y tenían un espíritu de rebeldía contra la metrópoli. Pero de eso a fusilar a ocho adolescentes por capricho de los Voluntarios de La Habana fue algo inaudito. Me contó que uno de ellos, Alonso Álvarez de la Campa, de dieciséis años, cometió el "delito" de arrancar una flor del jardín que estaba frente al cementerio y que como su tío era un español de mucho dinero (le decían El Tocho) ofreció pagar cien mil pesos al que lo salvase del fusilamiento, y el oficial que fue a sacar a los muchachos de la celda para el paredón, aprovechó que Alfredo Álvarez tenía el mismo apellido y trató de cambiarlo; pero al bajar la escalera, un voluntario que estaba allí de guardia le dijo al estudiante: "Ni el Tocho, con todo su dinero te salva de esta". El muchacho, al darse cuenta de la "confusión", dijo enseguida que él no era Álvarez de la Campa, y fue devuelto a la celda para sacar a Alonso.

—Pero vamos más atrás... —reclamó Pancho—. Al centro de todo esto estuvo Gonzalo Castañón, un periodista español, dueño de *La Voz de Cuba*, diario de la época donde apareció un artículo suyo, que decía que todas las cubanas que radicaban en Cayo Hueso eran prostitutas.

—*El Republicano* —dijo Nono— era un periódico de los emigrantes cubanos en aquella localidad floridana que ripostó fuertemente recordándole a Castañón una bofetada que había recibido de un cubano en Puerto Príncipe, actual Camagüey.

—Me imagino que el hombre debe de haberse enfurecido —les dije, y Pancho me contestó:

—Imagínate cómo se puso el socio, que arrancó para Cayo Hueso.

—Sí señor, fue acompañado de su médico, Esteban Pinilla, y sus dos padrinos Eugenio Arias y Felipe Alonso, a batirse en duelo con Juan María Reyes, director de la publicación insurrecta.

—Pero todo resultó un gran paripé —dijo Pancho sonriendo—, pues cuando estuvo cerca de este, se le fue la ferocidad pa los tobillos y empezó a justificarse para huirle al duelo. Pero después, el día 31 de enero de 1870, otro cubano, llamado Mateo Orozco, lo provocó en el propio lugar donde se hospedaba y a Castañón no le quedó más remedio que salir a batirse y le sonaron dos tiros... El cubano salió echando y desapareció, pero a Castañón lo trajeron dentro de una caja para Cuba.

—Este incidente—intervino Nono— hubiera pasado inadvertido si no es porque tiempo después la tumba de Castañón se convirtió en el centro del suceso que culminaría con el horrendo crimen.

—Este individuo —las palabras de Pancho llevaban cierto sarcasmo— le tenía tremendo odio a los cubanos, y te pondré otro ejemplo... En 1869, meses antes de morir, publicó en su periódico un artículo donde pedía que matasen a todos los cubanos y que se repoblara la Isla con españoles.

—Aquello causó estupor hasta entre sus compatriotas —explicó Nono en un susurro—. Ese señor, convertido por el Cuerpo de Voluntarios en su líder, fue sepultado el 2 de febrero de 1870 en el nicho 478, al centro del segundo patio del Cementerio de Espada. Estos nichos se sellaban con una pared de ladrillos, quedando a veces un pequeño espacio, donde en el caso de Castañón pusieron un cristal, y entre el muro y el cristal se le colocaban flores, el nombre, etcétera.

—Ahora, para que entiendas mejor, te diré que, en el momento de los sucesos del cementerio, aquí había un gobernador político llamado Dionisio López Roberts, del cual Nono te puede hablar.

—A este personaje que había hecho historia en Cuba por sus escandalosos y turbios manejos de extorsión, ya se le había dispuesto, por Real Orden, su destitución el 13 de noviembre de 1871, situación que se hizo oficial el 5 de diciembre al publicarse en la *Gaceta de la Habana*. La demora permitió a dicho individuo hacer una tentativa de extorsión a los padres de los estudiantes detenidos, pero esta trama se le convirtió en tragedia al enredarse en la cuestión los Voluntarios de La Habana, los que impusieron su antojo al pedir sangre cubana.

*Detalle del Panteón de los Estudiantes de Medicina. Se puede observar que la estatua que representa la Justicia no tiene venda en los ojos ni la balanza está en fiel. Foto: Mario Darias.*

—Era la ley de la fuerza bruta en manos de brutos —dijo Pancho.

—Él siempre da una definición popular pero interesante; —expuso Nono dirigiéndose a mí y continuó. —Bueno, Dionisio López fue en realidad quien echó a rodar aquel mal engendro;

él fue quien se personó en el Cementerio de Espada el día 25 de noviembre de 1871, en horas de la mañana, para averiguar qué habían hecho los estudiantes la tarde del día 23, y según la entrevista que le hiciera quince años después de los sucesos Fermín Valdés Domínguez (quien fuera uno de los encausados, considerado más tarde el reivindicador de los estudiantes), al capellán del cementerio, Mariano Rodríguez de Armenteros, este reveló que el celador del campo santo, Vicente Coba, había informado de los hechos al Gobernador.

»Dionisio López Roberts se personó acompañado de quien había sido amigo de Castañon, el capitán del Cuerpo de Voluntarios Felipe Alonso, el día 25 de noviembre, por la tarde, en la cátedra del doctor Pablo Valencia y García, profesor de primer año de Medicina, y repitió una acusación que no le había salido bien por la mañana, pues el profesor Sánchez de Bustamante se le enfrentó valerosamente, impidiendo la detención de sus alumnos de segundo año. Pero Pablo Valencia no hizo lo mismo y no le bastó con su débil postura, sino que dijo que estaba seguro de que entre sus alumnos estaba el culpable. Todos los estudiantes de ese año de Medicina quedaron detenidos, menos un sanitario militar, español, que asistía en calidad de oyente y a quien el Gobernador dejó en libertad.

—Tampoco se puede olvidar la valentía del profesor Domingo Fernández Cubas. —Interrumpió Pancho.

—Efectivamente, pero de él hablaremos después. —Le respondió Nono y Pancho se dirigió a mí visiblemente molesto:

—La falta de los estudiantes, fue puramente civil, pero el cobarde Romualdo Crespo, gobernador y capitán general interino, autorizó un consejo de guerra.

—La realidad —continuó Nono— es que unos meses antes, los estudiantes hubieran sido condenados a unos días de cárcel o al pago de alguna multa, pero 1871 fue un año sangriento para Cuba. Recuerda que desde 1868 había comenzado la Guerra de los Diez Años, por lo que el odio crecía contra los cubanos y las cifras de los fusilados también. No obstante, el capitán Federico Capdevila, un pundonoroso militar español, fue nombrado defensor de oficio de los estudiantes e hizo una apasionada defensa, aquí la tienes:

*Triste, lamentablemente y esencialmente repugnante es el acto que me concede la honra de comparecer y elevar mi humilde voz ante este respetable Tribunal, reunido por primera vez en esta Fidelísima Antilla, por la fuerza, la violencia y por el frenesí de un puñado de revoltosos (porque ni aun de fanáticos pueden conceptuarse), que hollando la equidad y la justicia, y pisoteando el principio de autoridad, abusando de la fuerza, quieren sobreponerse a la sana razón, a la ley.*

*Nunca, jamás en mi vida, podré conformarme con la petición de un caballero Fiscal que ha sido impulsado, impelido a condenar involuntariamente, sin convicción, sin prueba alguna, sin hechos, sin el más leve indicio sobre el ilusorio delito, que únicamente de voz pública se ha propalado. Doloroso y altamente sensible me es, que los que se llaman Voluntarios de la Habana hayan resuelto ayer y hoy dar su mano a los sediciosos de la Comuna de París, pues pretenden irreflexivamente convertirse en asesinos, y lo conseguirán, si el Tribunal a quien suplico e imploro, no obra con la justicia, con la equidad y con la imparcialidad de que está revestido. Si es necesario que nuestros compatriotas, nuestros hermanos, bajo el seudónimo de Voluntarios nos inmolen, será una gloria, una corona por parte nuestra para la Nación española, seamos inmolados, sacrificados, pero débiles, injustos, asesinos, ¡Jamás! De lo contrario será un borrón que no habrá mano hábil que lo haga desaparecer. Mi obligación como español, mi sagrado deber como defensor, mi honra como caballero, y mi pundonor como oficial, es proteger y amparar al inocente, y lo son mis cuarenta y cinco defendidos; defender a esos niños, que apenas han salido de la pubertad, han entrado en esa edad juvenil, en que no hay odios, no hay venganzas, no hay pasiones, pues es una edad en que como las pobres e inocentes mariposas revolotean de flor en flor aspirando su esencia, su aroma y su perfume, viviendo sólo de quiméricas ilusiones. ¿Qué van ustedes a esperar de un niño? ¿Puede llamárseles, juzgárseles como a hombres a los de 14, 16 o 18 años poco más o menos? No; pero en la inadmisible suposición de que se le juzgue como a hombres, ¿Dónde está la acusación? ¿Dónde consta el delito de que se les acrimina y supone?*

*Sres: Desde la apertura del sumario he presenciado, he oído la lectura del parte, declaraciones y cargos verbales hechos, y, o yo soy muy ignorante, o nada, nada absolutamente encuentro de culpabilidad. Antes de entrar en esta sala, había oído infinitos rumores sobre que los alumnos o estudiantes de medicina habían cometido desacatos y sacrilegios en el Cementerio; pero en honor de la verdad, nada aparece en las diligencias sumarias. ¿Dónde consta el delito, ese desacato sacrílego? Creo y estoy firmemente convencido que solo germina en la imaginación obtusa que fermenta en la embriaguez de un pequeño número de sediciosos.*

*Sres: Ante todo somos honrados militares, somos caballeros; el honor es nuestro lema, nuestro orgullo, nuestra divisa; y con España siempre honra, siempre nobleza, siempre hidalguía; -pero jamás pasiones, bajezas ni miedo. El militar pundonoroso muere en su puesto; pues bien, que nos asesinen, mas los hombres de orden, de sociedad, las naciones nos dedicarán un opúsculo, una inmortal memoria. He dicho.*

*Cárcel de la Habana, 27 de noviembre de 1871.*
*Capitán graduado Federico R. y Capdevila.*

A duras penas pudo terminar su alegato, porque los Voluntarios de La Habana, con su gritería, pretendían que no se oyera. Hasta fue necesario que sacara su espada para defenderse de uno de ellos que pretendió abofetearlo.

—Oiga, compadre —dijo Pancho—, ese día Capdevila volvió a nacer...

—Sí señor. Los Voluntarios de La Habana pedían la muerte de toda la clase de primer año, pero, viendo que realmente carecían de pruebas, obligaron al general segundo cabo Romualdo Crespo a aumentar el número de Voluntarios en el jurado; y por mayoría se "conformaron" con la pena de muerte para 8 de los 45 estudiantes, sin precisar quiénes debían sufrirla. Entonces implicaron a 5, los 4 que jugaron con el carretón: Anacleto Bermúdez, de veinte años; Juan Pascual Rodríguez, de veintiún años; José de Marcos y Medina, de veinte años y Ángel Laborde, de diecisiete años; así como al que arrancó la flor del jardín del cementerio, Alonso Álvarez de la Campa, de sólo dieciséis años; después escogieron a tres por sorteo, entre estos a Carlos Verdugo, de diecisiete años, quien, en el momento de los sucesos del cementerio, se encontraba en Matanzas con su familia. También a Esteban Bermúdez, hermano de Anacleto, pero como este ya había sido escogido, determinaron que era mucho castigo para una familia perder dos hijos y lo cambiaron por Eladio González, de veinte años; y Carlos Augusto de la Torre, de veinte años. En un principio se creyó que se habían realizado dos consejos de guerra, como dijo Fermín Valdés en su libro, pero se llegó a la conclusión de que fue uno solo ampliado.

*Detalle del Panteón de los Estudiantes de Medicina. Ángel con alas de mariposa saliendo de las tinieblas. Foto: Mario Darias*

»Los estudiantes fueron fusilados pasadas las cuatro de la tarde, en la explanada de La Punta, frente a los paños de pared formados por las ventanas del edificio utilizado como depósito del Cuerpo de Ingenieros; se les colocó de dos en dos, de espaldas y de rodillas. El piquete de fusilamiento lo dirigió el capitán de Cuerpo de Voluntarios Ramón López de Ayala.

—A mediados de 1901, —recordó Pancho— se dispuso la demolición del barracón de ingenieros, ya que a los americanos se les ocurrió embellecer el litoral habanero.

—Por suerte —dijo Nono— Fermín Valdés logró del gobernador militar norteamericano Leonard Wood, que se conservara uno de aquellos lienzos. Actualmente, en el lugar donde fueron fusilados los estudiantes existe un monumento, un templete de estilo griego que rodea uno de los lienzos de pared donde se produjo la ejecución. El arquitecto norteamericano Barden realizó las obras, inauguradas el 27 de noviembre de 1921.

—Por cierto —habló Pancho evidentemente incómodo—, a un inteligente se le ocurrió empotrar frente al monumento de los Estudiantes en La Punta dos depósitos de basura que, por suerte, ya quitaron...

—Pero volvamos al 27 de noviembre de 1871... —dijo Nono—. Los ocho cadáveres fueron conducidos en un carretón, custodiados por un piquete de Voluntarios, hasta un cementerio llamado San Antonio el Chiquito, que antecedió al Cementerio Cristóbal Colón y se encontraba por donde existe hoy la ampliación.

—Ubícate —Pancho se dirigió a mí—, la ceremonia de la colocación de la primera piedra de este cementerio fue el 30 de octubre de 1871 y los trabajos se comenzaron el 23 de noviembre. Yo pienso —puso sus dos manos sobre la bóveda junto a la cual estábamos sentados y comenzó a gesticular delimitando un espacio imaginario —que, posiblemente no estuviera hecho el muro del cementerio, pero si estaba marcado, vaya, que se sabía por dónde iba a pasar, y que los Voluntarios enterraron los cadáveres de la parte de afuera, con toda intención... así quedarían en lugar no bendito, extramuros.

—Lo cierto es —dijo Nono sin quitar la vista de las manos de

Pancho— que hicieron una fosa común de unos dos metros de largo, y más de dos metros de profundidad, y los tiraron allí, sin ataúd, cuatro con la cabeza hacia el sur y cuatro hacia el norte, sin permitir colocar ninguna señal que indicase la sepultura. Ni siquiera a los familiares dejaron saber el lugar del enterramiento.

—Y ¿qué fue de los estudiantes que no fueron fusilados? —Pregunté a Nono.

—Once de ellos fueron enviados a presidio con una condena de seis años, otros veinte por cuatro años. A cuatro los enviaron a las cárceles por seis meses, y solo dos fueron absueltos. Fermín Valdés Domínguez fue condenado a seis años de presidio y enviado a las canteras de San Lázaro, donde está hoy la Fragua Martiana; allí también había estado preso José Martí. La sentencia comenzó el mismo 27 de noviembre. Llegaron al presidio casi de noche. Fueron pelados y se les despojó de la ropa y se les puso el traje de presidiario, además de remacharle los grillos de hierro en el tobillo que pesaban de diez a doce libras; tuvieron que convivir entre criminales y bandoleros de la peor calaña.

»Según Valdés Domínguez, el trabajo forzado en las canteras fue tan brutal, que llegaron a envidiar la "suerte" de sus hermanos fusilados. A Fermín Valdés le arrancaron uñas de los pies con tenazas, tenía una úlcera en el tobillo por el grillete y el médico, sonriendo, le echaba agua con ácido nítrico para "curarlo". Este médico, cubano, al que todos "recordaron" siempre, se llamó Rafael Valdés; murió al poco tiempo y fue sustituido por el doctor Antonio José Romay, quien fue justo. Por suerte los condenados solo estuvieron cincuenta días en las canteras de San Lázaro. Algunos fueron asignados a los talleres del presidio. Fermín Valdés pasó con un grupo a la Quinta de los Molinos, donde se dedicaban a cortar la hierba y barrer las alamedas. Al menos ya no convivían con los criminales, aunque seguían con los grilletes puestos.

»Estando así las cosas, Alonso Álvarez de la Campa, padre del más joven de los estudiantes fusilados, le envió una carta al rey Amadeo, la misiva por poco le cuesta la vida, tuvo que esconderse y después partir para España, pero ayudó a que llegara el indulto esperado. Aquí tienes algo de lo que escribió Álvarez de la Campa al Rey: *Esta circunstancia, Señor, me autoriza para decir con el respeto debido, que mi hijo fue jurídicamente asesinado; porque no hay ley del Reino, ni decreto, ni ordenanza, ni jurisprudencia establecida que autorice la aplicación de la pena de muerte a los niños de esa edad. En el presente caso la filosofía de los jueces se ha sobrepuesto a la filosofía de la ley: pues además de juzgar, no sobre un hecho real y positivo que constase en autos, sino por una fábula inventada y difundida entre las turbas, escarnecieron esa ley, estableciendo una jurisprudencia que horroriza, que escandalizará a la humanidad entera cuando la historia la relate.*

»También se pronunciaron contrarios a este suceso varios diarios españoles de la época como *El Pensamiento Español* que califico de brutales estos sucesos. Otro diario que se llamaba *La Política*, criticó duramente a los Voluntarios de La Habana y a las máximas autoridades de la Isla y no solo en España, por ejemplo, en Estados Unidos el diario Evening Telegram presento un titular que decía "Ferocidad española en La Habana" y llamó bestias sanguinarias al Cuerpo de Voluntarios, el New York Herald dijo "sólo una venganza salvaje es lo que ha habido en ese hecho sangriento".

»Todo esto contribuyó a que el día 9 de mayo de 1872 el rey Amadeo firmaba el indulto, pero claro, no salió en la *Gaceta de La Habana*, porque temían a la reacción de los Voluntarios de La Habana. Hubo que sacar a los estudiantes de madrugada del presidio (a donde habían vuelto después de la fuga de uno de ellos de la Quinta de los Molinos), confundidos con los demás presos y refugiarlos en la fragata española Zaragoza, en la cual partieron para la península. Los cuatro condenados a seis meses de prisión, tuvieron que seguir en la cárcel hasta el 27 de mayo, día en que se cumplía su condena.

—Y voy con una curiosidad, ¿te acuerdas de Alfredo Álvarez, el que se salvó en tablita porque lo querían cambiar por Alonso Álvarez de la Campa? —Intervino Pancho—. Pues te diré que mucho tiempo después de los sucesos volvió a Cuba de paseo, pues residía en España, y un día salió a cazar con unos amigos y, por confusión, fue muerto a tiros por la Guardia Civil. Parece que era su destino morir a manos de los españoles.

—Lo de los estudiantes de Medicina —continuó Nono—, no fue un hecho aislado. Antes, el 24 de enero de 1869, unos Voluntarios de La Habana entraron al café El Louvre de una forma agresiva, hay quien dice que sintieron disparos provenientes de adentro y otros afirman que se conocían las ideas separatistas de los jóvenes asistentes a ese lugar. Lo cierto es que en ese suceso murió un joven fotógrafo norteamericano llamado Samuel A. Cohner.

—República de Cuba, 27 de Noviembre de 1897—
EL
CUBANO LIBRE.
"PATRIA Y LIBERTAD."
¡27 DE NOVIEMBRE!

*Fragmento del periódico El Cubano Libre, recordando el cruel asesinato. Foto: Archivos del CIP.*

—Y ¿a que tú no sabes por qué? —Me preguntó Pancho—. Porque tenía puesta una corbata azul.

—Pero ¿cómo puede ser eso posible? —le pregunté.

—Al parecer él no sabía que ese color había sido escogido por los que simpatizaban con la independencia de Cuba. Su tumba está ahí mismo, a medianía de cuadra, en 1ra entre B y C.

—Otro suceso ocurrió dos días antes —continuó explicando Nono— fue el asalto al teatro Villanueva el 22 de enero de 1869, donde los Voluntarios dispararon contra el público indefenso. Además, el mismo 27 de noviembre fueron muertos por las turbas cinco individuos negros aledaños al lugar del fusilamiento de los Estudiantes de Medicina. Esta matanza de negros ha sido objeto de mucha especulación, unos dicen que fue un levantamiento de ñáñigos juramentados y otros que eran esclavos leales que pretendían rescatar por la fuerza a los estudiantes, pero según Le Roy, parecen ser versiones novelescas de la realidad.

»Valdés Domínguez dedicó toda su vida a reivindicar a sus compañeros. El 28 de noviembre de 1886 llegó a La Habana Fernando, el hijo menor de Gonzalo Castañón, a exhumar los restos de su padre para llevárselos. Ya el Cementerio de Espada estaba cerrado desde 1878. Valdés Domínguez le pidió estar presente cuando se hiciera la exhumación, la cual ocurrió el 14 de enero de 1887; además, le solicitó que escribiera de su puño y letra si había profanación.

»Abrieron el nicho y extrajeron un sarcófago de hierro, completamente cerrado por gruesos tornillos; entonces separaron la tapa, y el propio Fermín Valdés limpió el polvo del cristal apareciendo ante todos la imagen de los restos de Castañón intactos.

—¿Quiere esto decir que en el juicio a los estudiantes, nadie se preocupó de comprobar si la acusación era cierta? —Pregunté.

—Los Voluntarios de La Habana estaban tan enardecidos pidiendo sangre, —respondió Nono— que fue imposible hacer prevalecer la razón. La realidad es que nunca hubo profanación del cadáver. Así, el hijo de Gonzalo Castañón certificó de su puño y letra la inocencia de los Estudiantes de Medicina.

»Entonces, como Valdés Domínguez había demostrado la inocencia de los estudiantes, logró que el obispado le concediera el permiso para exhumar los restos de sus hermanos fusilados; esto fue el 5 de marzo de 1887. El 8 de marzo se dieron cita en los terrenos comúnmente llamados San Antonio el Chiquito, poco después de las seis de la mañana, el médico, varios testigos y Claudio Suárez, celador del cementerio que asistió al entierro de los estudiantes. Se comenzó a cavar en el lugar señalado por Claudio y se encontraron restos que no eran, en ese momento saltó la duda y se excavó en otros lugares; se cavaron ocho fosas más y nada. Por la amenaza de lluvia se decidió dejar las excavaciones para el día siguiente.

»El 9 de marzo se continuó excavando en todas las fosas y no aparecían los cadáveres, pero como Claudio Suárez continuaba insistiendo en la primera, la comisión decidió seguir cavando en ella, hasta que después de una capa gruesa de tierra se encontraron cuatro esqueletos colocados de norte a sur e inmediatamente después, cuatro en sentido contrario, tal y como lo había dicho Claudio.

—Cuando hicieron las pruebas forenses —agregó Pancho— supieron que eran huesos de jóvenes. Algunos cráneos, omóplatos, varias vértebras cervicales y dorsales y un ilíaco fracturado, todo con señales de paso de balas. También hallaron pertenencias de los estudiantes. No había duda de que eran ellos.

—Fermín unió los ocho restos en una caja de plomo —la mirada de Nono parecía estar posada en el vacío mientras continuaba su narración—, la cual fue soldada para formar un cubo perfecto de 58 centímetros y los depositó de forma provisional en el panteón de la familia Álvarez de la Campa, que es ese que ves ahí, al lado del de los estudiantes.

»Seguidamente se hizo una colecta pública a la que se sumó el dinero por la venta de la primera edición del libro de Fermín Valdés sobre este hecho y 1 437,66 pesos oro donados por las señoras Cecilia y Tomasa Álvarez de la Campa para llegar a la suma de 20 860,57 pesos oro, que fue el costo del monumento.

»El monumento se realizó mediante una convocatoria a un concurso público que tenía una cláusula por la cual no se podían hacer referencias políticas, pues se convocó bajo el dominio español... Se aceptó el proyecto de José de Vilalta y Saavedra, quien planteó: *"He concebido el monumento basándome en un punto filosófico que en mi concepto es: La conciencia pública a través del tiempo justifica la inocencia".*

»El 27 de noviembre de 1889, por primera vez se les hicieron servicios religiosos a los restos de los estudiantes. Se extrajo la caja de plomo del panteón en que estaba y se llevó en procesión hacia la Capilla Central, acompañada de unas mil personas. En ese momento el monumento a los estudiantes de medicina se encontraba en alta mar, rumbo a Cuba, pero ya estaba construida la base, dentro de la cual se fundió, en el mismo centro, la caja con los restos de los ocho jóvenes por temor a futuras profanaciones. Ni a este acto ni al de la inauguración del monumento asistió Fermín Valdés Domínguez por encontrarse mal de salud en Baracoa, Oriente.

—Por lo que entendí, los restos de los estudiantes no se pusieron en la urna que Vilalta hizo con ese objetivo. —Dije y Pancho me respondió:

—No, esa urna siempre ha estado vacía, porque cuando llegó a Cuba, ya los restos de los estudiantes estaban fundidos en el centro del monumento.

—Esa es otra curiosidad del cementerio porque supongo que sea la única urna vacía que existe aquí.

—Que yo sepa, sí. —Me dijo Pancho mientras Nono continuó.

—El monumento quedó terminado el 27 de noviembre de 1890, pero por la ausencia de Valdés Domínguez y los acontecimientos políticos del momento, su inauguración se fue posponiendo, sin que llegara a realizarse nunca. Fue el primer monumento funerario de gran tamaño que se construyó en esta necrópolis, con 10 metros de altura. Resultó una denuncia muda de aquel hecho.

—Mira, allí existe un monumento de cantería —dijo Pancho apuntando con el índice hacia el este de la calle C—, el de José Gener, dueño de la fábrica de tabacos Gener y quien también había sido presidente del Casino Español. Fue uno de los capitanes que participó en el juicio a los estudiantes y uno de los que logró que el Consejo de Guerra se ampliara con la participación de una cantidad mayor del Cuerpo de Voluntarios que de oficiales del ejército.

—José Gener y Batet fue tan osado —intervino Nono— que tomó la sentencia del jurado, e interfiriendo la labor del fiscal fue corriendo a donde estaba el general Crespo para que la firmara y tuviera fuerza ejecutiva. No se percató de que era España la que firmaba, aceptando ese hecho calificado de *asesinato jurídico* por el padre del estudiante fusilado José de Marcos y Medina, así como por Eduardo Benot, en su discurso en el Senado.

»Ah, no podemos dejar de recordar al valiente capitán Nicolás Estévanez, en cuya memoria el 27 de noviembre de 1937 se le develó, una tarja de bronce en la llamada Acera del Louvre, en los portales del Hotel Inglaterra:

*Nicolás Estévanez, 1838-1914*

*En esta Acera del Louvre, el 27 de noviembre de 1871, siendo capitán del Ejército Español, dio ejemplo excepcional de dignidad, valor y civismo al protestar públicamente contra el fusilamiento de los ocho inocentes estudiantes cubanos inmolados aquel día por los Voluntarios españoles de La Habana. Abandonó la Isla, renunció a su carrera; se negó a reingresar en la milicia, fue en tiempos de la primera república española, diputado, y ministro de la guerra; y jamás se arrepintió de aquella, su nobilísima actitud, pues para él "antes que la Patria están la Humanidad y la justicia". Cubanos y españoles ofrendan a la memoria del esclarecido república, hijo de las Islas Canarias, este homenaje, en testimonio de respeto y admiración, a 27 de noviembre de 1937.*

»Ah, una cosa muy importante es que Luis Felipe Le Roy, en un artículo publicado en 1978 en la Revista de la Biblioteca Nacional José Martí, demostró por unos microfilmes que le facilitaron del Archivo Histórico Nacional de Madrid, que Vicente Coba no había sido el delator de los estudiantes.

—Oye, Nono, sólo Coba o el capellán Mariano Rodríguez de Armenteros pudieron avisar sobre los sucesos del cementerio y ahora me dices que Le Roy probó que Coba no fue... —dijo Pancho rascándose la barbilla con el índice y el pulgar—. En la tumba del capellán Mariano hay puesto un epitafio que dice: EL DEFENSOR DE LOS ESTUDIANTES. ¿Será esto cierto?

*Panteón del Capellán Mariano Rodríguez Armenteros que tiene escrito Defensor de los Estudiantes. Foto: Mario Darias*

—Vaya usted a saber —fue la respuesta de Nono mientras Pancho asintió con la cabeza y después me miró y dijo:

—No, y según la entrevista de Fermín a Armenteros que aparece en su libro sobre los sucesos, éste le echa la culpa al pobre Vicente Coba... Na, que todos los días uno se entera de algo nuevo compadre.

—El problema —continuó Nono— es que se dificulta la información porque cuando el Gobierno Español se marchó de Cuba se llevaron todos los archivos, y este hecho monstruoso quedó en el más absoluto silencio. Fíjate hasta dónde llegaron, que a los muchachos los fusilaron el 27 de noviembre de 1871, sin embargo, sus asentamientos de inhumaciones aparecen el 14 y 15 de febrero de 1872 en el Libro 6to de Entierros de Blancos del Cementerio Cristóbal Colón, folios 235 a 237. Esto se hizo indudablemente con la idea de ocultar el enterramiento. Además, sus partidas de defunción no se asentaron en ninguna iglesia parroquial. Para muchos, estas dos situaciones demuestran la complicidad de la iglesia católica.

—Y hasta hoy —sentenció Pancho—, que yo sepa, nunca se ha reconocido por España la inocencia de los estudiantes, ni siquiera se han disculpado.

—Quizás y suceda algún día. —Les dije.

# Base del Monumento de los Estudiantes de Medicina

Los que ayer no supieron defenderlos
Solo pueden, con alma resignada,
Soportar la vergüenza de llorarlos

Julián del Casal (1863 - 1893)
Poeta cubano.

—Pero ni te muevas porque todavía nos quedaremos aquí. — Me dijo Pancho mientras me tomaba del brazo— Mira, fíjate en la base del monumento para que veas que en este sitio no solo descansan los restos de los ocho estudiantes, ahí, en la base hay tres cadáveres más.

—Así es —comentó Nono mientras se adelantaba a Pancho—. Fueron personas que, aunque tuvieron vidas diferentes, el destino quiso que coincidieran en tiempo y lugar en aquellos días de los trágicos sucesos en que fueron fusilados los estudiantes y, mucho después, volvieran a unirse aquí para su descanso eterno, son las tumbas de Federico Capdevila, Domingo Fernández Cubas y Fermín Valdés Domínguez.

—Federico Capdevila nació en Valencia en 1845, el día y el mes te lo debo, —abordó Pancho— siguió la carrera militar de su padre y cuando llegó a Cuba con 23 años, empezaba la Guerra del 68.

—Capdevila vivía en Holguín, pero quiso la casualidad que en los momentos de los sucesos de los estudiantes de medicina se encontrara en La Habana esperando un cambio de plaza que le otorgaría el Conde de Valmaseda y es en ese momento en que es elegido como defensor de oficio de los estudiantes de medicina. Bueno, esa parte ya la conoces, lo que no te hemos dicho es que esa defensa de Capdevila y su negativa a firmar la sentencia, provocó una reacción de los Voluntarios de La Habana que, aun siendo un oficial del Ejército Español, tuvo que soportar prácticamente toda su vida.

—En el 73, viviendo en Sancti Spíritus, conoció y se enamoró de Isabel Piña Estrada con la que se casó y tuvo que emigrar a España por las amenazas de los Voluntarios. En Madrid nacieron sus primeros dos hijos, el primero falleció muy pequeño. Los tres siguiente nacieron en Cuba.

—En 1878 regresó a Cuba y fue enviado a las fortificaciones conocidas como la Trocha de Júcaro a Morón donde se encontraba un amigo de su padre que era nada más y nada menos que Arsenio Martínez Campos quien andaba pacificando la región con el conocido Pacto del Zanjón y que terminó ascendiéndolo a comandante.

»Después de terminada la guerra del 68, Capdevila se quedó en Cuba, cumpliendo varios trabajos dentro del ejército. Vivió en Holguín y tiempo después lo encontramos con el grado de Teniente Coronel y de Primer Jefe del Segundo Batallón del Regimiento de Infantería de La Habana. Aun así, tenía que seguir soportando las amenazas de los Voluntarios.

—Pero eso no fue todo porque en 1886, uno de sus cuñados metió la mano y se enredó con los fondos del batallón donde estaba y lo enredó a él también en esa causa por lo que fue a parar a la cárcel del Castillo del Morro de Santiago de Cuba donde enfermó de tuberculosis. Para su suerte se revisó la causa y se probó su inocencia, aunque ya llevaba tres años preso, por lo que saliendo de la cárcel se retiró del ejército y se quedó viviendo en Santiago donde comenzó a reunirse con independentistas. Al comienzo de la Guerra del 95, Martínez Campos lo vuelve a llamar a las filas del Ejército Español, pero no aceptó.

—En ese mismo año fue apresado el patriota Emilio Bacardí con quien tenía relaciones contrarias a la corona y se descubrió una nota que Emilio le había enviado y ahí mismo vuelve para la cárcel donde agravó su estado de salud. Ya en libertad, murió en su casa de Santiago de Cuba el 1ro de agosto de 1898 a los 53 años, siendo sepultado en el cementerio Santa Ifigenia donde sus restos reposaron por cinco años hasta que se decidió trasladarlos a La Habana para depositarlos junto a los ocho estudiantes de medicina que con tanto valor defendió. Sus restos se colocaron aquí el 27 de noviembre de 1904.

*Base del panteón de los Estudiantes de Medicina donde descansan los restos de dos de sus defensores, el Teniente Coronel Federico Capdevila y el doctor Domingo Fernández Cubas. Foto: Mario Darias.*

—Pero sigamos con la base del monumento —dijo Pancho— Cómo puedes leer ahí, esa es la de Domingo Fernández Cubas, que nació un 3 de agosto de 1833 en la Gomera, Islas Canarias.

—Resulta bastante desconocido, al menos para mí —les dije y Nono me respondió:

—Si, a pesar de que fue una eminencia para nuestra ciencia, es bastante desconocido. De él hay que destacar la posición extremadamente valerosa que tuvo frente al terror provocado en aquellos días cuando era Catedrático de Disección de primer año de medicina y afirmó la inocencia de sus alumnos. En ese mismo momento quedó detenido en la cárcel junto a los estudiantes. Acerca de él dijo Valdés Domínguez: "Sobre sus hombros estuvo siempre honrada la toga del maestro".

—Cubas llegó a Cuba con 21 años, —continuó Pancho— lleno de sueños y una tremenda voluntad, pero sin un kilo en el bolsillo. Llegó sin saber, como tantos, que era un viaje sin regreso.

—Así, enfrentó gigantescas adversidades y tiempo después, como había llegado con el título de bachiller, se pudo matricular en la Universidad de la Habana, su más preciado sueño. Comenzó siendo alumno de la Facultad de Medicina y Cirugía en el curso 1854 al 1855, cosa que logró gracias al doctor Domingo León y Mora, canario, también de la Gomera, que decidió ayudarlo, convirtiéndose prácticamente en su padre.

»Ya en 1863, con treinta años, Cubas alcanzaba la Licenciatura de Medicina y Cirugía y comenzó así una carrera sin descanso que lo hizo ocupar cargos muy importantes dentro de la Universidad. Por cierto, el padrino de Doctorado de Cubas fue el eminente Dr. Fernando González del Valle, de quien, al igual que Domingo León, tampoco se habla mucho y que ya veremos más adelante.

»Cubas prestó servicios en la enseñanza superior de la Universidad de La Habana por más de cuarenta años. Fue un médico muy popular y codiciado y tenía una clientela enorme, sin embargo, los últimos años de su vida fueron fatales, pues la clientela fue desapareciendo y se fue hundiendo en la pobreza, pero esto no fue lo que más le golpeó.

En las palabras de Nono había cierto misterio o suspenso que desesperaba a cualquiera. Creo que lo hacía a propósito, porque al notarlo me extendió un papel y me dijo:

—Aquí está muy bien explicado lo que quieres saber. Este es un fragmento del discurso de recepción como académico de número pronunciado por el Doctor Enrique Barnet el 14 de junio de 1907, un año después de la muerte de Cubas: *...venía viviendo muerto. Tornado melancólico y opaco, porfiaba por hacerse una soledad en medio del mundo, de sus ruidos y de sus quimeras a causa del vejamen inesperado que vino a* *amargarle los últimos años de su existencia. Andaba entre nosotros como un cadáver animado, rígido, impasible, perdida su jovialidad habitual, triste, taciturno, sin proferir una queja ni un lamento, sentándose en su silla de académico con la cabeza inclinada sobre el pecho y tomando repentinamente, de súbito, la palabra en alguna discusión, como si obedeciera de golpe a un impulso mecánico. Llevaba reconcentrado todo su pesar. Algunas veces, ya muy raras, iluminaba su semblante, como un relámpago en noche sin luz, la claridad de una sonrisa. Aquel hombre, formado para el buen humor y la alegría, habíase vuelto agrio y huraño. A tal estado le condujo la desgracia del despojo de su cátedra de Patología General, en virtud de la reforma de la enseñanza universitaria conocida por el plan Varona.*

*Quedó así desposeido de la toga de maestro, que había llevado con decoro y prestigio durante más de cuarenta años. Así lo arrancaban de cuajo de su familia de discípulos, tan dulcemente amada por él, que constituían cuatro generaciones de médicos cubanos, y se le condenaba al tormento de las privaciones, de la tristeza y de la ingratitud.*

—Déjame decirte que después de esto, quiso el gobierno interventor norteamericano reconocer los méritos de Cubas y la penosa situación en que se encontraba y le asignó una pensión que lo ayudaba a vivir con su familia. Vaya, una especie de indemnización.

—Pero aquí viene lo increíble, —intervino Pancho— cuando llegó el Gobierno de la República de Cuba, o sea, el gobierno de Estrada Palma, una de las medidas que tomaron fue quitarle la pensión a Cubas y por más que se hizo para que se la devolvieran, no hubo arreglo. Apelaron a todas partes, pero la respuesta siempre estaba llena de promesas y halagos, pero nunca resolvían nada.

—Domingo Fernández Cubas —aportó Nono— falleció en su casa, a los 72 años, el 11 de junio de 1906, a las 8 y 40 de la noche producto de la arterio-esclerosis. La noticia de su muerte corrió por la ciudad y la casa se llenó de visitantes, flores y coronas. De todas partes de la Isla llegaron mensajes y telegramas de duelo para la familia. La Universidad, el Consejo Provincial del Ayuntamiento de La Habana y de otras ciudades. La Cámara de Representantes y varias Corporaciones, enviaron pésames. Toda la prensa enlutó sus columnas. La condolencia fue general en la nación.

—Muchas flores y muchos pésames, pero lo dejaron morir sin su cátedra y sin la pensión. —Dijo Pancho visiblemente molesto y Nono continuó con la descripción del último adiós a Cubas.

—El entierro se efectuó en la tarde del 12, con los últimos rayos del sol que moría y se vio muy concurrido, pero con una ausencia visible de estudiantes. Murió el maestro pensando en sus discípulos, y por ingratitud, olvido o injusticia, ni una flor de ellos adornó su tumba.

»El día que se tomó la decisión de que sus restos se depositaran aquí, junto a los Estudiantes de Medicina, se dieron cuenta de que su cadáver estaba momificado. Fue entonces que Valdés Domínguez decidió que se abriera una fosa ahí, en la base del monumento, donde se pudiera colocar el sarcófago. Eso sucedió el 27 de noviembre de 1908.

*Base del panteón de los Estudiantes de Medicina donde descansan los restos de su mayor defensor, el doctor Fermín Valdés Domínguez. Foto: Mario Darias.*

En este momento hubo un silencio inesperado que fue roto por Pancho:

—El tercer cadáver que se enterró en esta base del monumento fue, como ya sabes, el del Dr. Fermín Valdés Domínguez que nació, según se cree, el 10 de julio de 1853, se supone que en algún lugar de La Habana.

—¿Cómo se entiende eso? —Pregunté y Pancho, que esperaba mi pregunta, se apresuró a responder.

—Muy fácil, la cuestión fue que, a los pocos días de nacido, lo dejaron en la Casa de Beneficencia de La Habana con un papelito en el pañal con esa fecha y aclarando que no estaba bautizado.

—Ahora es que me entero de que Fermín es uno de los niños abandonados en la Casa de Beneficencia.

—No solo Fermín, —señaló Nono— su hermano Eusebio también, los dos fueron adoptados el mismo día, la diferencia es que Eusebio ya tenía seis años.

—Y como siempre, aquí voy con una curiosidad: resulta que quien los adoptó no lo podía hacer, por eso tuvo que traer a su hermana de Guatemala, el problema era que Don Mariano Domínguez tenía prohibido tener hijos ni adoptarlos por su condición eclesiástica.

—Por eso, entre sus nombres y el apellido del padre adoptivo estaba el Valdés, que era el que le ponían a los niños que procedían de la Casa de Beneficencia. En el caso de Fermín, siempre utilizó ese apellido, incluso firmaba con el Valdés, pero a su hermano no le agradaba y ponía en su firma Eusebio V. Domínguez.

—Casi todos sabemos que a los niños de la Casa de Beneficencia se les ponía ese apellido, pero muchos no sabemos por qué. —Le dije a Nono.

—Eso tiene su explicación. Es muy sencilla. Pero primero, como siempre, hay que irse un poquito atrás en el tiempo.

—¡Allá va eso! —Exclamó Pancho riendo y Nono continuó

ignorándolo.

Me explicó que esas casas en su origen, ni tenían el nombre de beneficencia ni estaban en un mismo sitio, fue con el tiempo que se unieron la Casa de Maternidad y la de Beneficencia. Incluso venía de mucho antes, cuando el Obispo de Compostela fundó una Casa Cuna allá por 1687, y tiempo después, el obispo que sucedió en el cargo a Compostela, que fue el español Jerónimo de Nosti Valdés, se convirtió en el vigésimo sexto obispo de Cuba y tuvo el honor de que en su episcopado naciera, en el Convento de San Juan de Letrán, la Real y Pontificia Universidad de San Jerónimo de La Habana en 1728, pero lo que nos interesa ahora es que encontró sin concluir la Casa Cuna del Obispo de Compostela y continuando su idea la pudo restablecer en la esquina de Oficios y Muralla la que dejó inaugurada en 1711 teniendo la amabilidad de dejar bautizar con su apellido Valdés a los niños que eran abandonados en dicho lugar.

—También se puede ver desde otro punto de vista, porque el hecho de que llevaran el apellido Valdés también los marcaba para toda su vida, pero y ¿cómo se las arreglaban los que tenían el apellido Valdés real? —Pregunté.

—Tenían que joderse porque todo el mundo pensaría que venían de la Casa de Beneficencia. —Contestó Pancho eludiendo la desaprobación de Nono.

—Pues creo que te equivocas —intervino Nono— porque según tengo entendido lo que hicieron para diferenciarse fue cambiar la letra S por la Z. O sea, Valdés con S era de la casa de beneficencia y con Z no.

Supe también que para 1794, frente a la Caleta de San Lázaro, había una casa de Beneficencia solo para hembras, aunque, años después fue para los dos sexos. Ese lugar, donde está hoy el Hospital Hermanos Ameijeiras y que nos parece muy céntrico, en aquellos momentos era un lugar apartado, bien desolado.

—Pero ahora que hablamos del Obispo Valdés, —entró Pancho— tengo un par de curiosidades, la primera fue que el templo que él había hecho reconstruir, fue el que le sirvió de tumba, pues, cuando murió, el 29 de marzo de 1729, fue enterrado en esa parroquia, llamada del Espíritu Santo y que todavía está en la calle Cuba y Acosta en la Habana Vieja. Eso se perdió en el tiempo y en el olvido y pasaron muchos años hasta que un día de 1936, cuando se estaba celebrando un bautismo en la iglesia, se hundió el piso y aparecieron los restos del Obispo Valdés. Entonces, tuvieron la macabra idea de convertir al obispo en un objeto museable y le pusieron un cristal arriba para que todos lo pudieran ver.

—Y ¿todavía se puede ver? —Nono me contestó.

—Bueno, el sepulcro se encuentra en el mismo sitio, pero en la década del 50, el presbítero Ángel Gaztelu, párroco del Espíritu Santo y poeta, que estaba vinculado a los escritores del grupo Orígenes, le pidió al escultor Alfredo Lozano Peiruga que le hiciera un sepulcro adecuado al obispo Valdés que fue inaugurado en 1961. Pero volvamos a lo nuestro porque en la vida de Fermín hubo otro suceso, antes del de los Estudiantes de Medicina que por poco le cuesta la vida. En este caso estuvo implicado, junto con él, nuestro inmenso José Martí.

—Te refieres seguramente a la carta que encontraron en la casa de Fermín firmada por él y Martí y que estaba dirigida a Carlos de Castro.

—Efectivamente…

Ese fue un suceso que no por conocido dejamos de tratar. Recordamos entonces que Fermín conoció a José Martí desde la escuela primaria y que después continuaron juntos para la Escuela Primaria Superior de Varones que se encontraba en Prado y Ánimas y es ahí donde ambos conocen a Rafael María de Mendive, director del centro que influyó poderosamente en ellos. En esos momentos se había producido el levantamiento en armas de Carlos Manuel de Céspedes el 10 de octubre de

1868 y por otro lado, el 9 de enero de 1869, se había aceptado en Cuba la ley de igualdad jurídica o la inviolabilidad de domicilio, pero la ley que nos ocupa fue la libertad de imprenta. Situación que dio la posibilidad de que Fermín costeara una publicación donde aparecían las ideas políticas de los alumnos de Mendive, se llamó El Diablo Cojuelo y uno de sus colaboradores fue el adolescente José Martí que por primera vez podía ver impresas sus ideas políticas, pero sucedió, como sabemos, que el 22 de enero de ese año, los Voluntarios de La Habana asaltaron el Teatro Villanueva en el momento en que se representaba una obra llamada Perro Huevero que servía para criticar al régimen y hubo una masacre que mucho tiempo después describiera José Martí en sus Versos Sencillos.

La cuestión fue que ese teatro era propiedad de la familia de Mendive por lo que lo deportaron a España y al mismo tiempo le cerraron el colegio así que los alumnos del mismo fueron distribuidos por otros centros cercanos. Desde ese momento Martí, más que al colegio que le habían asignado, se dirigía a la casa de Fermín donde se reunían, con la aprobación de José Mariano, los discípulos de Mendive.

El 4 de octubre de 1869, pasó una compañía del Cuerpo de Voluntarios frente a la casa de Fermín y uno de ellos dijo que había sentido risas desde esa casa y ese fue el pretexto para que detuvieran a los jóvenes que allí se encontraban y comenzaran un registro y aunque en ese momento no se encontraba Martí en ese lugar, dieron con una carta firmada por él y Fermín que habían escrito a un ex alumno de Mendive llamado Carlos de Castro que había decidido alistarse en las filas de los Voluntarios. Le preguntaban en la misma que si él conocía la pena que daban los antiguos a los "apóstatas", que no era otra que la ejecución.

Esto lo tomaron como una amenaza de muerte y la emprendieron contra los dos adolescentes y el 4 de marzo de 1870 comienza una vista oral por el delito de infidencia, pero al preguntar quién había escrito la carta, ambos jóvenes se responsabilizaban, queriendo cada uno salvar al otro, aunque decidieron una condena de seis años de prisión con trabajo forzado para José Martí y de seis meses de cárcel para Fermín Valdés Domínguez. Al salir de prisión Fermín termina sus estudios de bachillerato e ingresa en la facultad de Medicina de la Universidad de La Habana sin poderse imaginar que pronto se vería envuelto en el trágico y bochornoso suceso de los Estudiantes de Medicina.

Cuando fue deportado a España se reúne otra vez con su gran amigo José Martí y compartieron una juventud llena de aventuras y estudios. En el primer aniversario del fusilamiento de los estudiantes, Martí escribió una proclama que firmaron Fermín y Pedro J. de la Torre que habían sido sobrevivientes de aquel hecho.

En 1874 Martí partió hacia México a reunirse con su familia y Fermín se quedó para terminar sus estudios de medicina, regresando a La Habana un 2 de enero de 1876 para reunirse otra vez con su adorado padre, ya anciano, pero muy lúcido e inteligente, que todavía estaba preocupado por el bienestar de sus dos hijos. Su orgullo fue verlos encaminados, a Eusebio como abogado y a Fermín como médico.

Fermín se enamoró de Consuelo Quintanó Ramos, que era sobrina de su madre adoptiva, y se casaron el 25 de febrero de 1876 y siguieron viviendo con sus padres adoptivos hasta que recibiera el permiso para establecerse como médico en La Habana, cosa que sucedió unos meses después.

De esta época es muy importante el encuentro sorpresivo que tuvo con Martí en febrero de 1877. Su amigo había llegado a La Habana con el nombre de Julián Pérez y pasó unos días en la ciudad donde recibió algunas cartas de recomendación de Don José Mariano Domínguez dirigidas a personas en Guatemala donde pensaba radicarse.

De todas formas, en agosto de 1878, Martí decide volver a La

Habana y es acogido por su amigo en su casa durante varios días. Tanto la esposa de Fermín como la de Martí están embarazadas y dan a luz casi juntas. Consuelo Amparo de las Mercedes, hija de Fermín, nació el 9 de noviembre de 1878 y José Francisco, el hijo de Martí nació el 22 del mismo mes y año.

Pero a Fermín le esperaban otros días grises porque el 6 de diciembre de 1878 murió a los 93 años, José Mariano Domínguez quien les dejó a los dos hermanos una modesta fortuna al cuidado de su hermano Eusebio que la perdió.

En septiembre de 1879 es deportado José Martí de Cuba y un día después muere la hija de Fermín sin haber cumplido un año.

En este momento de la partida de Martí, la amistad de Fermín con él, no estaba pasando por el mejor momento, cosa que se puede apreciar por cartas de Mendive a Fermín donde no menciona en ningún momento a Martí. Esto sucedía por las diferencias políticas que aparecieron entre los dos amigos pues Fermín había ingresado al Partido Liberal Autonomista y Martí, independentista, tenía bien claro que esa no era la vía de emancipación de España. Hasta 1887, en que Martí le escribe a Fermín, no se conoce de ningún acercamiento entre los dos, aunque, a partir de ahí volvieron a ser hermanos.

El 14 de diciembre de 1887 muere Eusebio, el hermano de crianza de Fermín, aunque ya no se veían mucho por el rencor que había crecido entre los dos.

Tiempo después, Fermín, decepcionado, se separa del Partido Liberal Autonomista y se aparta también de la sociedad habanera estableciéndose, como médico, en la oriental región de Baracoa en 1888.

—Hay algo que mucha gente no sabe. —Me dijo Nono—. Fermín fue de los que se incorporó a la guerra del 95, primero con Serafín Sánchez y Carlos Roloff y después con José Maceo y más tarde como jefe de despacho de Máximo Gómez terminando con el grado de coronel, ascenso que se le otorgó el

23 de diciembre de 1896. También, del 13 al 18 de septiembre de 1895 asistió como representante a la Asamblea Constituyente de Jimaguayú donde fue elegido subsecretario de Relaciones Exteriores y fue jefe de Sanidad del primer cuerpo de Oriente desde el 19 de diciembre del 95. Todo lo que vivió en la manigua está escrito en su libro Diario de Soldado que comenzó a escribir el 6 de junio de 1895 hasta el 17 de octubre de 1898.

—En la segunda intervención yanqui, —continuó Pancho— hubo un grupo de personajes que intentó anexionar Cuba a los Estados Unidos y se encontraron con la oposición de varios cubanos que integraron la Junta Patriótica de La Habana que se fundó el 10 de octubre de 1907, uno de ellos fue Fermín Valdés Domínguez que, por cierto, no ocupó ningún cargo público durante la República.

—Fermín tuvo muy merecido el privilegio de que sus restos descansaran en este lugar sagrado. Él falleció el 13 de junio de 1910 y fue enterrado al día siguiente en una de las bóvedas del entonces Obispado de La Habana aquí en el Cementerio Cristóbal Colón; tres semanas después, el 7 de julio de 1910, sus restos fueron trasladados a este panteón que desde ese momento quedó clausurado.

# Panteón de José Gener y Batet

¡Lo peor de la muerte
es que te agarra vivo!

Anónimo

—Nono, déjame coger la batuta, porque en el camino hasta el panteón de Gener voy a poner una bola increíble... —Pancho se dirigió a mí, mientras seguíamos transitando por la calle C. —¿Tú sabías que a los Voluntarios de La Habana se les ocurrió en una ocasión enterrar un gorrión con todos los honores de un militar?

—¿Eso es en serio? —Pregunté riendo.

—Sabía que me ibas a mirar así, pero lo lindo del caso es que fue verdad...

—Claro, ante todo hay que decir, para que se entienda bien, —explicó Nono— que el gorrión, como representante del emigrado, y la bijirita, del nativo, fueron entre los habitantes de Cuba símbolos ornitomórficos...

—¡Viste qué palabrita! No, si cuando yo te digo que andar con éste lo cultiva a uno... ¡Es mucho lo que te estamos poniendo, mi hermano!... Pero vamos pa lo nuestro: Mira, un día del mes de marzo de 1869, de una de las matas que están frente al Palacio de los Capitanes Generales, en La Habana Vieja, cayó muerto un gorrión y un voluntario recogió el "cadáver"...

—Esto fue entre los españoles como un aviso del cielo de que iban a perder la guerra. —Dijo Nono y Pancho continuó.

—Al gorrión le hicieron hasta un altar, pero eso no es nada, querían hacerle funeral en toda la Isla, hasta curas le hicieron responsos al plumífero y en el cortejo fúnebre iba el mismísimo Capitán General Domingo Dulce y su esposa que le trajo al pequeño cadáver una ofrenda floral carísima. ¿Qué te parece?

—Francisco Javier de Balmaceda —volvió a intervenir Nono— en su libro *Archivos del Folklore Cubano*, nos dice, y yo estoy de acuerdo con eso, que, con esta ceremonia, los Voluntarios de La Habana hundieron en el ridículo al Gobierno de España y a la Iglesia Católica.

—Lo enterraron y todo compay. —Sentenció Pancho y Nono replicó.

*Panteón de La Voz de Cuba donde supuestamente enterraron al gorrión. Foto: Mario Darias.*

—Si, hay quienes afirman que el gorrión fue sepultado en el panteón de *La Voz de Cuba* que está en 5 entre A y B, pero yo pienso que es difícil porque el suceso fue en el mes de marzo de 1869 y el Cementerio Colón se comenzó a construir a finales de 1871. Pero bueno, cada cual con su historia...

—¿Y si lo tenían embalsamado? —Especificó Pancho.

—Esas son especulaciones que podrían ser o no ser. —Respondió Nono.

—Lo que sí es verdad es la tonga de pesos que se gastaron en esas ceremonias, empezando por el tremendo ataúd que utilizaron para pasear los "sagrados despojitos" por la Habana.

—Y si eso fuera poco, —dijo Nono— también lo llevaron a otras provincias, como, por ejemplo, Cárdenas, donde fue recibido por la gente que le lanzaba arroz a su paso y en

Guanabacoa no se quedaron atrás con los honores al difunto pajarillo.

—Pero eso no es na... —Expuso Pancho. —¿Tú sabes lo que es que en La Villa de Guanabacoa metieron preso con custodia y todo a un gato que se comió un gorrión? Lo tuvieron días sin comer y además fue condenado a muerte por unanimidad y sin juicio, pero el día de la ejecución llovió mucho y la pospusieron. ¡Y oye esto! Por suerte para el gato, un catalán reclamó que era suyo y trató de demostrar su inocencia diciendo que tenía sentimientos españoles. Entonces se le hizo juicio a "Micifuz" y salió absuelto.

—¡Cosa de locos...! —Afirmé.

—Espera, —dijo Pancho abriendo los brazos para detener nuestra marcha casi en la esquina de las calles 5 y D— ya que llegamos al panteón de José Gener y Batet, te voy a cambiar un momentico de palo pa rumba.

—Respeto Pancho, respeto... —Se oyó a Nono.

—Que respeto, si este ni está en su panteón...

—¿Cómo que no está en su panteón? —Pregunté.

—Oiga, este es el panteón de Gener y Batet, el que salió echando de Cuba en cuanto España perdió la guerra. Él sabía que no era bien mirado aquí y arrancó para la Madre Patria y allá, tuvo que seguir con su cargo de conciencia, bueno, si es que la tenía.

—Primero que todo debo decirte —rectificó Nono— que Batet no salió de Cuba al terminar la guerra, sino en 1873, dos años después de los sucesos de los estudiantes regresó a Cataluña totalmente enriquecido y se hizo construir un inmenso palacio en su pueblo natal, en el lugar donde estuvo la antigua casa de sus abuelos maternos. Hay quienes afirman que en un momento de su vida reconoció que el fusilamiento de los estudiantes había sido una canallada, pero yo no estoy muy seguro de eso.

—Quizás se le ablandó el alma con el tiempo. —Le dije.

*Panteón de José Gener y Batet en el Cementerio Cristóbal Colón. Foto: Mario Darias.*

—Es un poco difícil teniendo en cuenta que era una persona déspota hasta decir no más, fíjate a dónde llegaba que en su fábrica dejaba amarrados en un cuarto a los aprendices que no cumplían la norma.

—Esa no me la sabía. —Afirmó Pancho.

—Incluso, en una ocasión eso tuvo consecuencias fatales porque se propagó un incendio y los aprendices que estaban amarrados murieron quemados.

—Supongo que lo hayan llevado a los tribunales por eso. —Afirmé.

—Pues supones mal porque al socio no le pasó nada, seguro que cantó don dinero. Ya tú sabes... —Aportó Pancho.

Después de disfrutar de las ocurrencias de Pancho me fueron contando que José Gener y Batet nació en 1831 en L'Arboç del Penedés (Tarragona), que fue uno de los diez hijos de un carpintero carretero que fabricaba toneles para guardar vino y alcohol que se enviaba a Cuba y a otras colonias españolas y su madre se llamó Antonia Batet Suriol la cual ayudaba al padre en su faena, además de dedicarse a la crianza de los hijos. Por eso el matrimonio decide enviar a José, con solo 13 años, con su tío Miguel Jané, que vivía aquí, en Pinar del Río, y que ya era fundador de una de las más antiguas fábricas de tabaco que se llamaba Majagua.

*Panteón de Juan Conill Pí en el Cementerio Cristóbal Colón. Foto: Mario Darias.*

Aunque lo más importante que le sucedió al joven José Gener fue que, poco tiempo después de llegar a Cuba, se convirtió en uno de los protegidos de Juan Conill Pí, que, por cierto, me indicaron que desde el lugar en que estábamos se podía ver su panteón lo cual es cierto. Un hermoso panteón en la misma esquina de 9 y E, que tiene a un ángel grande recostado encima de un león.

Supe que Juan Conill fue una persona muy importante para

muchos catalanes que emigraron a Cuba, no solo para Gener, sino para su tío, para Jaime Partagás y para muchos otros que se convirtieron en famosos tabaqueros, pero me recordaron que esas historias me las contarían después cuando llegáramos al panteón de los Naturales de Cataluña porque en este momento estaban centrados en José Gener y Batet que dentro de ese grupo de jóvenes aprendió mucho sobre cómo cultivar, cosechar y negociar con el tabaco. Poco después, como tenía mucha facilidad para los negocios, se pudo comprar una pequeña plantación de tabaco en la localidad llamada Valle de Monterrey en San Juan y Martínez y la finca se llamaba Hoyo de Monterrey, lugar muy favorable para el cultivo del tabaco siendo él uno de los primeros en adquirir tierras en ese lugar, incluso, en la entrada de la misma fabricó su casa,

—Claro que Conill no era bobo a nada —intervino Pancho, —porque todos sus discípulos tenían que entregarle la carga a él que era el principal almacenista y acaparador de tabaco en Cuba.

—En el año 1864 fue el propio Conill —continuó Nono, —quien aconsejó a Gener de no dedicarse más a la cosecha y crear su fábrica de tabacos torcidos y así pasó de veguero a fabricante.

—Y aquí viene una de las burradas del socio —interrumpió Pancho, —porque pensando en que iba a hacer una excepción al crear una marca, le puso el nombre de "La Escepción", y la fundó en 1865 junto con su hermano, aunque no puso el nombre de él, sino que la hizo conocer como José Gener y Cia.

Esta fábrica estaba en la calle Príncipe Alonso No 7 de La Habana, edificio que, como ya te conté, fue destruido por un incendio, aunque lo volvieron a reconstruir un tiempo después.

—Hay quien dice que pudiera justificarse la falta de ortografía porque en aquella época la letra X casi no se utilizaba, también dicen que por cartas y otras cosas que se tienen de él, resulta que tenía una buena cultura lo que hace casi imposible que haya sido una falta de ortografía. Otra cosa que se ha dicho es que puede haber sido un error en la transcripción.

—¡El caso es que hay que buscarle una justificación al ñame! —Interrumpió Pancho—, cuando el pobre se toma una botella de ron es un borracho, pero cuando se la toma el rico: el señor tiene jaqueca.

Después de reír los tres, Nono dijo:

—De una forma o de otra, no se puede negar que esa falta de ortografía ayudó, aunque parezca mentira, a una mayor publicidad de la marca. La fábrica de "La Escepción" estaba en la calle Monte y Zulueta, en La Habana Vieja. Por cierto, que ese edificio todavía se conserva. —Comentó Nono y yo lo interrumpí.

—Eso me hizo recordar una historia que me hicieron hace tiempo de un zapatero que se llamaba Boza y que montó una zapatería, eso fue, más o menos, en la década del cuarenta, pues la montó en el medio del pueblo donde vivía y le puso un letrero grandísimo que decía SAPATERIA BOZA y la gente lo iba a ver para decirle que el cartel tenía una falta de ortografía y él le decía que lo iba a dejar así, porque la gente se fijaba más. Y es verdad, si el letrero hubiera estado bien escrito, yo no estuviera hablando de él.

—Entonces, la gente pensaba que el socio era un seboruco, pero era un lámpara pa'l negocio. —Comentó Pancho riendo.

—Muy buena tu anécdota. —Afirmó Nono y continuó. —Ya en 1867 incluyó a su tío Miguel Jané en la sociedad para también unir sus tierras a las de él, aunque esa unión duró muy poco. También comercializó la marca de tabaco

*Detalle del Panteón de José Gener y Batet. Foto: Mario Darias.*

cubano "Gener". La cuestión fue que en pocos años se convirtió en un importante empresario tabacalero, hasta el punto de que muchos afirman que su fortuna llegó a ser la tercera del imperio español en su momento.

—Un peje gordo de verdad. Por eso arrancó para la Madre Patria a gozar su fortunota— Sentenció Pancho y Nono continuó.

—Es muy importante saber que, en 1861, él se casó con Francisca Seycher de León, una mujer rica que, aunque se considera una criolla, había nacido en Louisiana.

—Y ¿por qué es importante saber eso? —Pregunté.

—Porque, cuando él murió en su castillo en 1900, no había construido su casa de la muerte allá y no iban a traerlo para esta, por lo que su mujer le mandó a construir un panteón que comenzó en 1902 y fue terminado en 1906 y que podía competir con el castillo en opulencia.

—Oye, —intermedió Pancho— pero, aunque haya tenido todo el dinero del mundo, no se debe de olvidar jamás que ese Capitán del 6to batallón de Voluntarios de La Habana, fue uno de los que más hizo porque se fusilaran a aquellos ocho jóvenes estudiantes de Medicina y que se paró en el balcón del Palacio de los Capitanes Generales, frente a un abejeo de Voluntarios a leer la sentencia de muerte de los ocho inocentes muchachos nombrándolos uno a uno.

—Así mismo. —Afirmé y Pancho me dijo:

—Ni podemos olvidar que al ver que el monumento de los Estudiantes de Medicina estaba hecho de mármol de Carrara y era el más alto del cementerio, mandó a reforzar el suyo, pues, como te darás cuenta, la parte de abajo está hecha de piedra de cantería y la de arriba fue creada mucho tiempo después con mármol de Carrara. Fíjate cómo fue, que él mismo ayudó a terminar la parte de arriba de esta capilla para darse el gusto de ver con sus propios ojos que su monumento era más alto que el de los estudiantes. También, como puedes ver, llenó su capilla de ángeles y estatuas hechas de mármol de Carrara. Todo para competir con el otro. Claro, parece que no las tenía todas con el supremo porque, como puedes ver, le cayó un rayo que la partió y su monumento volvió a ser menos alto que el de los estudiantes.

—Realmente al gobierno español también le molestó siempre la altura del panteón de los Estudiantes de Medicina y se dio a la tarea de buscar una justificación que les permitiera crear el monumento más alto del Cementerio Cristóbal Colón, para lo cual utilizaron los sucesos de la Ferretería Isasi para fabricar el Monumento a los Bomberos del cual hablaremos después. — Afirmó Nono y entonces se me ocurrió plantearles una duda que tenía.

—Hay algo que no me juega en las fechas, si José Gener y Batet se fue para España en 1873, no pudo ver el monumento de los estudiantes terminado, porque eso fue en 1890.

*Detalle del Panteón de José Gener y Batet. Foto: Mario Darias.*

—Óigame, verdad que sí. —Expresó Pancho y después de unos segundos me dijo —La verdad es que la pusiste dura, pero, que viviera en España no quiere decir que pudiera estar aquí en esos años, quizás atendiendo su negocio o algo por el estilo, porque te quiero decir que él siguió recibiendo dinero de sus negocios en Cuba, y cuando murió, el negocio pasó a su esposa y se llamó Viuda de Gener y Cia. Después ella falleció en 1909 y entonces pasó a su hija Lutgarda Gener Seycher y se llamó Hija de José Gener, o sea, el familión siguió recibiendo el gallo por los años de los años, claro, hasta el 59.

—Pues no, —aclaró Nono— porque a la muerte de su hija que

fue el 21 de noviembre de 1919, la marca pasó a la sociedad Torres, Gener Hnos, que agrupaba a su marido e hijos. Pero en 1931, la familia Gener vendió todas sus marcas de cigarros. Las marcas Hoyo de Monterrey y La Escepción fueron compradas por la familia Fernández, Palicio y Cia. Que estaba compuesta por Ramón Fernández y Fernando Palicio Argüelles. Después en 1948, a la muerte de Ramón Fernández, Palicio fue su único dueño hasta la nacionalización en el 59. Pero bueno, vamos a terminar con Batet para llegarnos a la otra esquina, que quiero mostrarte algo interesante...

En ese preciso instante sentimos el sonido de un claxon a nuestras espaldas que nos sobresaltó, enseguida le dimos paso a una camioneta que llevaba en su parte posterior a varios trabajadores del cementerio, uno de ellos le gritó a Pancho:

—¡Quítate del medio viejo e mierda!

—Tu madre, desgraciao... —Le contestó Pancho visiblemente molesto mientras se sentían las carcajadas de ellos que se iban alejando. Aquella risa nos contagió a nosotros que terminamos imitándolos. El propio Pancho había olvidado ya la ofensa y se reía también. En fin, que habíamos olvidado por un momento que andábamos transitando por la necrópolis.

—Esos son sepultureros. —Dijo Pancho.

—Como que este cementerio es tan grande los tienen que llevar en carro, aunque a veces también van a pie. —Explicó Nono.

—Pero van muy contentos. —Le dije.

—Es que son, en su mayoría, jóvenes que, como te imaginarás, nada más que son serios cuando están enterrando a alguien. Tienen que ser jóvenes porque este trabajo es muy difícil. Si ves a un viejo entre ellos es el jefe de la cuadrilla. Mira, estar levantando las tapas de las bóvedas bajo el sol es tremendo, sobre todo sabiendo que pesan más de mil libras.

—Déjame decirte que el resplandor de los mármoles de las tumbas al sol quema más que la arena de la playa, aunque ese no es el problema mayor, sino que tienen que manipular esas tapas pesadas delante de los dolientes del fallecido. —Dijo Pancho y Nono continuó.

—Cosa que lo hace más difícil porque están obligados a no fallar y si hablamos de la responsabilidad que conlleva el bajar un ataúd al sepulcro ni te lo quieras imaginar. Recuerda que lo estás haciendo frente a sus familiares y amigos que se sienten muy dolidos y pueden hasta ofenderse de cualquier cosa. Además, para ellos no hay lluvia, frío, calor, ciclones, no tienen día de cumpleaños ni feriados, ni nada que los detenga. Es un trabajo estresante.

—Incluso —siguió Pancho— reciben el rechazo de mucha gente. Cuando conocen a una muchacha y le dicen que son sepultureros, ahí mismo la socia se echa a reír y le pregunta: ¿Eso es un chiste? Y cuando él le dice que no lo es, le abre los ojos de pánico y le dice: Solavaya, echa pa'llá. Lo mismo en una reunión de padres en las escuelas de sus hijos donde todos se están prestando para ayudar según sus profesiones y de pronto se paran y dicen: Yo soy sepulturero... ¿Te imaginas?

—Y ¿qué me dices cuando el sepulturero tiene que enterrar a un ser querido? O ¿cuándo lo tiene que exhumar? Vaya, que nada más que estamos pensando en los entierros, pero posiblemente sea más difícil la exhumación.

—Por otro lado, estos trabajadores son realmente indispensables y a la vez subestimados salvo muy pequeñas excepciones como fue el caso de Julio Hernández y Pedro Márquez conocido por Papo El Blanco que estuvieron trabajando de sepultureros en este cementerio por más de medio siglo. No podemos dejar de mencionar a Tomás Suárez, que fue uno de los personajes más queridos de este cementerio, tanto él, como su padre, le dedicaron toda su vida a este lugar. Son verdaderos héroes anónimos llenos de sentimientos, aunque haya gente que piense lo contrario. Son personas iguales a nosotros, aunque trabajen junto a la tristeza de los demás.

—Por eso uno se pone bravo con ellos cuando te fastidian, pero después se lo paso por alto, el problema es que no los podemos obligar a estar el día entero junto al dolor, tienen que tener, aunque sea un rato, algo que los haga reír. Vaya, si no, no fueran cubanos. ¿Tú te los imaginas pasando por delante de ti con sus caras de tranca o llorando?

—¿Te has puesto a pensar que fuera de este mundo sin sepultureros?

# Panteón de Manuel Fernández Supervielle



Mientras reanudamos el viaje, Pancho se dirigió a mí indicando con el dedo pulgar a Nono:

—¿Qué te parece el socio?

—No sabes cuánto agradezco haberlo conocido, bueno, a él y a ti.

—Por eso lo traje. Es un filtro... ¡Como sabe! Aunque también fue porque a él le encanta esto... Si no fuera contigo, estuviera dando su muela con cualquiera.

—Es pasión lo que tiene por el cementerio ¿no?

—Pasión es poco. ¡Este viejo no sale de aquí!

Tras la risa de mi interlocutor, Nono continuaba el camino como si no lo escuchara, aunque no podía disimular que le resultaba agradable. No fue mucho lo que andamos cuando Pancho se detuvo en la misma esquina de 5ta y D diciéndome:

—Aquí tienes un panteón que tiene que ver con el H2O.

—Como quiso decir Pancho con ese "chiste", el agua es el hilo conductor de esta historia... —Dijo Nono haciendo énfasis de comillas con sus dedos e invitándome con su mano derecha a que me acercara al panteón mencionado. Así lo hice mientras le decía:

—Ese querido y necesario líquido, siempre ha sido un problema en La Habana.

—Sí, entre otras cosas, debido al crecimiento de la ciudad, porque el acueducto de La Habana, en su época, fue más que suficiente. Esta ciudad no sobrepasaba los 200 000 habitantes, pero en 1912 ya andaba casi por el doble y hubo necesidad de ampliarlo. Esa primera ampliación se realizó durante el gobierno de José Miguel Gómez, bajo la dirección del ingeniero Enrique J. Montoulieu y de la Torre; quien terminó el trabajo en 1915. Diez años después hubo que realizar la segunda ampliación, fue en el gobierno de Machado. Comenzó en 1925 y terminó en 1931 y fue realizada por los ingenieros Montoulieu y Fernández Simón.

»Pero La Habana siguió creciendo y para la década del cuarenta volvía a resultar pequeño el acueducto. En ese momento es cuando el doctor Manuel Fernández Supervielle, quien era decano del Colegio de Abogados y que hasta ese momento no se había inmiscuido en política, hizo su campaña electoral por la alcaldía de La Habana, basada en la promesa de resolver el problema del agua en la capital.

*Panteón de Manuel Fernández Supervielle, Alcalde de La Habana. Foto: Mario Darias.*

—Pero cuando se hizo alcalde —interrumpió Pancho— empezó a pasar el tiempo y el agua seguía en los ríos...

—El asunto —siguió Nono— llegó hasta el extremo de que cada vez que se mostraba en público era recibido con gritos de ¡Agua... Agua... Agua...! Incluso, cuando iba a los cines, trataba de sentarse en algún lugar apartado y en varias ocasiones presenció la rechifla de la gente cuando aparecía su imagen en la pantalla.

—Era una época en que los cubanos tenían el jodedor en su

punto, bueno, como casi siempre...

—Eso se convirtió en una situación bien difícil. —Aportó Nono y Pancho dijo:

—Le perdieron el respeto, y eso que, decir alcalde de la Habana en esos tiempos, era decir tipo duro, vaya, que era más importante que todos los ministros y cuidado que el mismísimo vicepresidente de la república.

—Efectivamente, como dice Pancho, el alcalde de La Habana era una persona que podía manejar recursos que otros no podían ni imaginar y esto lo hacía poderoso. Incluso podía tomar decisiones muy importantes.

—Pero así es la vida. —Continuó Pancho—. Pasó de héroe popular al hazmerreír de la gente por lo que no pudo aguantar más y el 4 de mayo de 1947, se pegó un tiro... Al parecer, por no poder cumplir su promesa.

—¿Por qué dijiste: al parecer? —Pregunté intrigado y Pancho se apuró en contestarme.

—El problema es que hay quien dijo que el agua no tuvo nada que ver, que la verdad fue que se había suicidado por problemas con su mujer, na que a la gente le encanta el chisme, tú sabes cómo son las malas lenguas y la mía que no es muy buena porque lo estoy repitiendo.

—En honor a la verdad, —intervino Nono— Supervielle se vio envuelto en una situación muy difícil al no poder cumplir su promesa debido a la falta de apoyo que antes le habían ofrecido y que después no tuvo. El gobierno de Grau había anunciado públicamente que iba a otorgar su apoyo a la empresa de Supervielle, pero todo fue cuento. Incluso, trató de obtenerlo con empresas extranjeras, pero nada pudo hacer. Hasta la Cámara Municipal le negó su cooperación. La realidad fue que confió ingenuamente en gente inescrupulosa y cuando se percató de su error ya era tarde. Se quedó solo con su honor y su vergüenza.

—Y ¿saben ustedes cómo ocurrió la desgracia? —Pregunté y

Nono me contó que lo sucedido en los últimos minutos de la existencia de Supervielle se había conocido gracias a Sergio Álvarez, vigilante de la Policía de Marianao, quien llevaba mucho tiempo prestando el servicio de posta permanente en su casa. Según él, Supervielle salió esa mañana, a eso de las siete y media, bañado y afeitado, todavía andaba en traje de casa y zapatillas y le dijo: Sergio, llevas un revolver que no me gusta... Está feo y viejo. Déjame verlo, voy a tener que regalarte un día de estos uno nuevo... Sergio descargó el revólver y se lo entregó, era un calibre 38 cañón largo, Supervielle lo miró y le volvió a decir que no le gustaba. Entonces lo mandó a buscar la perseguidora para un encargo y el guardia le dijo que le devolviera el revólver porque no le gustaba salir a la calle sin él. En cuanto se lo devolvió, el guardia volvió a ponerle las balas y en ese momento Supervielle, que estaba sentado frente a él, le arrebató el revólver y se disparó en el pecho a boca de jarro... Montaron al herido en una perseguidora y salieron a toda velocidad, pero llegó muerto a la casa de socorro de la calle 6, frente al pasaje Montero Sánchez en El Vedado. El doctor que lo declaró muerto fue Abel Lezcano. Tenía al morir 53 años.

También supe que Guido García Inclán y Luis Ortega fueron los primeros periodistas que llegaron a la residencia de Supervielle, poco después llegó el senador Eduardo Chibás junto a Luis Orlando Rodríguez, ex director general de deportes y fueron los primeros en escuchar a la señora de Supervielle, Aurora Palacio, refiriéndose al trágico suceso. El día anterior se había sentido indispuesto por un cólico nefrítico y avisó que no iría al despacho, después fue mejorando según transcurrió el día. Por la noche se recogió temprano mientras que la esposa y su hija asistieron al festival del locutor. Su esposa les dijo que ni ella que llevaba 18 años con él, se imaginó por un momento que el suicidio le estaba pasando por su mente, cuando regresaron de la fiesta lo encontraron despierto, revisando papeles, tranquilo.

En el momento de la detonación, la hija se asustó y despertó a su mamá diciéndole que había escuchado tiros y que estaban asaltando la casa. Ella se tiró de la cama buscando a su marido, bajó rápido las escaleras y fue hasta el jardín y después hasta el garaje donde se aterrorizó al ver un charco de sangre fresca junto a una silla y enterarse del suceso. Fue entonces que la señora Palacios comenzó a gritar: ¡Grau es el culpable...! ¡Él es el único culpable de la muerte de Manuel...! Y después de llegar Chibás le dijo: Tú lo sabes todo. Hay que despertar al pueblo. Hay que abrirle los ojos. ¡Esto es horrible...! Y refiriéndose a los concejales dijo: ¡Le exigieron cinco mil pesos para cada uno! De lo contrario no le aprobaban el presupuesto para el acueducto.

Después de irse Chibás y Luis Orlando llegó a la casa el mismísimo Grau San Martín que se dirigió a la viuda diciéndole: Señora, la nación ha perdido a uno de sus hijos más ilustres. Usted fue para él una gran ayuda...

Y la señora Palacios le contestó: Y usted lo ayudó a terminar de este modo...

Supervielle dejó dos cartas, una dirigida al Juzgado de Instrucción y la otra a su esposa. La primera estaba fechada el 2 de mayo y se le entregó primero a Grau que al Juez. Decía así: *Me privo de la vida porque a pesar de los esfuerzos que he realizado para resolver el problema del agua en La Habana, por múltiples inconvenientes y obstáculos que se me presentaron me ha sido imposible, lo que implica para mí un fracaso político y el incumplimiento de la palabra que di al pueblo.*

Conociendo estos detalles les dije:

—Como se vio imposibilitado de darle agua a La Habana, decidió darle su sangre. —Y Nono me respondió:

—Por eso no creo en los chismes de los que habla Pancho.

—Bueno, si fue por una cosa o por la otra, la cuestión fue que se pegó el tiro y aquí fue enterrado. —Replicó Pancho— Eso sí, ¡qué clase de entierro, mi hermano! Y el velorio, pa qué contarte...

*Impresionante entierro de Manuel Fernández Supervielle en La Habana. Foto: Archivo de la revista Bohemia.*

—Fue un desfile sin fin de personas de todas las clases sociales, primero en la funeraria y después en el Salón de los Espejos del Palacio. —Dijo Nono y Pancho terminó la idea.

—Con decirte que le hicieron más de quinientas guardias de honor y pa que lo puedas comprobar tú mismo, aquí tienes una foto… mira cómo estaba el Malecón cuando lo traían para acá.

—Da la impresión de que el pueblo de La Habana asistió apenado al entierro. Quizás se sentían algo culpables de su muerte. —Les dije.

—Yo también lo creo. Fue verdaderamente impresionante. Cuando el cortejo iba llegando al cementerio las fuerzas armadas ocuparon todas las azoteas cercanas —Señaló Nono y Pancho intervino:

—En este mismo lugar despidió el duelo Grau San Martín y en cuanto empezó a hablar, Eddy Chibás y varias gentes más se fueron del cementerio.

—En su discurso, —continuó Nono— Grau no dejó de alabar a Supervielle y si algo importante dijo fue que reprochó a la opinión pública que le exigiera a Supervielle la realización en seis meses de lo que no se había hecho en cuarenta años. Poco tiempo después Chibás declaró a la prensa que Cuba perdía a una de las figuras públicas más limpias que prefirió el honor sin la vida a la vida sin honor.

—¿Hubo otro alcalde que falleciera en el ejercicio de sus funciones? —Pregunté y Nono me dijo:

—Antes que Supervielle murió, de una congestión pulmonar, Emilio Rodríguez en 1922. La historia de la alcaldía de La Habana, como puedes suponer, es muy larga. Hubo alcaldes malos y buenos, ladrones y honestos... hubo de todo.

—El último alcalde del tiempo de España —Siguió Pancho— fue el Marqués de Esteban, que duró unos meses, desde junio de 1898 hasta el primero de enero de 1899 cuando el interventor yanqui lo tumbó del caballo y puso a Perfecto Lacoste.

—¿Puso? —Pregunté.

—Sí, —respondió Nono— porque hasta junio de 1900 no hubo un alcalde elegido en La Habana y fue Alejandro Rodríguez Velazco, general del Ejercito Libertador.

—Súper famoso en su época porque también llegó a ser el jefe de la Guardia Rural. Te puedes llegar a Línea y Paseo para que veas qué clase de monumento le dedicaron. —Expuso Pancho y después de un pequeño silencio dijo: —Bueno, no sé si se lo dedicaron o se lo dedicó él mismo... ¿Tú sabes algo de eso Nono?

—No.

—Yo lo digo porque tenemos unos cuantos monumentos que no fueron dedicados... —explicó Pancho riendo y dijo Nono:

—Sí, hay algunos que se adjudicaron la perpetuidad de la memoria con estatuas y monumentos que pagaron, a veces con el dinero de la República.

—En G y 29 tienes uno. —Interrumpió Pancho todavía sonriente— El que vea ese monumento piensa que José Miguel Gómez fue más importante que Martí.

—Pero volvamos a los alcaldes de La Habana. —Retomó el hilo de la conversación Nono— Muchos de ellos fueron recordados al paso del tiempo, unos por buenos y otros por malos como, por ejemplo, Antonio Fernández Macho que se llegó a robar hasta la madera con la que se hacían los ataúdes de los pobres para usarlas en sus propagandas electorales... Pero hay que decir que también hubo alcaldes honestos como por ejemplo Miguel Mariano Gómez, el propio Supervielle y Don Carlos de la Torre, que, por cierto, tiene también una estatua por Paseo y 17, aunque mucho más sencilla que la de Velazco.

—¿Podría pensar que la calle paseo se utilizó para los alcaldes de La Habana y G para los presidentes de Cuba? —Pregunté y Pancho me salió al paso.

—Diste en el clavo compay, Paseo para los alcaldes de La Habana y G para los presidentes, lo que yo no sé, es, por qué se pusieron solo dos monumentos de alcaldes, al parecer pasó de moda o se dieron cuenta de que iban a ser muchos... Aunque, pensándolo bien, en el caso de los presidentes fue igual, el monumento a Estrada Palma que solo le quedan los zapatos y el colosal de Tiburón Gómez.

—Pero volvamos a lo nuestro —intervino Nono que me contó que Manuel Fernández Supervielle había nacido el 23 de septiembre de 1894 aquí en La Habana, de familia humilde, por lo que tuvo que luchar muy duro para poderse graduar y convertirse en un notable abogado, incluso llegó a ser profesor de Derecho Romano y Civil de la Academia Privada de Derecho de la Habana. También fue autor de varios libros sobre asuntos jurídicos. Se casó dos veces, el primer matrimonio fue con la habanera María de la Concepción Domínguez quien falleció el 13 de noviembre de 1932. El segundo matrimonio fue con Aurelia, hermana del importante industrial papelero y, por supuesto, millonario, Rafael Palacios Arce.

Supervielle fue electo Representante de la Cámara y en 1940 fue Delegado a la Constituyente y en el momento en que el Partido Demócrata pactó con Fulgencio Batista, tuvo la valentía de renunciar al mismo. En el gobierno de Grau fue Ministro de

Hacienda desde donde demostró que era una persona eficiente y, sobre todo, honrado, cosa que lo ayudó a convertirse en alcalde de La Habana en 1946.

—Y ¿qué hizo el sustituto de Supervielle con el problema del agua? —Pregunté.

—Buena pregunta. El alcalde sustituto se llamó Nicolás Castellanos, quien, para su suerte, logró emprender la tercera ampliación del Acueducto de La Habana, llamado también acueducto de Albear en honor de su constructor Francisco de Albear y Lara de quien te hablaremos después. Castellanos murió en Puerto Rico el 10 de febrero de 1985,

—Y vengo con tres curiosidades: —interrumpió Pancho irónicamente— La primera es que el día de la muerte de Supervielle, todas las banderas de La Habana fueron izadas a media asta menos las del Palacio Presidencial, el Primer Ministerio y la Cancillería, cosa que fue también criticada por Chibás. La segunda es que fue el escultor Florencio Gelabert quien tomó la mascarilla de Supervielle.

—Y ¿cuál es la tercera? —Preguntó Nono.

—Ah, yo siempre me bajo con una nueva —dijo Pancho y mirándome continuó mientras apuntaba hacia Nono— ¿Te fijaste?, me critica, pero se quiere enterar del chisme... La tercera es que, tiempo después, la alcaldía de La Habana se quiso limpiar con Supervielle y le mandó a hacer un busto en el parque Pepe Jerez, con una fuentecita y todo. Ya nadie conoce ese parque por su viejo nombre, está en la Habana Vieja, en Monserrat y Neptuno. —Tomó aire Pancho para continuar y ese silencio fue aprovechado por Nono que me dijo:

—Pepe Jerez fue un oficial del Ejército Libertador que se convirtió en jefe de la Policía Secreta de La Habana a principios de la República. El problema es que desde que pusieron el busto y la fuente dedicados a Supervielle, la gente le dejó de llamar por su nombre y sucedió lo contrario de lo normal que es que se le sigue diciendo el nombre anterior aunque se le cambie, como ha sucedido con muchas calles y lugares de La Habana porque en este caso perdió el nombre anterior para ser bautizado por el pueblo como parque de Supervielle... Muy cerca de allí, en Monserrat y Obispo, está la estatua dedicada a Francisco de Albear, la cual también tiene una fuente. —Terminó Nono dándole la palabra a Pancho que la estaba pidiendo desesperadamente.

—Dos fuentes que tienen dos cosas en común: La primera es que las dos fueron dedicadas a personas que tuvieron que ver con el suministro del agua en La Habana y la segunda es que ninguna de las dos tiene agua casi nunca.

# Juan Bruno y Alfredo Zayas

El año que viene es una pompa de jabón
que tal vez estalle antes de llegar a nosotros.

Conde de Oxford, Horace Walpole (1717-1797)
escritor inglés

Echamos a andar por la calle E y nos detuvimos frente a un panteón sencillo de mármol blanco de Carrara que supe que fue hecho por la casa marmolera J. Casellas. Tiene dos bóvedas que dejan ver un respaldo donde está empotrada una tarja de bronce que dice:

*In Memoriam. Al General Dr. Juan Bruno Zayas y Alfonso. Junio 8 – 1867 muerto en acción de guerra julio 30 – 1896. El personal del Departamento de Sanidad y Beneficencia Municipal de La Habana. Julio 30 – 1922.*

Al momento supe que estaba frente al panteón del general más joven de nuestras Guerras de Independencia. Y saltaba a la vista que esa tarja fue colocada el día que se cumplían 26 años de su muerte, y me enteré de que en esa fecha fue también cuando trajeron su cadáver que estaba prácticamente olvidado en un cementerio de Quivicán. Y esto ocurrió exactamente en el gobierno de Alfredo Zayas, cosa que no me habría llamado tanto la atención si no fuera porque sabía que Juan Bruno y Alfredo Zayas eran hermanos, lo que me hizo pensar que el cadáver del joven general tuvo que esperar a que su hermano estuviera en la presidencia de la República para que se acordaran de él. Así se lo hice saber a mis amigos y tuve una respuesta inesperada.

—De eso nada compay. —Me salió al paso Pancho— Si hubiera sido por el señor Alfredo, Juan Bruno se hubieran quedado en Quivicán.

—Sí, es cierto que el presidente actuó porque varios periodistas hicieron una campaña en pro de Juan Bruno que comenzó en plena intervención norteamericana y con los años se fue agudizando. Comenzaron a salir notas de prensa protestando el hecho de que Juan Bruno Zayas estuviera olvidado cuando había sido un general de nuestras guerras de independencia, pero nadie hacía nada. Así que aprovecharon la presidencia de Zayas para redoblar las protestas y el presidente no tuvo más remedio que traer a su hermano para el panteón familiar.

*Panteón de Juan Bruno Zayas en el Cementerio Cristóbal Colón. Foto: Mario Darias.*

—Juan Bruno Zayas nació aquí en La Habana en el número 795 de la Calzada del Cerro. Esa casa es hoy la escuela José de la Luz y Caballero y volvemos con nuestra manera rara de hacer las cosas porque, desde mi punto de vista, esa escuela debía llamarse Juan Bruno Zayas. Digo, eso creo yo... —Dijo Pancho abriendo sus ojos por encima de lo normal y yo le dije:

—Tienes toda la razón, si esa fue su casa, debía tener su nombre la escuela, aunque, por otro lado, el Municipio del Cerro lo ha declarado su patriota insigne.

—Oye, una cosa no quita la otra. —Dijo Pancho y Nono intervino:

—Por cierto, al lado de esa casa estaba el colegio El Salvador, del que fuera director José de la Luz y Caballero.

—Es posible que cuando le fueron a poner el nombre a la escuela tuvieran en cuenta eso.

—O el que se lo puso no sabía que un lugar era la escuela y otro la casa donde nació Juan Bruno Zayas... —Dijo Pancho y Nono continuó.

—Eso se lo podemos dejar a los investigadores. Nosotros, lo que tenemos que saber es que el padre de los Zayas, José María Zayas y Jiménez, abogado de profesión, trabajó en ese colegio como profesor y fue su director a la muerte de Luz y Caballero hasta que lo cerraron en 1868. Tiempo después Juan Bruno comenzó la carrera de Medicina en la Universidad de La Habana y tuvo la desgracia de que falleciera su padre. Por suerte, recibió gran ayuda de sus tíos paternos Juan Bruno y Francisco Javier que era médico y profesor universitario. Cuando se graduó se estableció en Vega Alta, Santa Clara, donde comenzó a conspirar contra el dominio de España. El hecho de ser médico lo ayudaba en sus conspiraciones pues podía visitar los lugares sin que sospecharan de él y cuando estalló la guerra de 1895, se incorporó a las filas mambisas.

—Una vez, en un combate, le atravesaron el sombrero de un balazo y ¿tú sabes lo que hizo?, le envió una carta a su mamá que decía: *Te mando el sombrero que en el fuego del Ingenio Perla me pasaron con una bala pero sin causarme novedad para que lo guardes como un recuerdo.* —Dijo Pancho riendo y continuó. —Hay un libro de Abelardo Padrón, dedicado a Juan Bruno Zayas, que está buenísimo para quien quiera saber más del General más joven de nuestras guerras de Independencia...

—Un momento ahí —intervino Nono—, es cierto que en el momento de su muerte Juan Bruno era el general más joven, pero, después de su muerte, fueron ascendidos a ese grado dos jóvenes con menos edad que él.

—Esa no me la sabía. —Comentó Pancho.

—Yo tampoco. —Le dije y Nono expuso sonriendo:

—Pues sí, yo me enteré por mi amigo Benito Peña que el general más joven de nuestras Guerras de Independencia fue Calixto García Enamorado, hijo del mayor general Calixto García Íñiguez, quien fuera ascendido con solo 24 años, pero además hubo otro joven ascendido a ese grado con 27 años, su nombre, Daniel Gispert, que fue el último general en fallecer en el año 1964, aquí en La Habana.

Después de esa curiosidad, Nono continuó el tema de Juan Bruno Zayas, por lo que también supe que su familia era de una rancia tradición conservadora que se afiliaron a los autonomistas. Su tatarabuelo fue un comerciante negrero, su bisabuelo Gonzalo Luis Alfonso González tenía una inmensa fortuna, de las mayores de Cuba, su abuelo, José Eusebio Jacinto Alfonso Soler también fue un poderoso empresario, tenía varios ingenios de los más modernos de la época, propiedades y esclavos. Por parte de madre también había una familia importante pues sus tíos fueron médicos, era una familia que tenía varios graduados universitarios en tiempos en que era obligatorio la entrega de datos familiares y personales para poder entrar en la Universidad.

—Era una Universidad sin negros. —Dijo Pancho y Nono completó la idea:

—Sin negros, sin judíos, sin herejes condenados por la inquisición, ni siquiera hijos ilegítimos. A este trámite le llamaban Limpieza de Sangre.

—Oiga, si te encontraban un tatarabuelo medio oscurito, pa fuera. Te quedabas sin universidad. —Murmuró Pancho con una mueca risueña mientras Nono tomó otra vez la palabra:

—José María Zayas y Jiménez, el padre de Juan Bruno, autonomista hasta la muerte, fue, como ya sabes, director del colegio El Salvador que fuera clausurado en cuanto comenzó la guerra de independencia de 1868, lo que provocó en su familia muchas limitaciones. —Yo seguí escuchando para disipar mis lagunas históricas porque, si bien había cosas que ya sabía, también desconocía otras. Por ejemplo, me dijo Pancho que Juan Bruno, según los que lo conocieron, tenía aspecto de hombre con un carácter serio, apacible, con mirada dulce y algo melancólica, enamorado, bailador, fumaba mucho y era excelente jinete. La amistad, el amor patrio y el heroísmo militar se unían en su personalidad, que visitaba mucho la Acera del Louvre donde hizo amistades que luego encontró en la manigua mambisa, incluso algunos fueron parte de su Estado Mayor.

—Aquí vengo con una curiosidad. —Interrumpió Pancho— Ya tú sabes que en la época en que empezó sus estudios de medicina murió su padre el 23 de junio de 1887, pero no sabías que ese mismo día, 23 de junio, pero de 1891, se graduó de medicina.

Después de la curiosidad de Pancho supe que combatió junto a Maceo desde el 15 de diciembre de 1895 hasta el 13 de marzo de 1896 cuando partió a cumplir una misión por órdenes del Titán de Bronce y al regresar, fue cuando sucedió el encuentro en la finca La Jaima, cerca del pueblo de Quivicán, hoy provincia de Artemisa, donde perdió la vida sin haber cumplido los 29 años.

—En una carta que le envió Antonio Maceo a Máximo Gómez le habló de la muerte de Zayas —me decía Nono mientras desdoblaba una hoja de papel— Oye esto: *"...ha muerto como bueno en el cumplimiento de su deber, como lo hubiese hecho el veterano más distinguido de la guerra grande; muerte que lamento por sus extraordinarias condiciones de valor y su celo por el orden y la disciplina del ejército, unidas a su amor infinito a la causa que defendemos".*

—Siempre se ha comentado que la muerte de Juan Bruno no quedó muy clara. —Les dije tratando de buscar polémica.

—Tienes razón, la situación de la muerte de Zayas en aquel "encuentro casual" con las filas españolas no ha quedado clara.

—Me contestó Nono que se acomodaba en la tumba del lado. —Es muy raro que llegara misteriosamente, desde el día anterior, la información de la situación exacta del campamento insurrecto a las manos del sanguinario Valeriano Weyler, Capitán General de la Isla de Cuba en ese momento. Muchos afirman que el comandante Cristóbal Pérez, ayudante de Zayas que después se pasó a las filas españolas, tuvo que ver con eso.

—Aunque también hay otras versiones que son de horror y misterio. —Dijo Pancho con un tono oscuro en su voz.

—Y cuáles son esas versiones. —Pregunté mientras Pancho disfrutaba mi desespero.

—Na, que hay un lío con unas cartas ahí…

—Si no me explicas, me vas a dejar en el aire. —Le dije.

—Pancho se refiere, —intervino Nono— primeramente, a la carta que le envió Alfredo a su hermano, en plena contienda, pidiéndole que dejara la lucha.

—Oiga, y ¿dónde está esa carta?

—Y te vuelvo a decir ¡No ves que a to el mundo le gusta el chisme! —Me dijo Pancho riendo mientras seguí preguntando.

—¿No saben dónde la pudiera conseguir, quizás en la prensa de la época o algo así?

—Nada de eso compay, pa qué estamos nosotros aquí. —Casi gritó entusiasmado mientras registraba en sus papeles hasta que me extendió la significativa carta:

*Querido hermano: Como veo en los periódicos que permaneces en la provincia de La Habana, me decido a ponerte unas líneas, por vez primera desde que te dio la malhadada idea de lanzarte a la revolución que nos arruina y lleva a un abismo insondable, porque creo que tal vez encuentre oportunidad de enviártela.*

*Mi intento ahora, como al principio cuando en vano traté de verte, es suplicarte, rogarte y encarecerte que salgas de esa vida azarosa, y no auxilies a un movimiento, que no por ser importante, lo es bastante para vencer, y nunca sería capaz de traernos otros resultados que pobrezas, luchas intestinas y barbarie, dispensa este lenguaje rudo, pero, chico, lo digo como lo siento, y me duele verte metido en empresas tan poco dignas de aplausos, por parte de las personas sensatas, y tan contrarias a nuestras tradiciones en familia, pues tú sabes que todos nosotros hemos sido evolucionistas y adversarios de la revolución. Decídete, sino por estas razones, por piedad hacia mamá, que la veo cada día más angustiada. Autorízame, y yo daré pasos para tu indulto; y si no puedes o no te conceden quedarte en La Habana, ya buscaremos modo de que vivas en el extranjero. (...) Tu afectísimo, te abraza tu hermano. Alfredo. Habana julio 14 de 1896.*

Por la fecha de la carta, había sido enviada dieciséis días antes de la muerte de Juan Bruno, aunque no pude seguir con mis pensamientos ya que Pancho me dijo, extendiéndome otro papel, que leyera la respuesta: *No hemos empuñado las armas para someternos vergonzosamente de nuevo a la dominación española, sino para triunfar o morir por la independencia (...).*

—Más claro ni el agua. —Dijo Pancho en lo que pregunté:

—¿Estas cartas se hicieron públicas en su momento?

—Por supuesto. Por eso Alfredo, en su afán de ocupar cargos y después optando por la presidencia del país, hizo pública otra carta que le enviara su hermano Juan Bruno al coronel Rosendo García hablando del tema.

—¿Cómo es eso? —Volví a preguntar.

—Si compadre, una carta que le daba una "limpieza general" a don Alfredo. Vaya, aquí la tienes:

*Ejército Libertador de Cuba. 4to Cuerpo 2da División 1ra Brigada, Cuartel General. Ingenio Yrenes: Mayo 13 de 1896. Al C. Coronel Rosendo García;*

*Estimado Coronel: Satisfaciendo pregunta que usted se ha servido hacerme si es verdad que mi hermano Alfredo salió al campo para hacerme desistir de mi propósito revolucionario eso es una calumnia que tanto los enemigos de mi hermano como míos han lanzado sobre el nombre de nuestra familia que por lo calumnioso miserable no manchen sino al que la propalo y mi hermano Alfredo es incapaz de manchar el honor de nuestros antepasados yo si mantengo comunicación por medio de confidente revolucionario como sabe usted que la mantenemos autorizo a usted para que desmienta esa calumnia y que haga el uso de esta que usted tenga por conveniente.*

*Soy de usted con toda consideración. P. y L. El Brigadier. Juan Bruno Zayas.*

—Bueno, el propio Juan Bruno explica que Alfredo sería incapaz de inducirlo a claudicar. —Les dije y Pancho saltó.

—¡En esa carta había gato encerrao! —Nono continuó.

—Hay pruebas de la falsedad de esa carta porque, entre otras cosas, Juan Bruno Zayas no estaba ese día en el lugar que dice la carta y algo peor es que la letra era diferente a las que él le escribió a su madre y otros familiares y para colmo, la firma tampoco coincidía con la de él.

—Ahora sí que me han dejado mudo... Eso quiere decir que Alfredo Zayas pudo haber inventado esa carta para, como dice Pancho, limpiarse.

—Alfredo Zayas se pasó toda la vida utilizando el honor de su hermano para escalar puestos políticos hasta llegar a presidente de la República. Eso es un hecho, incluso, está probado que la familia conocía su posición y movimientos, no por él precisamente sino por el prefecto y el delegado de la Junta Revolucionaria en Quivicán, quienes habían entrado en contacto con su hermano Alfredo, el que fue informado del ataque que planeaba Juan Bruno al Cerro. Muchos piensan que puede haber sido Alfredo, sin proponérselo, el elemento filtrante de la localización de su hermano. Pero vamos a dejarle eso a los historiadores y entrar más en la personalidad del joven general.

»Para que veas quién era Juan Bruno Zayas, en una ocasión

en que tenían en el campamento mambí a unos heridos españoles, Zayas, que en esos momentos dejaba de ser soldado para convertirse en médico, se inclinó sobre uno de ellos para atenderlo y el español tenía una pistola escondida en la polaina, la sacó y le hizo un disparo que por suerte, solo lo rozó. Uno de los mambises que presenció aquello sacó el machete para matar al español y Zayas no se lo permitió. Después de desarmado el herido, lo siguió curando y más adelante fue puesto en libertad... Hay quien hace esta misma anécdota, pero en vez de una pistola, hablan de un cuchillo, pero bueno, sea una cosa o la otra, es lo mismo.

—Ahora me acuerdo de otra —dijo Pancho apoderándose de nuestra atención—, resulta que un guajiro que tenía enferma a su madre, llegó en una noche de lluvia a buscar a Juan Bruno pa que lo acompañara a visitar a la enferma y Bruno le dijo que no podía, que lo dejara para el otro día porque la noche estaba muy mala, entonces el guajiro sacó el machete y le dijo: Mi madre está en peligro y no puede esperar a mañana, así que me tiene que acompañar. A Juan Bruno no le quedó más remedio que arrancar con él a caballo. El tiempo pasó y el día 25 de abril de 1895 se le apareció en la casa al guajiro y le dijo, arriba que nos vamos para la manigua y el guajiro se puso a titubear y él sacó el machete y le dijo: Andando, que la madre patria está enferma y no puede esperar a mañana.

—Sin dudas era un joven lleno de virtudes. —Medió Nono— No se merecía la traición, ni siquiera el tratamiento irrespetuoso que le dieron a su cadáver que fue llevado al pueblo de Quivicán para exponerlo y fue tirado semidesnudo en el portal de la bodega de Basutil, y la vil plebe, guerrilleros sobre todo, después que les habían robado la ropa y los zapatos, insultaban, escupían y hasta llegaron a dar patadas en la cara del noble general. Después fue enterrado en el cementerio de ese pueblo donde permanecieron sus restos hasta que fueron trasladados aquí.

—Es increíble saber que su hermano Alfredo lo utilizara para sus fines políticos y no mediaran en él otros sentimientos. —Le comenté a Nono y me dijo:

—Bueno, si mediaron o no otros sentimientos no podemos estar seguros, pero al menos eso es lo que parece...

—Sabes que, pensándolo bien, yo no sé nada de la vida de Alfredo Zayas antes de ser presidente. —Comenté.

Panteón de Alfredo Zayas. Ex Presidente de la República de Cuba. Foto: Mario Darias.

—Tienes razón. Quizás muchos se sorprendan al saber que Alfredo Zayas hizo varios aportes a nuestra historia y cultura pues realizó estudios sobre escritores cubanos y ahí está su obra en dos tomos sobre José de la Luz y Caballero, también nos dejó un trabajo sobre la vida y obra de José Agustín Caballero. Zayas fue abogado y se destacó también en el periodismo porque fue coeditor junto a Enrique Hernández Miyares de la publicación "La Habana Literaria" y además de todo esto publicó varios poemarios como "Motivo de mis versos" de 1878, "Balance", "La cita", "Chasco" y "Al caer la nieve", que fue escrito desde la Cárcel Modelo de Madrid cuando fue deportado en 1896.

—Y ¿por qué fue deportado?

—Para que entiendas, Alfredo Zayas primero perteneció al Partido Autonomista, bueno, eso le venía de familia pero después se pasó al movimiento independentista y se desempeñó como agente del Partido Revolucionario Cubano en La Habana para lo que tuvo que utilizar el seudónimo de Manuel Vivar y por esto fue perseguido, encarcelado y desterrado hasta que a finales de 1897 le otorgaron la libertad y se va a vivir a Cayo Hueso donde se une a los patriotas cubanos que luchaban por la independencia. Por cierto, estando allí fue cuando publicó en "La Revista de Cayo Hueso", "Páginas del destierro", que es un relato que recoge sus días en la cárcel.

—Me interesaría ver alguno de esos libros, sobre todo los de poesía. —Le dije a Nono.

—Pues vas a tener que darte una vuelta por la Biblioteca Nacional porque yo no tengo nada de eso aquí.

—Nadie es perfecto... —Dijo Pancho sonriendo.

—Zayas regresó a Cuba en 1898 —me dijo Nono sin darle importancia al comentario de Pancho— y su primer puesto fue de juez municipal de Puentes Grandes y en 1900 fue electo delegado a la Asamblea Constituyente de 1901 siendo así uno de los que redactó la Constitución de la República de Cuba y por cierto, estuvo en desacuerdo con la Enmienda Platt y con la Base Naval de Guantánamo. Así continuó en la República ocupando cargos como el de Concejal de La Habana, senador en la época de Estrada Palma y hasta fue subsecretario de justicia del segundo gobierno interventor norteamericano que estuvo desde 1906 a 1909 y después de esto, cuando José Miguel Gómez llegó a la Presidencia de la República el 28 de enero de 1909, Zayas fue su vicepresidente.

—Por poco sale de presidente en las elecciones de 1916 donde fue candidato por el Partido Liberal pero El Mayoral le jugó una mala pasada y lo tumbó del caballo. —Afirmó Pancho.

—Así fue, Mario García Menocal se las ingenió para, de una forma fraudulenta, reelegirse.

—La que se formó fue del cará... Aquello se puso feo y en febrero de 1917 se produjo el Alzamiento de la Chambelona.

—Pero deja La Chambelona para después.

—No me hagas eso... me vas a dejar con las ganas. —Le dije a Nono.

—Todo a su debido tiempo. —Me contestó. —Por ahora lo que hay que saber es que Zayas fue derrotado por Menocal y en 1919 se separó, como ya te dijimos, del Partido Liberal después de problemas que tuvo con José Miguel Gómez para fundar otro que se llamó Partido Popular que de popular tenía bien poco.

—La gente le decía el Partido de los cuatro gatos. —Dijo Pancho riendo.

—Entonces se volvió a postular para presidente en 1920 con el apoyo de Menocal su antiguo rival, que lo apoyó para no darle la oportunidad a José Miguel Gómez.

—Lo mismo estaba con uno que con el otro, su problema era que quería ser presidente de todas formas y se unió con el Partido Conservador. —Intervino Pancho aun risueño.

—En esta ocasión las cosas le salieron bien y por fin, a los 59 años, se convirtió en Presidente de la República de Cuba, aunque, a decir verdad heredó un país endeudado y en bancarrota que solo le dio auge al robo y la corrupción y por otro lado tenía al embajador norteamericano Enoch Crowder, que había llegado a La Habana el 6 de enero de 1921.

—Y llegó en el acorazado Minnesota, metiendo miedo...

—Sí, era la primera vez que un embajador norteamericano llegaba haciendo alarde de poderío, incluso estuvo un tiempo viviendo en dicho acorazado hasta que se mudó para un hotel.

—Este embajador estuvo haciendo y deshaciendo a sus antojos hasta tal punto que podríamos decir que era más presidente que Zayas.

—Y también hay que decir que Estados Unidos había cambiado la manera de dominación, ya no estaba interesado en intervenir militarmente a Cuba por lo que convierte la intervención en civil manteniendo al presidente con todas las estructuras republicanas, cosa de lograr, sin intervenir directamente, lo que iban a lograr interviniendo directamente.

—Coñoooo, te quedó chulo el trabalenguas. —Comentó Pancho alabando a Nono a su manera y yo le dije:

—Pero es una manera excelente para entender el momento histórico.

—Ese fue un momento que se debe de explicar con detenimiento. Por ejemplo, los negociantes preferían ser administradores de una propiedad norteamericana que dueños de una cubana por lo que esa burguesía se había convertido en antinacional y de contra es un representante norteamericano quien da las órdenes al mismísimo presidente.

—Tienes toda la razón del mundo. —Le dije.

—Incluso hay quienes utilizan esto para justificar que la única manera de enriquecerse en este tiempo era la corrupción y justifican también que el gobierno de Zayas haya aventajado a los anteriores en lo que a corrupción se trata.

—Esa fue la época de la Protesta de los 13. ¿No?

—Sí, pero también eso lo dejaremos para después porque ahora te diré que esa liga de su partido con el Conservador no duró mucho y en 1924 cada uno tomó su camino y Zayas, al ver que no iba a tener los resultados esperados decidió renunciar a la postulación e hizo un pacto electoral con Gerardo Machado que se llamó Coalición Liberal - Popular.

—Camaleón profesional... —Dijo Pancho y todos reímos.

—Eso si... —afirmó Nono— Zayas era un tipo muy pintoresco, era extremadamente flaco y cuando se paraba a dar un discurso, te daba la impresión de que estabas frente al mismísimo Don Quijote de la Mancha.

—Quijote con Sancho Panza y todo.

—Pancho lo dice porque María Jaen, la esposa de Zayas era muy gorda.

—Muy se queda chiquito compay. Era gordísima. Parecían

un 10. Yo no sé cómo Zayas se las arreglaba cuando estaban solos... —La risa de Pancho fue interrumpida por la sentencia de Nono:

—Pancho, respeta.

—Está bien —dijo Pancho y volvió de nuevo— Por cierto, ahorita hablaste de los discursos de Zayas y me vino a la mente el que preparó para el día de su toma de posesión como Presidente de la República de Cuba. Fue en inglés, ¿qué te parece?

—¿Cómo que en inglés? Entonces ¿a quién le estaba dando el discurso? —Pregunté sorprendido.

—¡Qué nivel de guataquería...! —Dijo Pancho y continuó: —Mira hasta donde llegaba la corrupción y la guataquería que a finales de 1921 se le ocurrió a un grupo de profesionales cubanos recomendar a la Universidad de La Habana que le dieran el título de Honoris Causa al general Leonardo Wood y a Crowder... Bueno, y por supuesto a Zayas también... La que se armó fue del cará... La calle se llenó de gente protestando, estudiantes, trabajadores, to el mundo.

—El mandato del Chino Zayas, más conocido por El Pesetero, que así le decían —siguió Nono— se caracterizó, como ya sabes, por una crisis económica que subía rápidamente. Zayas, entre otras cosas, comenzó a tomar medidas que lo llevaran a tener la posibilidad de pedir un préstamo para "sacar" al país del abismo. Él sabía que ese era el medio más rápido para enriquecerse.

—Fíjate que a pesar de la crisis —los ojos de Pancho se tornaban picarescos— se compró una finca dominguera, para no quedarse atrás, porque Menocal y Tiburón Gómez tenían las suyas. Se la compró en El Wajay y le puso el nombre de María, y no te vayas a pensar que fue en memoria de la Virgen María, de eso nada, es que su segunda mujer, de la que ya te hablé, se llamaba María de la Asunción Jaén y Planas. En esa finca, por supuesto, había también una tremenda casa de veraneo que tenía protección militar. Y ¿a que tú no sabes quién fue uno de los custodios allí?

—¿Quién? —Pregunté.

—Pues nada más y nada menos que un soldado llamado Fulgencio Batista.

—Mira que la historia da vueltas... —Le dije sorprendido y Nono intervino.

—El caso de Batista es interesante, nació en Banes, en la provincia Oriental, el 12 de septiembre de 1899 y la primera curiosidad que te diré es que pasó parte de su vida llamándose Rubén Zaldívar porque su padre no lo había reconocido hasta que en 1931, por medio de un proceso legal, cambió su nombre por el de Fulgencio Batista y Zaldívar y te puedo decir más, fue aguador en las siembras de caña, liniero de ferrocarriles, trabajó en una barbería, y muchas cosas más hasta que por fin ingresó en el ejército y le tocó por suerte para él, cuidar la casa de Zayas y aprovechó para, de manera autodidacta terminar como sargento taquígrafo vinculado a las oficinas jurídicas del ejército.

—Pero volvamos a Zayas que no contento con la finca dominguera, se mandó a hacer un monumento.

—Pero, ¿dónde lo hizo? porque no recuerdo haberlo visto.

—No lo has visto porque no está. —Dijo Pancho y Nono continuó.

—Estaba detrás del Palacio Presidencial que es hoy el Museo de la Revolución, o sea, donde se encuentra hoy el Memorial Granma. Se llamó el Parque Zayas porque ahí puso él su estatua y según la descripción que hizo el periodista Ciro Bianchi, era una escultura hecha por el italiano Vanetti de 2,5 metros de alto que estaba sobre una plataforma de mármol de Carrara y una columna de mármol Botticino con relieves y adornos. El monumento tenía 18 metros de altura y Zayas aparecía de pie, en traje de calle y con la cabeza descubierta. Con una mano señalaba hacia el Palacio Presidencial y la otra la tenía en el bolsillo de la chaqueta.

—La gente decía: Lo que tengo aquí, me lo robé de allí... —
Interrumpió Pancho dejando oír una carcajada que retumbó en
el cementerio y cuando se repuso nos dijo: —El problema fue
que el viejo Zayas no se quiso ir del Palacio Presidencial sin
tener su estatua para que las generaciones futuras lo recordaran
y también se dice que no se la habían hecho, sino que él la
compró ya hecha, se buscó en el extranjero una estatua de
alguien que se pareciera a él y la compró. La cuestión fue que la
idea se le ocurrió un poco tarde porque ya se le acababa el
tiempo en la presidencia. Según tengo entendido inauguró su
propia estatua el mismo día que le entregaba la presidencia a
Machado.

—Eso fue motivo de protestas estudiantiles. —Continuó
Nono— la foto que salió en la prensa de Julio Antonio Mella con
la cabeza vendada fue del día que, junto a varios estudiantes,
trataron de derribar dicha estatua y la policía les cayó a golpes.

—Supongo que, si se hizo ese monumento, también debe de
tener su buen panteón aquí. —Dije esperando una respuesta
afirmativa.

—Bueno no, buenísimo, aunque tengo entendido que fue su
mujer quien lo mandó a construir. —Dijo Pancho y Nono
continuó.

*Interior del Panteón de Alfredo Zayas con una réplica de La Piedad de Miguel Ángel Buonarroti. Foto: Mario Darias.*

—Pues sí, ese panteón fue hecho por el famoso contratista italiano José Pennino Barbato a quien muchos le atribuyen el haber sido uno de los primeros en introducir la estatuaria en Cuba, pero te voy a leer una magnífica descripción del mismo hecha por Idania Esther Rodríguez: *Es una capilla ecléctica de estructura monolítica compacta, con un zócalo de tres escalones que llevan a la puerta de bronce, con una cruz latina y cabeza de león en las aldabas. En la parte superior posee un pebetero de mármol. Hacia los lados de la capilla hay grandes adornos florales realizados en bronce. En la zona superior tiene cuatro arcadas con vitrales, en los laterales, los vitrales recrean elementos simbólicos de la religiosidad como Fe, Esperanza y Caridad, el Conocimiento y la Eternidad. En el interior de la capilla aparece una réplica de La Piedad de Miguel Ángel. Una corona de bronce nos da a conocer la fecha de nacimiento y muerte del Presidente Alfredo Zayas.*

—Y para terminar te voy a decir cuál fue la última de Zayas. —Comentó Pancho— Resulta que, como lo consideraron Historiador de la República, el gobierno le pagaba quinientos cocos mensuales para que escribiera la Historia de la República de Cuba, pero el socio se dedicó a organizar y reescribir su obra personal y murió a consecuencia de nefritis crónica el 11 de abril de 1934 en su casa, en el Vedado, cobrando por algo que nunca llegó a escribir. Menos mal que su viuda, María de la Asunción Jaén tuvo la feliz idea de donar al Archivo Nacional de Cuba toda la documentación que su querido esposo había "acumulado" en sus años de Historiador Oficial.

—Tremendo el señor. —Comenté.

—Sin embargo, y es también una curiosidad además de un elogio, hay que decir que en su tiempo de presidente no hubo hechos de sangre.

# Un poco de "cultura cementerial"



Las herencias y las viudas guapas
nos ayudan a consolarnos del drama de la muerte.

Noel Clarasó (1905-1985)
Escritor español

Nos encontrábamos atravesando la llamada Plaza Nordeste. El paisaje seguía provocando cierto embrujo, sobre todo cuando hacíamos silencio; la tranquilidad, el canto de los pájaros, los árboles, todo hacía que me sintiera cada vez más atraído por el lugar que, además, se transformaba en una inolvidable lección de arte e historia. Desde el centro de la plaza se puede apreciar el bello y moderno panteón de Antonio Rodríguez Vázquez, y en toda su magnitud, la capilla estilo art decó de Julio de Quesada que luce en su frente un impresionante bajorrelieve del escultor cubano Teodoro Ramos Blanco, (y volviendo a la descripción de Idania), *narra la resurrección de Cristo, con figuras orantes a su alrededor. Todo este conjunto se enmarca entre líneas que forman un gran Cáliz, con figuras que aparecen dentro de este. El cáliz está rodeado de líneas radiales, cuyo efecto de luminosidad acentúa el carácter de un Cristo que vive.*

*A la izquierda la capilla de Julio de Quesada con un bajorrelieve del escultor cubano Teodoro Ramos Blanco y a la derecha el moderno panteón de Antonio Rodríguez Vázquez. Ambos embellecen la Plaza Nordeste del cementerio de Colón. Fotos: Mario Darias.*

La voz de Pancho rompió el silencio:

—Nono, creo que deberíamos preparar a nuestro querido amigo para que se adentre más en la "materia". Vamos a "coger un diez" —Pancho se sentó en el borde de una bóveda que estaba sombreada por un árbol y fue imitado por nosotros, entonces se dirigió a mí— Claro, en lo que vas tomando "cultura cementerial" con Nono, yo voy a merendar algo porque la debilidad me mata.

—Bueno —comenzó Nono—, en la antigüedad las necrópolis griegas solían estar adornadas con plantaciones de árboles y flores, no tenían una apariencia fúnebre y como has podido apreciar, nuestro cementerio, en muchos lugares, tampoco.

—Pero entra en materia, compadre... —dijo Pancho con la boca llena y se dirigió a mí hablando y masticando a la vez—. Mira, la palabra tumba nos quiere decir distintas cosas, de pronto parece fácil, pero no, su significado cambia según quién la use y en el lugar que la digas porque si hablas de un grupo musical dices: Fulano es el que toca la tumba.

—Una tumba es el espacio que guarda los restos de un difunto y que tradicionalmente se considera como su morada —continuó Nono ignorándolo— las tumbas, como ya sabes, han sido pretextos frecuentes para la construcción de maravillosas obras de arte y de arquitectura. Las bóvedas son construcciones de mampostería, como estas que ves a tu alrededor, en la mayoría de los casos revestidas con planchas de mármol o de granito; en nuestro cementerio, la mayoría, están levantadas del suelo un metro más o menos, pero las hay también a ras del suelo.

—Ahora que hablas de bóveda, El primer cadáver enterrado en una en este cementerio fue el del párvulo Francisco Brito el jueves 28 de noviembre de 1878. —dijo Pancho aun masticando mientras Nono retomó su diálogo.

—La mayoría de las bóvedas tienen una capacidad de cinco ataúdes, porque tienen dos metros y medio de profundidad, aunque eso puede variar, generalmente la medida interna es de 80 centímetros de ancho por dos metros de largo.

—Cuando el difunto lleva un par de años enterrado, —continuó Pancho— lo exhuman para colocar sus huesos en una cajita que se pone dentro de un hueco que está detrás de la bóveda y se llama osario... Oye, ahora que veo este bocadito, les voy a hacer una adivinanza —Pancho vaciló por un momento mirando la cara de Nono, pero continuó—: ¿Cuál es el pan más triste y duro que existe? ¿No lo saben? Es muy fácil compadre: El panteón...

—¡Pancho, tú no cambias! —Le dijo Nono aguantando visiblemente la risa, pero sin perder la seriedad—. Bueno, aprovecharé el chiste para decirte que llamábase panteón antiguamente a un edificio dedicado a todos los dioses del paganismo. El más célebre de ellos fue el Panteón de Roma que mandó a edificar Marco Vespasiano Agripa en el año 25 antes de Cristo. El nombre de Panteón le fue dado a causa de las muchas estatuas de dioses que allí se agrupaban. Pero el significado que nos interesa a nosotros es que el panteón es un monumento funerario destinado al enterramiento de varias personas. Su nombre viene del griego *pantheon*; *pan* (todo) y *theós* (Dios). Aquí en el Cementerio Cristóbal Colón, el primer panteón fue construido por Daniel Triscornia, y su inscripción decía: R. I. P. DT-ABRILE 26 1874.

—La capilla... —Dijo Pancho.

—No vengas con otro pujo. —Interrumpió Nono.

—No, viejo, voy en serio... Decía que la capilla es una construcción que se hace arriba de las bóvedas para protegerlas y también para tener un poco de comodidad, no para el cadáver, que donde quiera está cómodo, sino para que el deudo se sienta más íntimo con su difunto. Existen capillas de dos tipos: la normal, con una bóveda o un panteón, y otra, que tiene un sótano o subterráneo, las bóvedas pueden estar arriba y en el sótano los osarios, y muchas veces también en forma de nicho, en la pared. Cuando tienen sótano se llaman capillas con cripta.

—La palabra cripta —dijo cortante Nono— viene del griego *krypte,* que quiere decir esconder, ocultar. Lugar subterráneo en que se acostumbraba a enterrar a los muertos. Capilla o iglesia subterránea, edificada en memoria de las primeras iglesias cristianas. La más antigua del Cementerio Colón y tengo entendido que de Cuba, está en la esquina de F y 1ra, la tapa que da acceso a ella está a ras del suelo. Fue construida en 1875 por la Archicofradía del Santísimo Ángel.

—¡Qué bueno es andar con gente que sabe! —Pancho dirigió los ojos en dirección a Nono en tono de adulación, pero con una sonrisa picaresca y continuó, esta vez dirigiéndose a mí—. ¿Por qué tú crees que yo ando con este? Para ver si se me pega algo... Sigue, querubín, háblanos ahora de los sarcófagos.

—El significado antiguo de sarcófago, según su etimología griega, equivale a devorador de carne. En un principio solo se atribuía a los animales carnívoros, pero ya en tiempos de Platón se aplicó este epíteto a un ataúd de piedra. En el Vaticano y el Museo de San Juan de Letrán se encuentran las más importantes colecciones de sarcófagos —dijo Nono y Pancho volvió a la carga:

—En Roma, hasta los finales del siglo V, la familia del difunto mandaba a tallar su vida en el sarcófago. Claro que había marmolistas que tenían sarcófagos tallados a los que solo les faltaba la cara del difunto... El negocio funerario es bien viejo. ¿Te has fijado qué cómodo se conversa aquí con este silencio? Estamos aprovechando la "paz de los sepulcros".

—Ahora que mencionas esa palabra —intervino Nono—, a la colocación de un cadáver deliberadamente en una forma y lugar determinados, se le llama sepulcro. A través de la humanidad, los sepulcros varían de forma infinita según el grado de civilización, el rito dominante, etc. Estos son apuntes —Nono hojeaba unos papeles que extrajo de su carpeta— que he ido haciendo en mis horas de "polillerías". Aquí hay algo de las famosas catacumbas:

Nono fue compartiendo conmigo sus conocimientos, por ejemplo, me dijo que en la antigüedad, para los cristianos, el lugar de enterramiento se llamaba *coemeterium,* que significa lugar de descanso. Más tarde se denominaron así todos los cementerios en general. Parece ser que la palabra *catacumbas* fue usada por vez primera en el siglo IX. El primer componente, *cata (Katá)*, significa en griego, junto a; el segundo puede derivar de la expresión latina *accumbo*, estoy echado, o de *Kymbos*, excavación. Supe que las catacumbas de Roma son las más conocidas y que la excavación de una catacumba solía comenzar en una escalera que partía de la superficie del terreno hasta una profundidad regularmente de 10 a 15 metros e incluso más profundas. De las galerías principales partían ramificaciones en números que aumentaban con el tiempo, formando una verdadera red. Se construían varios pisos que se comunicaban entre sí por medio de escaleras.

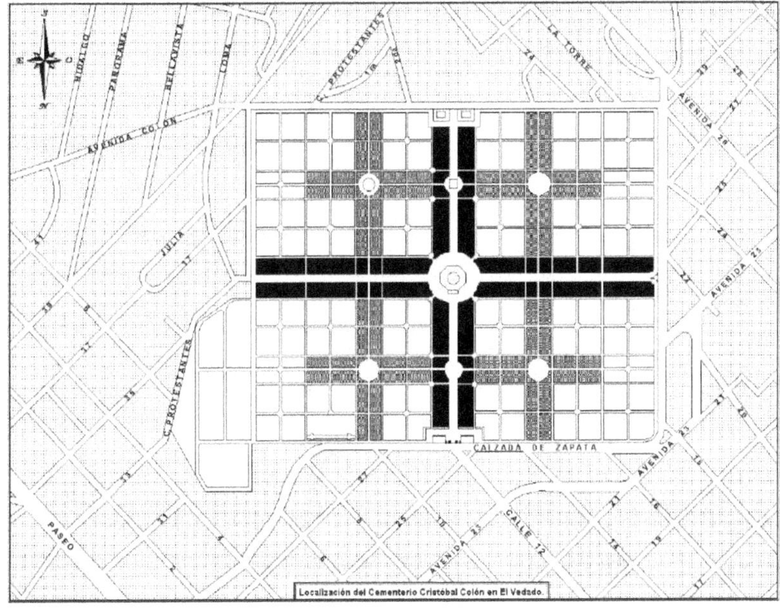

*Localización del Cementerio Cristóbal Colón dentro de El Vedado. La Habana. Mapa confeccionado por Mario Darias.*

También supe que el total de galerías de las catacumbas romanas, dispuestas en línea recta, alcanzaría la longitud de toda Italia. A derecha e izquierda de las galerías se cavaron cámaras sepulcrales. Las cámaras, llamadas *cryptae,* se hacían para guardar los cuerpos de los mártires. El número de sepulturas de las catacumbas fue aproximadamente de dos millones.

El emperador Valeriano, en el año 257 prohibió las reuniones litúrgicas y toda visita a las catacumbas. Los cristianos no obedecieron el edicto y el papa Sixto II no vaciló en celebrar en el cementerio de Pretextato una de las vedadas reuniones, lo que le costó la vida. Después, en el año 260, Galieno revocó el edicto y devolvió a los cristianos su propiedad. En el año 303, cuando Diocleciano declaró contra los cristianos la más terrible, desastrosa y duradera de las persecuciones, las catacumbas fueron confiscadas y estuvieron a punto de ser expropiadas. Los cristianos cegaron con arena (no era la primera vez que lo hacían) corredores y galerías para preservarlas del robo de reliquias veneradas. En el año 311 les fueron restituidas. Más tarde, las cualidades antihigiénicas de las catacumbas fueron evidentes y comenzó la tendencia a efectuar los enterramientos fuera de ellas.

Cuando los restos de los mártires fueron trasladados a las iglesias, los fieles, por supuesto, querían ser enterrados en estos recintos sagrados para estar al lado de ellos. Primero confirieron tal "honor" a las personas de distinción, pero enseguida se generalizó el enterramiento en los templos. La Iglesia protestó por este abuso, pero nada... En el siglo VI esta costumbre fue general... Ahora había otro problema, y era la imposibilidad material de enterrar a todos en aquellos sitios y naturalmente se quedaron solo los ricos; para los demás se utilizaron los terrenos inmediatos.

—Ya está bueno de catacumbas y vamos a hablar del nacimiento del Cementerio Cristóbal Colón... —dijo Pancho mirando a Nono por encima del hombro buscando su aprobación, cosa que logró de inmediato.

—En la época en que se decidió construir el Cementerio Cristóbal Colón, —continuó Nono dirigiéndose a mí— existían varias disposiciones, una de ellas era, como ya sabes, que no se podía enterrar en las iglesias; exceptuándose a los obispos que podían ser sepultados en sus catedrales, y las monjas, si reunían las condiciones necesarias, en los patios o huertos de sus conventos. Por otra parte, la higiene exigía que los cementerios estuviesen situados, cuando menos, a medio kilómetro de poblado o caserío, en paraje elevado, contrario a la dirección de los vientos dominantes, en terreno que tuviera el declive y la humedad convenientes y que fuera calizo; en un lugar por el cual no pasaran corrientes de agua que se utilizaran para la ingestión o en usos domésticos. La extensión tenía que ser quíntuple del término medio de defunciones anuales, y debían de estar cercados con murallas de dos metros de altura y puertas de hierro.

—Total, no sé pa qué tanta muralla si los que están aquí adentro no pueden salir y, los que están afuera no quieren entrar... —Intervino Pancho y tras la última palabra quedó estático con una leve sonrisa irónica en su rostro.

—Tienes cierta razón en eso que dices, pero el problema es que lo dices como si se te hubiera ocurrido a ti y eso lo dijo hace mucho tiempo el escritor estadounidense Arthur Brisbane. —Repuso Nono.

—Entonces él también entró a donde no se puede salir... ¿No? —Dijo Pancho con alegría al notar que había producido en nosotros el efecto esperado. Cuando todo se normalizó, Nono retomó el hilo de su conversación como si no hubiera sucedido nada...

—Las disposiciones tridentinas de Benedicto XIV, privaban de sepultura en los cementerios católicos a los que morían en torneos, usureros manifiestos, ladrones que perecían en el acto de robar, violadores de las iglesias, apóstatas, pecadores públicos que expiraban sin dar pruebas de arrepentimiento, los que fallecían con censura de entredicho, los párvulos no bautizados y los suicidas.

—Bueno, todos los suicidas no, porque si estabas loco, te daban un chance... —comentó Pancho mientras se acomodaba en un banco que estaba al lado de una tumba.

—Efectivamente, los suicidas desequilibrados podían obtener sepultura eclesiástica. —Dijo Nono y Pancho aprovechó para sentenciar:

—Hasta en los cementerios da negocio hacerse el loco...

—Pancho, —lo interrumpió Nono— atiende, que esto es también para ti.

—¿Y qué crees que estoy haciendo?

—No, porque te veo muy entretenido con la merienda...

—Oye, Nono, no se va a acabar la *jama*, hay bastante —dijo riéndose Pancho y Nono respondió muy serio, aunque cuando lo miró, no pudo aguantar la risa—. Esa es la cosa —siguió diciendo Pancho—, no estamos aquí para amargarnos...

—Mira, traga, que te nos vas a ahogar —esta vez reímos los tres.

—¡Fabuloso día estoy pasando con ustedes! —les dije con intención de cambiar el tema mientras me incorporaba.

—Ahora hablaremos de los cementerios para los no católicos. —Dijo Nono levantándose también— Se dictaron disposiciones encaminadas a procurar que los municipios construyeran cementerios civiles para dar sepultura a las personas que morían y no eran católicos. Deben mencionarse, por ser las más importantes, las disposiciones del 29 de abril de 1855, del 28 de febrero de 1872 y 2 de abril de 1883. La última declaraba deber del Estado proporcionar sepultura decorosa a todos los ciudadanos y se dispuso que los pueblos que tuvieran más de 600 vecinos quedaran obligados a construir, al lado del católico, un cementerio para los disidentes. Igualmente establecía que las asociaciones religiosas que con sus recursos quisieran construir cementerios podían hacerlo.

»Este cementerio, tenía un apartado para epidemiados que estaba en el ángulo noroeste y era de forma rectangular desde el lado norte hasta la Avenida Fray Jacinto y de la calle 14 a la 18. Pasando la Avenida hacia el sur y también de forma rectangular, se encontraba el apartado para no católicos que ocupaba el ángulo suroeste. Ambos, separados por muros del resto del cementerio a lo largo de la calle 14 y con puertas independientes, una en D y 18 y la otra en K y 18.

*Foto nocturna del lado oeste del cementerio de Colón. Vista desde afuera. Nos muestra una de las dos entradas que existían para epidemiados, suicidas y no católicos. Donde falta la cruz. Foto: Mario Darias.*

—Pa que sepan que estoy atendiendo, —replicó Pancho— esos apartados, al principio, se habían pensado hacer en la parte Este del cementerio, pero después cambiaron de idea y los hicieron en la Oeste. Y ahora, pa que estés completo, voy a dejar que Nono te explique cómo nació el Cementerio Colón.

—El Cementerio Cristóbal Colón se debe a la idea que tuvo el señor marqués Juan de la Pezuela, gobernador de la Isla desde 1852 a 1854, de erigir un monumento en La Habana dedicado al ilustre genovés, que debía situarse en un cementerio digno de él. Acogida la iniciativa por el Municipio de La Habana y aprobada por el Gobierno de Madrid, se inició una suscripción con tal objeto, en la que figuraba su creador con 1 000 pesos, y algunos donativos más.

»Al dejar el mando de la Isla el señor Pezuela, la idea fue abandonada hasta que en 1858 el Ayuntamiento promovió el proyecto de levantar un cementerio en las faldas del Castillo del Príncipe porque ya era necesario para la población de La Habana. Pero creyendo el Obispado que tal derecho le correspondía, entabló competencia al Municipio y el 19 de abril de 1862 apareció la Real Orden, que facultaba al Prelado para edificar un camposanto sujetándose a las disposiciones legales.

»Más de diez años contaba el expediente de creación del nuevo cementerio cuando en 1867 el doctor Ambrosio González del Valle presentó una propuesta al Ayuntamiento, y se publicó una Memoria y un Proyecto de Reglamento; a la vez se nombró una Junta para elegir el terreno, y verificaron que en el Banco Español existía un depósito que ascendía a 203 991 pesos oro para la nueva necrópolis, suma que representaba las economías hechas hasta 1864 en el Cementerio de Espada. La prensa apoyó el proyecto y luego de varias sesiones, se desechó el lugar escogido en 1858 por no ser apropiado, y se tomaron 5 368 hectáreas al poniente de la loma de Jesuitas. Al señor obispo doctor fray Jacinto Martínez se debió la realización de la idea.

»Pero la elección del lugar fue aprobada el 19 de septiembre de 1867. Hasta el 14 de junio de 1869 se habían adquirido para la nueva necrópolis las estancias La Currita y La Noria, de 1 284 cordeles de tierra. Como la forma irregular del terreno no se prestaba para la cuadriculación del camposanto en una extensión de cuatro caballerías, se tuvieron que comprar 79,63 cordeles de la finca La Campana, 108,16 de La Portuguesa y 121,25 de Las Torres. Fue indispensable realizar una gestión eficaz para adquirir el lugar, y convocar un concurso para su construcción, en el que se distinguieron extraordinariamente los señores Francisco de Albear, Antonio Molina, Ambrosio González del Valle y Antonio Ecay, director facultativo que tuvo este cementerio.

»La convocatoria salió en la Gaceta el viernes 12 de agosto de 1870. El jurado, presidido por el ingeniero Francisco de Albear, contaba también con Antonio Ecay, Antonio Molina, Ricardo Brusqueta, Antonio Pereira y Julián Zulueta.

»Fue el proyecto número siete el escogido, a pesar de que hubo dos votos que consideraban declarar desierto el premio y convocar el certamen otra vez. El ganador de los dos mil escudos y escogido como director de las obras fue el arquitecto Calixto de Loira y Cardoso.

—Hace un rato me hablaron de Loira, pero quisiera saber más de él. —le dije.

—Fue un gallego hijo de cubano… —acotó Pancho tras una risa irónica sabiendo que se suele decir al revés.

—¿Pero gallego de verdad? —Le respondí sabiendo que me entendía perfectamente ya que en Cuba se le suele decir gallegos a todos los españoles.

—Sí, gallego de Galicia que nació en 3 de junio de 1840 y que tuvo la fatalidad de quedarse huérfano ese mismo día porque su mamá murió después del parto y si a esto le sumas que su papá estaba casado con otra mujer, te podrás imaginar… Arrancó con el muchacho y lo dejó en un orfanato con el nombre de Calixto Aureliano Rey.

—El padre era militar y se llamó Felipe Loira Cardoso, había nacido en La Habana y estaba casado con Rosario Sánchez, quien pertenecía a la alta sociedad.

—El problema es que no se sabe cómo se las arregló para convencer a la mujer de que debía recoger a su hijo, pero ella lo recogió cuando tenía tres años y lo llevó para su casa en Madrid donde fue criado junto a su hermana María Isidra. Cuando tenía cinco años la familia volvió a Cuba y se instalaron en la villa de San Antonio de los Baños donde estuvo viviendo hasta los doce años y después vivió en La Habana intramuros varios años hasta que salió para Madrid con una beca otorgada por el gobierno a estudiar arquitectura que lo obligaba a regresar a la Isla después de graduado para ejercer su profesión en la villa de Trinidad.

—Entonces la prestación de servicios es bien vieja. —Dije sonriendo.

—Así mismo, pero mira como son las coincidencias. Tú sabes quién fue profesor de él en España, pues el mismísimo Francisco de Albear, el que hizo el acueducto que le dio agua a La Habana, pero esa es otra historia que te haremos después. La cuestión es que Loira terminó graduándose de Arquitecto en la Real Academia de San Fernando de Madrid el 28 de noviembre de 1867. También en esos tiempos se enamoró por allá de una muchacha que se llamó Carmen Gracia y con la cual se casó.

—Regresó a Cuba a realizar su trabajo en Trinidad, pero en eso comenzó la guerra del 68 y la cosa cambió, por lo que tuvo que regresar a La Habana y se pone tan de suerte que lo nombran Arquitecto de Hacienda de La Habana y realizó varias obras importantes hasta que apareció el concurso del cementerio y el 17 de julio de 1871 fue premiado y proclamado su proyecto justipreciado en 360 382 pesos.

—Y ahí mismo se prepararon para poner la primera piedra aquí. —Dijo Pancho.

—El lunes 30 de octubre de 1871 —reanudó Nono su conversación—, siendo rey de España Amadeo I de Saboya y gobernador capitán general de Cuba don Blas Villate y de las Heras, conde de Valmaseda, se procedió a la ceremonia de la primera piedra del Cementerio Cristóbal Colón, cerca de donde se construyó la portada norte. El gobernador eclesiástico Benigno Merino bendijo desde el terreno hasta los objetos que se habían preparado para tal acontecimiento.

»Romualdo Crespo, segundo cabo y capitán general por

sustitución del conde de Valmaseda, echó con una cuchara de plata, la primera porción de mezcla de un cajón que sostenía Calixto de Loira.

—Ahora déjame poner una, que hace rato que no hablo —dijo Pancho—. Crespo le dio unos toquecitos con un martillo a la primera piedra para inaugurar la cosa y después sonó su discurso; también aprovechó para hablar Benigno Merino. Entonces se puso dentro de una caja de caoba que después se metería en otra de plomo, un ejemplar de la *Guía de Forasteros,* un calendario del año, monedas de oro y de plata, periódicos de la época y copia del acta de inauguración firmada por Romualdo Crespo, Benigno Merino y Miguel López que fue a dar a un hueco que después taparon. Todo no salió a pedir de boca porque ese día cayó una clase de aguacero que pa qué contarte. Claro, de todas formas, se dieron tremendo banquete en las tiendas de campaña que tenían preparadas para la inauguración...

—Déjame aprovechar para decir —se anticipó Nono— que el primer administrador que tuvo este cementerio fue el presbítero Juan Bautista Casas, y el primer administrador general, Santiago G. Amigo. Te diré más, los primeros metros de terreno vendidos en este cementerio fueron a nombre de Concepción de la Cantera y Clark, condesa viuda de Montalvo, el viernes 20 de marzo de 1874, en el Cuartel Noreste, zona de monumentos de segunda categoría.

»Desde su inauguración hasta el 4 de agosto de 1961, el Cementerio Cristóbal Colón fue administrado por el Obispado y luego Arzobispado de La Habana, que cobraba por los enterramientos, traslados, venta de bóvedas y panteones, alquiler de terrenos, etc. Como te puedes imaginar, por todo esto se recibían grandes ganancias. Más, sabiendo que en 1940 el gobierno liberó al cementerio del pago de impuestos, aun conociéndose el negocio lucrativo que esto representaba.

—Nono, —Interrumpí— ¿qué pasó después de colocada la

primera piedra?

—Según Antonio de Gordon, el primer lote del proyecto laureado, la circunvalación, se subastó el 13 de octubre de 1871, a la vez que adelantaban la obra de circunvalación en muros y pilastras. Después se subastó el segundo lote: Viabilidad y Arbolado. El 26 de junio de 1872 fue contratado el maestro de obras José de Vega y Flores, el mismo que llevó a cabo la circunvalación general, y la particular del recinto de los epidemiados y de los que fallecían fuera de la comunidad de la Iglesia. Las obras estuvieron paralizadas hasta el 14 de septiembre de 1878, cuando se contrató a José María Aguirregaviria para la terminación de las del tercer lote, las portadas y edificios.

»Sacada a subasta pública la terminación de las calzadas de los cuarteles noreste y sureste, las obras de desagüe y la habilitación de una parte del cementerio especial de los no católicos, se adjudicaron, el 28 de julio de 1881 a don Filomeno García, que las traspasó a don Francisco Peña. El 4 de junio de 1881 se adjudicó también la conducción de aguas de la Zanja Real con su depósito y red de distribución a don Juan Lecasa, que nombró como su apoderado a don Enrique Masino. Además, se instaló una bomba de agua.

»El 26 de noviembre de 1880 contrató don Juan Balbi la apertura de hoyos para el arbolado, y tres años después se adjudicó a Ciriaco Rodríguez el cuarto lote que era La Capilla Central. En este se invirtió en las vidrieras pintadas al fuego que representan diferentes santos, adquiridas en Colonia; en la pintura al óleo de un "juicio final" en el muro sobre el altar, y al frente, en la cúpula, la Ascensión del Señor. Así mismo se invirtió en bancos y una cómoda de caoba para la sacristía, pilas de mármol para el agua bendita y el escudo de armas del Obispo Piérola, que realizó la obra. La explanación y afirmado de la Plaza de los edificios del norte con sus jardines se realizó en noviembre de 1879.

»El cementerio, por dentro, de muro a muro, mide 625 metros de norte a sur, y 817 de este a oeste, sin contar la ampliación. Estas medidas tuve que hacerlas personalmente pues hay varios autores que no se ponen de acuerdo. La cerca, de elegante y severa perspectiva, presenta lienzos de pared de tres metros de altura con la cruz de redención en altorrelieve al centro. Las pilastras alternan de tres en tres con un sólido y emblemático envergado coronado de llamas figuradas en hierro fundido. Termina la cerca de mampostería con copas de hierro, también fundidas, en su parte superior.

—Bueno, ahí tienes bastante como para que no te puedas quejar. —Me dijo Pancho mientras nos incorporábamos al camino.

# Panteón de Grau San Martín



Mientras que Nono y yo nos poníamos al día con la merienda, íbamos andado, haciendo comentarios sobre el clima que estaba fresco, de lo importante que había sido para mí este encuentro, de que teníamos que preparar el próximo y de pronto nos interrumpió Pancho.

—Pues mi buen amigo, estamos muy cerca del panteón del mismísimo Ramón Grau San Martín. ¿Qué te parece si nos llegamos ahí?

—Me parece bien.

—Pues manos a la obra. —Le dije y así llegamos hasta el mismo y le comenté: —Me parece un panteón sencillo y veo que al ángel le falta una mano.

—Así es... Yo no sé si se le cayó o si se la robaron, pero hace mucho que ese ángel está manco. Supongo que un día de estos se la pongan antes de que se le caiga el brazo completo. —Aclaró Pancho y siguió— En este mismo lugar se paraba Grau todos los días, llegaba con su chofer en su *maquinón* negro, estaba un rato y después se iba. Eso lo hizo en sus últimos años, a lo mejor se estaba acostumbrando a su última morada...

—¿Por qué lo haría? ¿Podría ser que venía a cumplir con su esposa fallecida? —Pregunté y Pancho me dijo:

—Imposible.

—¿Ella murió después que él?

—Ni antes ni después... No pudo ser porque Grau fue un solterón de primera. Fíjate que siempre, las primeras damas de la República eran las esposas del presidente y en el caso de Grau, la primera vez fue su cuñada Paulina Alsina, viuda de su hermano y cuando repitió en el 44, la primera dama fue Polita, su sobrina.

—Quizás vendría a ver a su madre. ¿Qué tú crees?

—No lo sé, pero, pudiera ser.

—Eso sí pudiera ser porque si te fijas en esa tarja, nos dice que Pilar San Martín de Grau, su madre, falleció el 29 de enero de 1924, y también, como ves, hay una dedicada a su padre, Francisco Grau y Viñales, fallecido el 22 de enero de 1925, casi un año exacto después de Pilar y la otra a su hermano Francisco Grau San Martín que falleció el 30 de noviembre de 1931.

*Panteón de Ramón Grau San Martín. Ex Presidente de la República. Foto: Mario Darias*

—Su madre, como ya sabes, se llamaba Pilar San Martín y había nacido en Asturias. —Rompió Nono el silencio y continuó—. Grau fue, sin dudas, uno de los personajes que dejó su huella en nuestra etapa republicana. Incluso, decidió seguir viviendo en Cuba después del 59 hasta su muerte que fue el 28 de julio de 1969.

—A su casa, la de Quinta Avenida y 14, en Miramar, le decía la choza, —entró Pancho— pero de eso nada, porque fue, y es, una tremenda mansión que, de contra, está en uno de los mejores lugares de La Habana. Aunque en 1933, que fue el año en que se dio a conocer, vivía en 17 y J en El Vedado y era profesor en la universidad de La Habana.

—Fue el cuatro de septiembre de ese año cuando apareció la

imagen política de Grau San Martín, también aparecieron otras figuras que hasta ese momento no eran muy conocidas, como, por ejemplo, Fulgencio Batista, Eduardo Chibás, Sergio Carbó, etc. Fue ese 4 de septiembre de 1933 un día que cambió la historia de Cuba.

—Aunque, antes de darse a conocer, primero tuvo que nacer... —retomó Pancho— y eso fue el 13 de septiembre de 1882, hay quien dice que en el 81 pero pa'l caso es lo mismo... Nació en la finca La Jíbara que estaba en las afueras de La Palma, Pinar del Río. Aunque él vivió poco tiempo allí porque la familia entera salió echando pa La Habana por miedo a que Antonio Maceo asaltara el pueblo y tenían tremenda razón porque el 29 de marzo de 1896 entraba Maceo en La Palma donde no quedaba ni un solo rico. Déjame decirte que el catalán Don Francisco Grau, su papá, que, por cierto, estaba forrao en dinero, hizo todo lo que pudo para que el nene fuera un productor de tabaco, como él, pero el muchacho no quería nada con aquello y eligió la carrera de medicina.

—Pues eso se lo veo bien. Si era lo que le gustaba. —Dije y fue Nono el que continuó.

—Él se graduó en 1908, es importante saber que dos años antes de terminar la carrera, su hermano Francisco y él recibieron una herencia de casi veinte mil pesos oro que en esa época era una fortuna, por lo que después de graduarse, viajó a Europa a completar sus estudios, regresando en 1921 año en que ocupó la Cátedra de Fisiología de la Universidad de La Habana, lugar desde donde comenzó, junto a sus estudiantes, la lucha contra Machado que le costó el puesto y la cárcel, primero en El Príncipe y luego en el Presidio Modelo de Isla de Pinos, de donde salió, gracias a una amnistía.

»Estando en Miami se reunió con todos los que conspiraban contra Machado y, junto a otros catedráticos de la Universidad de La Habana participó el 22 de marzo de 1933 en la creación de una Junta Revolucionaria que también la integraron varios movimientos de los cuales seguiremos hablando en el trayecto, como el Directorio Estudiantil Universitario, el ABC, Acción Revolucionaria y varios más. Después de la caída de Machado, cosa que tratamos cuando vimos el panteón de Carlos Manuel de Céspedes hijo, decidió regresar a la Universidad.

—En esos días fue cuando se formó el jelengue del 4 de septiembre, —interrumpió Pancho— la revuelta que formaron un montón de sargentos y soldados en el cine del campamento Columbia.

—¿Y por qué se le llamó Columbia a ese lugar? —Pregunté y me dijo:

—Eso se llamaba Quemados de Marianao, pero dio la casualidad de que por ahí mismo desembarcaron en noviembre de 1898 las tropas norteamericanas que venían del distrito de Columbia, en Estados Unidos y a partir de ese día se fue al diablo el Quemados y le empezaron a llamar Campamento de Columbia, pero en 1959 se convirtió en la Ciudad Escolar Libertad y también se fue el nombre de Columbia. —Indicó Pancho riendo.

—Pero vuelvo a decirte, como en otras ocasiones —intervino Nono— que para entender mejor hay que ir atrás.

—Ya empezó este con la marcha atrás... —Exclamó Pancho mordaz.

—No te voy a decir que es necesario, sino imprescindible. —Contestó Nono y me invitó a aprovechar la sombra que daba un árbol cerca de allí para acomodarnos: —Lo que sucedió ese cuatro de septiembre de 1933, comenzó antes, pues ya con antelación se estaban reuniendo varios sargentos alrededor del presidente del Club de Alistados que era el sargento Pablo Rodríguez. A esto se le llamó La Junta de los Ocho.

—En realidad eran siete, pero, de pronto apareció un octavo sargento con interés de entrar a esa Junta y, para la desgracia de Pablo, fue un sargento llamado Fulgencio Batista, y dicen que lo dejaron entrar porque era el único que tenía un fotingo, que aunque no era nada del otro jueves, los ayudaba a moverse por La Habana. Aunque, a decir verdad, el hecho de ser taquígrafo y participar en muchos juicios, ayudó más a Batista que el fotingo, porque le dio la oportunidad de hacer relaciones importantes.

—Este grupo se reunió en varias ocasiones antes de aquel cuatro de septiembre, una vez lo hicieron en la Gran Logia de Carlos III ya que Pablo era masón y pudo conseguir un local. Eso fue el 21 de agosto y te digo la fecha porque fue cuando redactaron un documento que iba dirigido al coronel Sanguily, que era el jefe del ejército en ese momento, aunque al entregárselo al coronel José Perdomo, quien era el jefe de Columbia, para que le diera curso, éste no le hizo caso y lo metió en una gaveta a dormir.

—Documento que nada tenía que ver con política ni un cará. —Interrumpió Pancho.

—Suave, suave, todo a su debido tiempo. —Le expresó Nono mientras continuaba: —Como ya te dije, el hombre importante de esa Junta de Defensa o Unión Militar Revolucionaria fue el sargento mayor Pablo Rodríguez, a él se unieron los sargentos José Eleuterio Pedraza, Manuel López Migoya, Juan Estévez Maymir, el cabo Ángel Echevarría, los soldados Mario Alfonso Hernández y Ramón Cruz Vidal y por último, como ya sabes, el sargento taquígrafo Fulgencio Batista.

»La protesta se basaba en mejorar los sueldos, reclamaban el uso de gorras y botas iguales a las de los oficiales; que mejorara la mala situación de los soldados en las barracas de Columbia, protestaban contra los maltratos de los oficiales a los soldados, porque ellos, los oficiales, en su gran mayoría, pertenecían a familias de clase media acomodada, además, andaba el rumor de que iban a licenciar a muchos sargentos y soldados y a los que quedaran les iban a bajar todavía más el sueldo, cosa que los preocupaba mucho.

»Esa noche del 4 de septiembre, en un momento en que

Pablo Rodríguez no se encontraba en el teatro porque andaba resolviendo otros asuntos, llegaron los jóvenes, Carlos Prío y Juan Rubio, integrantes del Directorio Estudiantil Universitario, y también el periodista Sergio Carbó y cuando les enseñaron las demandas que se habían acordado Prío se asustó y les dijo que él se iba porque eso era una rebelión de clases y soldados sin contenido político y que de ahí iban a salir fusilados. Entonces Batista, que al oírlo se puso blanco como un papel, le preguntó qué podrían hacer y Prío le dijo que la solución para salvar el pellejo era tomar el poder y formar un gobierno revolucionario.

—Entonces, los estudiantes le cambiaron la cara al jelengue y aplicaron un plan que tenían hecho desde la época de Machado. Un programa de transformaciones revolucionarias que le daba una onda política a la cosa.

—También hay que decir que, como todo, hay diferentes versiones de todo esto, como por ejemplo la que nos dice que Batista trató de que el ABC secundara el movimiento teniendo en cuenta que él, Pablo Rodríguez y otros de los implicados en la protesta habían pertenecido a esa célula clandestina en la época de Machado pero el ABC les negó la ayuda porque estaban a favor de la mediación de Welles y por esto fue que Batista se apoyó en Sergio Carbó quien era director del periódico llamado La Semana que fue quien lo contactó con el Directorio Estudiantil Universitario.

—Fueron aquellos días difíciles y bien complicados. —Continuó Nono— Además, nada es tan simple como a veces nos lo hacen ver, pero cada cual tiene su manera de

*Estatua de Ángel sobre el panteón de Ramón Grau San Martín. Foto: Mario Darias.*

apreciarlo. Lo que se llamó Agrupación Revolucionaria de Cuba, presidida por el joven Carlos Prío que en ese momento tenía 30 años, decidió crear un gobierno de cinco miembros. Eso no era nuevo, ya se había utilizado en Uruguay y según los reunidos, evitaba el caudillismo. Así se dieron a la tarea de proponer a los cinco presidentes que fueron: Ramón Grau San Martín, Guillermo Portela, José Miguel Irisarri, Sergio Carbó, y Porfirio Franca.

—A este "ven tú" o gobierno de dedos se le llamó La Pentarquía, aunque su nombre verdadero fue Comisión Ejecutiva, —interrumpió Pancho—, pero déjame poner una buena. Resulta que Grau, que no había estado en la reunión, sino con unos invitados en su casa, tertuliando, cosa que le encantaba, sintió que tocaron a la puerta y cuando abrió se encontró el portal lleno de soldados que le dijeron que venían a cuidarlo porque era el Presidente y como no lo creía tuvo que encender la radio para oír la noticia... algo parecido le pasó a Guillermo Portela. Por otra parte, el Presidente Carlos Manuel de Céspedes, quien, como sabes, andaba por Las Villas, atendiendo los estragos de un ciclón que había pasado por allá, se enteró de que en La Habana había otro ciclón mucho peor, entonces arrancó *pa'cá* y al otro día se le aparecieron en el Palacio Presidencial Batista y los de la Pentarquía. Céspedes les dijo: ¿Ustedes saben lo que han hecho? Y como nadie decía nada, Grau sacó la cara y acercándose a Carlos Manuel le dijo: Hace tiempo que todos cumplimos la mayoría de edad.

—No se puede negar que el sentido del humor de Grau era del bueno, pero no te detengas. —Le dije entusiasmado.

—En unas horas, aquel sargento taquígrafo que había aprovechado la ausencia de Pablo Rodríguez el 4 de septiembre, se convirtió en el jefe del movimiento militar. Los sargentos más duros de cada cuartel se nombraron jefes y se pusieron los grados que les dio la gana. Todos los oficiales de la Marina y el Ejército fueron suspendidos de sus cargos y el que se puso a protestar, ya tú sabes… pa la jaula.

—A todas estas, el señor embajador norteamericano Benjamín Sumner Welles, que ya había creado una transición desde Machado a Herrera y después a Carlos Manuel y se sentía satisfecho de su trabajo, cuando se enteró de esto se horrorizó y al perder el control de todo, lo primero que hizo fue, aplicando la Enmienda Platt, pedir a sus jefes de Washington que le enviaran buques de guerra a La Habana y a Santiago de Cuba y al poco tiempo teníamos a toda la flota del almirante Freeman rodeando las costas cubanas.

»Sergio Carbó no sabía cómo arreglar aquello y se reunió en el Salón de los Espejos del Palacio Presidencial con los oficiales depuestos y trató de que volvieran a sus puestos de trabajo, pero no pudo lograrlo ya que ninguno iba a aceptar que lo dirigiera un sargento, y a estos, no había dios que les quitaran los grados que se habían puesto, por lo que el día 8 de septiembre, le comunicó a Batista que no podía pasar un día más sin que el ejército tuviera un jefe, y con una tranquilidad tremenda, lo ascendió de sargento a coronel, según él, por méritos de guerra y servicios excepcionales prestados a la patria, y después lo nombró coronel jefe del Estado Mayor del Ejército. Pero esta decisión Carbó la había discutido con la Junta Revolucionaria de Columbia y con el Directorio Estudiantil Universitario, pero no con los miembros de la Pentarquía.

—Y ahí mismo se formó otro lío, —continuó Pancho— bueno, eran más líos porque también estaba la negativa de Estados Unidos a reconocer a la Pentarquía, así que se fue a bolina el papalote, por un lado, Porfirio Franca se había desaparecido desde el segundo día de la Pentarquía y también Irisarri le vendió el cajetín y poco después los siguió Portela… La cosa estaba bien jodía.

—Por otro lado, Carbó comenzó a proponer que se cambiara la forma gubernamental aludiendo que el pueblo no la entendía.

—Imagínate, cinco gentes diferentes mandando. Eso no hay

quien lo aguante... Pero bueno, por lo menos, como fueron cinco días, podemos decir que fue un día para cada uno. — Reímos en lo que Nono continuó hablando de aquella complicada situación. Supe que se llegó al acuerdo de formar un gobierno con la estructura republicana y el estudiante Eduardo Chibás, junto a otros, propusieron a Grau como el nuevo presidente y como jefe del ejército se ratificó al ya Coronel Fulgencio Batista que tenía a su lado a la inmensa mayoría de sargentos y cabos del movimiento que en esos momentos ocupaban puestos de oficiales al mando de las unidades, por lo que el 10 de septiembre de 1933 comenzó el gobierno que más tarde se le llamó de los Cien Días, aunque duró 127.

También nos dijo que Batista no soportaba a los estudiantes ni a Grau pero no se atrevió a hacer nada porque no tenía poder todavía. Y por si esto fuera poco Antonio Guiteras fue llamado a formar parte de este gobierno y dijo que permanecería en él mientras no se convirtiera en un fiel sirviente de los intereses de Estados Unidos. Guiteras era el secretario más de izquierda del gabinete y esto lo sabía Batista.

Todo se me iba organizando en la mente después de estas explicaciones pues, algunos de estos sucesos yo los había conocido de forma diferente y otros ni los conocía como por ejemplo el momento en el que a Grau lo fueron a juramentar para este gobierno y ocurrió algo que fue aclamado por la gente y que ahora ni se mienta. Le trajeron la constitución de 1901 para que jurara como Presidente de la República y dijo que él no podía jurar sobre una constitución que tenía una enmienda. Y después dijo que la Enmienda Platt ensombrecía la libertad de Cuba y al momento salió del Salón de los Espejos, que era donde juraban los presidentes, para la terraza del Palacio Presidencial a jurarle lealtad al pueblo que lo esperaba y aclamaba.

Hasta ese momento nadie se había atrevido a semejante desafío desde la posición del gobierno. Eso era protestar contra el dominio que tenía el imperialismo norteamericano sobre Cuba. Fue una actitud valiente que le hizo ganar amigos, pero sobre todo, enemigos. Ese hecho contribuyó a que, más adelante, desapareciera la Enmienda Platt de la Constitución cubana.

El Gobierno de los Cien Días dictó un grupo de medidas de corte popular y antiimperialistas que fueron apoyadas por las masas. Medidas progresistas propuestas por Antonio Guiteras que muchas veces Grau firmaba de mala gana o porque no le quedaba otro remedio, para seguir buscando la simpatía del pueblo, como la jornada de ocho horas, la disolución de los partidos que colaboraron con Machado, etc. Por eso se multiplicaron sus enemigos y ni qué decir que el Gobierno de los Estados Unidos tampoco lo reconoció.

Otro problema que había enfrentado Grau fue para poder formar su gabinete que hizo público el 12 de septiembre en la mañana y que tenía a Antonio Guiteras Holmes como Secretario de Gobernación, al Coronel Julio Aguado como Secretario de Guerra y Marina, a Manuel Márquez Sterling como Secretario de Estado, a Manuel Costales Lacatú de Secretario de Instrucción Pública y Bellas Artes, a Joaquín A. del Río Balmaseda como Secretario de Justicia, a Gustavo Moreno como Secretario de Comunicaciones, a Carlos E. Finlay de Secretario de Sanidad y Beneficencia, a Manuel Despaigne como Secretario de Hacienda y a Ramiro Capablanca como Secretario de la Presidencia.

Guiteras fue un puntal importante para este gobierno, pero hay que decir que Grau lo vino a conocer personalmente en ese momento en que había sido sugerido por José Miguel Irisarri y respaldado por Carbó que sí lo conocía. Así las cosas, Guiteras ocupó su cargo el día 13 de septiembre y poco después ocurre que renunció el coronel Julio Aguado y se fusionaron la Secretaría de Gobernación y la de Guerra y Marina, por lo que Guiteras las asume.

*Hermosos paisajes abundan en el cementerio Cristóbal Colón de La Habana. Foto: Mario Darias.*

A este gobierno de Grau le tocó hacerles frente a los antiguos oficiales del ejército de Machado que fueron desplazados de sus mandos, los cuales se amotinaron en el Hotel Nacional, lugar donde vivía el señor Welles, "embajador" de los Estados Unidos, las comillas, que había insinuado Nono con sus dedos, fueron porque si el gobierno del norte no había reconocido al de Cuba, pues no podía haber embajador y aun así Welles seguía campeando por su respeto en La Habana. En ese momento escuché a Pancho que me dijo:

—Los oficiales estaban seguros de que iban a recibir el apoyo de Estados Unidos, así que la bronca empezó el 2 de octubre, pero el señor Welles salió echando del hotel y los dejó solitos, lo que los hizo sentirse traicionados.

La realidad es que Welles se fue a conversar con Batista quien le dio garantías al gobierno de los Estados Unidos y así comenzó una batalla campal. El hotel fue bombardeado pero los oficiales parapetados eran buenos tiradores y comenzaron haciéndoles varias bajas al ejército pues tenían una posición ventajosa desde lo alto del hotel, aunque, por otro lado, estaban en una ratonera que los hizo rendirse cuando se les acabó el parque, además de que le habían cortado el agua y la electricidad. Muchos de estos prisioneros fueron asesinados siendo esta una de las primeras imágenes que sobre Batista se tuvo.

—Una curiosidad —interrumpió Pancho— es que el barco de guerra cubano Patria se metió en el jelengue y empezó a dispararle al hotel, pero eran tan malos que ninguno de los cañonazos dio en el blanco.

—Y ¿no habrá sido a propósito para no meterse en líos futuros?, —le dije argumentando mi idea—, porque lo de no dar en el blanco no tiene que ser obligatoriamente poca puntería.... Pudieran haber pensado que si los que ganaban eran los amotinados, esa era su garantía.

—Quién sabe, —respondió Pancho— habría que averiguarlo, pero lo que me parece es que no le iban a dar ni a un burro a tres pasos...

Hay que decir que desde el mismo 5 de septiembre andaba Batista detrás de Welles, pero este no le hacía caso, en primera porque no era blanco ni procedía de ninguna familia aristocrática, aunque al poco tiempo tuvo que reconocer que Batista era el hombre que tenía el poder en sus manos. En este momento me dijo Nono:

—Grau no tuvo descanso en ese gobierno porque también se enfrentó a un alzamiento del Partido ABC el 8 de noviembre. Casi se apoderaron de La Habana, pero terminaron refugiándose en el Castillo de Atarés, otra ratonera. Allí fueron bombardeados desde el mar y la tierra, pero esa historia es para después.

—Welles —continuó Pancho— logró una entrevista con Grau para ver si se lo podía echar en un bolsillo, pero no tuvo en cuenta que el socio era una anguila, que era capaz de estar dos horas hablando sin decir nada y que era especialista en cambiar de temas cuando no quería hablar de algo. Los discursos de Grau han sido los más locos, llenos hasta de disparates, vaya que el socio dejó chiquito a Cantinflas.

—Como no habían encontrado la manera de eliminar este gobierno, —siguió Nono su exposición— los amos del norte decidieron quitar a Welles, quien ya estaba gastado y enviar una cara nueva que se llamó Jefferson Caffery quien llegó a Cuba, sin ser tampoco embajador oficial, el 18 de diciembre del 33 con instrucciones precisas de cambiarlo todo.

»Se estaba despidiendo así el convulso año de 1933 y comenzó el 34 con una hilera de gentes frente al Palacio Presidencial porque resulta que el mismo 1ro de enero, por primera vez en la historia de Cuba, un presidente abrió las puertas de palacio, de manera oficial, para que todos los que quisieran saludarlo entraran a hacerlo y el día 2 presidió en Columbia, junto a Batista, un desfile de más de dos mil soldados del ejército y la marina.

—Una curiosidad de ese día, fue que la gente del Noticiero de la Fox llegó tarde y tuvieron que parar el desfile y volver a empezar pa que lo pudieran filmar desde el principio. ¡Qué nivel de guataquería...! —Exclamó Pancho, aun sabiendo que, aunque repetía la frase, no había otra palabra para definir el momento.

Nono me comentó que en ese enero los periódicos, las revistas, la radio y las agencias de prensa arreciaron su propaganda en contra del gobierno de Grau exagerando las dificultades y errores, mientras que el día 13, Batista había citado a una reunión en Columbia a los jefes de los principales cuarteles del occidente y algunos mandos de la marina de Guerra en la que planteó la sustitución de Grau por Mendieta, el marino Santana, se opuso porque pensó que era una puñalada por la espalda al gobierno de Grau. Los únicos que lo secundaron fueron los comandantes Marchena y Pablo Rodríguez y la junta militar acordó con estos votos en contra aprobar la destitución y convocar a la Junta Revolucionaria de Columbia por lo que Santana y Pablo Rodríguez fueron a informarle a Guiteras de las intenciones de Batista.

Guiteras, al saber esto, le dio órdenes a Pablo Rodríguez, designándolo Jefe del Ejército, de que fuera a Columbia, arrestara a Batista y asumiera el mando. Pero cuando llegó a Columbia el que fue preso fue Pablo.

Ese día 14 a las dos de la tarde Batista se reunió con Grau para decirle de la necesidad de su renuncia, poniendo como pretexto que el gobierno del norte nunca lo iba a reconocer y Grau le respondió que, si el problema era el reconocimiento de los Estados Unidos, estaba dispuesto a entregar la presidencia.

El día 14 Caffery telegrafió a sus jefes que Mendieta estaba dispuesto a asumir la presidencia, pero solo si conocía con anticipación que el gobierno de Estados Unidos lo reconocería. Por lo que solicitó que se comprometieran, pero de eso nada. Le dijeron que no podían prometer reconocimiento a nadie antes de que se cumplieran sus condiciones, situación que le cayó muy mal a Caffery porque le echaban a perder sus planes. Tuvo que decirles a Batista y Mendieta que no habría reconocimiento previo por lo que Mendieta se negó a aceptar el cargo. Y esto fue lo que hizo que cambiaran los planes y propusieron a Carlos Hevia que aceptó aun sin estar reconocido por los Estados Unidos. Así, el día 15 de enero de 1934 a las 5 de la tarde, dejaba de existir el Gobierno de Grau y Guiteras, mostrando esa época un panorama nuevo en la historia de Cuba, porque hasta el gobierno de Machado nunca ningún oficial ni Jefe del Ejército se había enfrentado al Presidente de la República, pero la cosa cambió porque a partir de ahí, Batista quitaba y ponía al presidente que quería desde su oficina de Columbia.

—Y aquí mismo podemos dejar a Grau. —Dijo Pancho levantándose del banco del que se había apoderado hacía un momento— Es que hay que coger las cosas con calma.

—Pero, ¿no vamos a hablar de la época en que fue presidente por segunda vez? —Pregunté.

—Calma, —respondió Nono— tenemos mucho camino por

andar. Estamos casi empezando y esto es bien enredado. Ya hablamos de la primera presidencia de Grau.

—Grau, el bueno. —Interrumpió Pancho.

—Sí, como dice Pancho, hay quienes catalogan los dos gobiernos de Grau como bueno el primero y malo el segundo.

—Como dice el dicho: Nunca segundas partes son buenas. —Volvió a entrar Pancho riendo.

—Bueno, te hemos dado algunos adelantos de su segundo mandato cuando te hablamos de Supervielle. —Afirmó Nono.

—Pues tendré paciencia. —Le dije resignado.

—Además, hasta aquí la clase mi socio. —Expuso Pancho en voz alta y después de una mueca mezclada con risa terminó su idea: —Hay que coger un diez porque si no, nos vamos a fundir.

—Bueno, realmente hemos tenido un día bien cargadito. ¿No crees? —Me preguntó Nono sonriendo.

—Óigame, decirle cargadito a todo lo que hemos conversado...

—No, y lo que falta, —intervino Pancho. —Pero vamos a ponernos de acuerdo para vernos otro día. El problema también es que, si traemos la papelería y fotos de todo el camino, nos hace falta un camión.

—Pancho tiene razón. Es bien largo el camino, así que propongo que en el próximo encuentro nos veamos en la plazoleta de 3ra y B, para continuar nuestro viaje por la ciudad de los muertos.

—Eso quiere decir que ya no hay que irte a buscar en la entrada porque sabes cómo encontrar las direcciones aquí adentro. —Dijo Pancho riendo y continuó: —Y para que veas que estoy bien organizado, aquí te dejo un mapita con el posible recorrido que podemos hacer en la próxima, porque creo que en el segundo encuentro podremos llegar hasta la Portada Este, ¿Qué tú crees Nono?

—Me parece bien. Además. Así él podrá saber cuáles serán las posibles tumbas que iremos viendo en el próximo encuentro.

—Mira —Me indicó Pancho en el mapa— estamos aquí y vamos a ir hasta esta puerta, que es la Portada Este.

—Pues bien, —les dije, —los acompaño hasta la salida.

—No, —dijo Pancho, —nosotros nos quedamos un rato más. Nos vemos.

Realmente el cansancio también estaba haciendo de las suyas y era necesario un descanso, por lo que después de las despedidas y acuerdos para el próximo encuentro, me dispuse a salir por la misma puerta por donde entré. Pancho y Nono se quedaron, sentados en una bóveda. Cuando me iba alejando me volteaba y veía sus siluetas cada vez más lejanas hasta que se abrió ante mí el paisaje de la impresionante Portada Norte que atravesé para salir de la necrópolis.

*Paisaje que se aprecia desde la Plaza Cristóbal Colón en la avenida del mismo nombre. Foto: Mario Darias.*

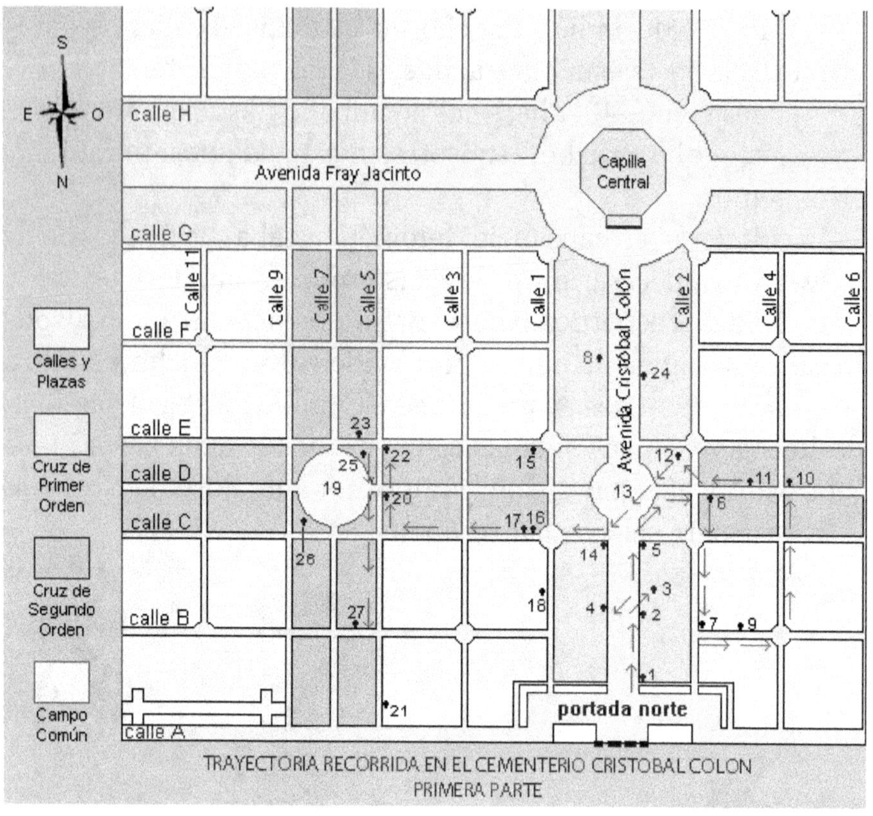



Trayectoria del recorrido en el Cementerio Cristóbal Colón.

## Primera parte

1. Panteón de Marta Abreu y Luís Estévez.
2. Panteón del Generalísimo Máximo Gómez.
3. Capilla de Carlos Manuel de Céspedes y Quesada.
4. Panteón donde fue inhumado el General Calixto García Iñiguez.
5. Panteón de doña Águeda Malpica de Rosell donde fue inhumado el poeta Julián del Casal.
6. Panteón del general Quintín Bandera.
7. Panteón de los hermanos Freyre de Andrade.
8. Panteón de la familia Truffin.

9.  Panteón de José Lezama Lima.
10. Capilla de la familia Franchi Alfaro.
11. Capilla de José Álvarez y familia.
12. Panteón de la familia Mendoza donde se encuentra una réplica de La Piedad de Miguel Ángel Buonarroti.
13. Plaza Cristóbal Colón. También Plaza Norte.
14. Panteón de la familia Aguilera donde se encuentra La Piedad de Rita Longa.
15. Panteón donde fue inhumada Rita Longa.
16. Capilla de la familia Álvarez de la Campa.
17. Monumento a los ocho Estudiantes de Medicina fusilados el 27 de noviembre de 1871.
18. Tumba de Samuel A. Cohner, fotógrafo norteamericano que fue asesinado en 1869 por tener puesta una corbata azul.
19. Plaza Noreste.
20. Panteón de José Gener y Batet.
21. Panteón de La Voz de Cuba.
22. Panteón de Manuel Fernández Supervielle.
23. Panteón del general Juan Bruno Zayas.
24. Panteón de Alfredo Zayas. Ex presidente de la República de Cuba.
25. Panteón de Antonio Rodríguez Vázquez y familia.
26. Capilla de Julio de Quesada que luce en su frente una obra del escultor cubano Teodoro Ramos Blanco.
27. Panteón de Ramón Grau San Martín. Ex presidente de la República de Cuba.
28. Panteón de Juan Conill Pí.

Mario Darias Mérida

Calabazar de Sagua, Cuba, 1957. Desde temprana edad se inclinó por la música, participando en numerosos festivales de la enseñanza media y universitarios, donde se destaca como trovador y director de agrupaciones, y en los cuales obtiene varios premios provinciales y nacionales.

A partir de 1980 se dedica profesionalmente a la música y desde ese año se integra a la Empresa Promotora Artística Ignacio Piñeiro y pertenece al Catálogo de Excelencia de esta. Cuenta con más de 600 composiciones musicales, muchas de las cuales han sido difundidas en Cuba y el extranjero.

Ha actuado en innumerables programas de radio y televisión, cuenta con grabaciones y giras por todo el país y el extranjero.

Es miembro de la Sección de Música de la Unión de Escritores y Artistas de Cuba (UNEAC).

Ha obtenido entre otras, los siguientes premios: Distinción Raúl Gómez García, Réplica del Machete de Máximo Gómez, Distinción José Ramón Martínez., La Gitana Tropical, Fue proclamado oficialmente Visitante Ilustre de la ciudad de San Germán, Puerto Rico, por la musicalización de la poesía de Lola Rodríguez de Tió, Segundo Premio en poesía del Primer Concurso Literario World Online 1999 en Barcelona, España, Mención en el concurso italiano NOSSIDE del 2002 en la categoría de poesía musicalizada, Premio en el Primer Encuentro de Creadores Musicales auspiciado por la Promotora Musical Ignacio Piñeiro en 2004, Premio Mariposa Cultural 2003, Finalista y premiado en varios Concursos y Festivales de la Radio y la Televisión Cubana, Gran Premio en el V Festival de Composición Jesús Li 2011 auspiciado por la Asociación China de Cuba.

# Índice